思政课程和课程思政特色教学资源用书

教|育|知|库

小学生作业布置与完成的实证研究

罗德红　黄丽衡　吴守卫——著

九州出版社

JIUZHOUPRESS

图书在版编目（CIP）数据

小学生作业布置与完成的实证研究／罗德红，黄丽衡，吴守卫著 . -- 北京：九州出版社，2023.4
ISBN 978-7-5225-1756-8

Ⅰ.①小⋯ Ⅱ.①罗⋯ ②黄⋯ ③吴⋯ Ⅲ.①学生作业—教学研究—小学 Ⅳ.①G622.46

中国国家版本馆 CIP 数据核字（2023）第 059659 号

小学生作业布置与完成的实证研究

作　　者	罗德红　黄丽衡　吴守卫　著
责任编辑	郝军启
出版发行	九州出版社
地　　址	北京市西城区阜外大街甲 35 号（100037）
发行电话	（010）68992190/3/5/6
网　　址	www.jiuzhoupress.com
印　　刷	唐山才智印刷有限公司
开　　本	710 毫米×1000 毫米　16 开
印　　张	16.5
字　　数	287 千字
版　　次	2023 年 4 月第 1 版
印　　次	2023 年 4 月第 1 次印刷
书　　号	ISBN 978-7-5225-1756-8
定　　价	78.00 元

前　言

本书是合作研究的成果，全书由我们设计研究框架和章节结构，参与问卷编制，数据分析和主体内容修改或润色。参与研究写作的是2019届和2021届怀化学院本科教育专业五位本科生。

全书共分为五章。

第一章：小学教师作业布置观念与行为研究——以湘潭县部分教师为例。主要采用问卷调查的方法，以湘潭县四所小学202名教师为调查对象。论文研究了教师作业布置的观念、作业布置的行为、作业布置观念与布置行为之间的关系。研究发现，教师的性别、教龄、职称和学历不同，其作业布置的观念与行为之间具有显著性差异，整体而言，教师作业布置观念与作业布置行为具有显著的相关性，教师作为作业布置的主体，其对作业的主观理解直接影响自己所布置的作业内容。

第二章：课堂练习对知识巩固与应用的现状研究——以小学数学教学为例。主要以问卷调查法、观察法、文本分析法等实证方法，研究了巩固知识与应用知识的课堂练习设计、巩固知识练习题与应用知识练习题之间的关系、课堂练习对巩固知识与应用知识的效果。问卷调查表明，分别有68%和53%的小学生认为他们能够正确解答大部分课堂基础题和课堂提升题；但是学生课堂练习册则显示基础题和应用题的正确率分别是50%和20%，家庭练习册则显示基础题和提升题的正确率均为80%。学生消化课堂知识能力较低，但家庭作业有助于提高学生对知识的理解与应用能力。

第三章：小学生数学作业与教学内容的一致性研究——以怀化市两所小学为例。主要采用内容分析法、调查法和观察法等实证方法，研究三个"一致性"：小学生购买的校外数学练习册内容是否与教材内容相一致；新授课内容和教师布置的数学作业内容是否一致；作业讲解内容与布置的数学作业是否一致。研究发现，购买的校外数学练习册内容与教材内容基本一致；新授课内容和教师布置的数学作业内容基本不一致；作业讲解内容与布置的数学作业基本不一致。简言之，在大部分情况下，小学生数学作业与教学内容是不一致的，教师布置的作业对知识巩固与应用的功能发挥不全面。

第四章：小学生家长对不同类型家庭作业的指导与参与行为研究——基于长沙和怀化三百余份数据的分析。主要采用问卷调查的方法，以来自长沙市的两所学校和怀化市的一所学校的 289 位家长为调查对象。研究将家庭作业分为书面类作业和实践类作业，分析了家长对这两类作业资源提供、常规监督、内容辅导、代为完成和作业反馈等指导与参与行为。研究发现，家长更重视书面类作业，近 8% 家长反馈没有实践类作业，16.43% 家长明确表示曾代小孩完成作业；相对于作业完成过程，家长更关心作业完成的结果。不同类型家长在物质资源保障和监督行为方面的做法类似，但小孩学习成绩优秀的家长更倾向于提供安静的学习环境，并且在监督行为和内容辅导上的得分更高，低年级家长更倾向于采取措施防止学生做作业时三心二意，专业技术阶层家长对子女作业的指导与参与行为最多。

第五章：小学生家庭作业的家校沟通现状研究。主要采用问卷调查法，以怀化市两所小学的 240 名教师和 270 名家长为调查对象，研究了家长与教师对家庭作业家校沟通重要性与必要性的认识，对沟通影响因素的认知，当前沟通方式、沟通内容和沟通频率的现状。研究发现，近 50% 的教师和家长认为教师沟通态度是影响家校沟通的重要因素；家长对沟通的需求大于教师，孩子就读年级、家庭类型、其本身职业等因素影响家长的沟通认知和行为等；教师的学历、职称、所教年级、担任班主任与否和所教学科等背景因素对教师家校家庭作业沟通认知和行为的影响微弱，但教龄越长的教师，对沟通必要性和教师沟通主动性的认识越消极。

本书五个章节的呈现是按照教师作业布置和学生作业完成的逻辑顺序。第一章是教师作业布置的认知和行为及其之间的关系研究，第二章是教师所布置的课堂作业对当堂新授知识的巩固与应用状况及其学生的正确率，第三章是教师布置的家庭作业是否与教师新授知识和作业讲解一致，第四章是家长对学生作业的指导、参与和监督行为，第五章是家长与教师就学生家庭作业布置与完成的沟通现状。整体而言，第一章的研究焦点是教师的作业布置理念，第二章和第三章是教师课堂作业和家庭作业布置的具体体现，第四章和第五章的研究焦点是家长对作业的态度与行为及其与教师的沟通现状。五章的内容形成一个较为完整的逻辑顺序。

本书有三个主要特点。

其一，本书提供了基于实证研究方法的教育类本科生学位论文的结构模板。一级标题包括引言、研究设计与过程、研究结果与分析等。引言部分包括问题缘起、概念界定和文献综述。研究设计与过程部分包括研究方法、调查（观察）对象、研究问题、研究假设和研究工具。研究结果与分析部分包括选项赋值、信度与效度分析、频率分析、差异性检验等。依据该结构，借助问卷星和 SPSS 工具，本科生选择教育教学实践中的一个真实而具体的问题，可以在较短的时间内完成学位论文，顺利通过"科技期刊学术不端文献检测系统"。指导教师全程指导与监控整个过程，重点关注问题缘起、概念界定、调查问卷确定和数据收集过程。

其二，本书提供了教育学学士学位论文写作的一种可能性规范。

第一，在选题上，学生应研究教育教学实践中具体而明确的真问题。

第二，在研究方法上，学生应以一种研究方法为主，并遵守所选择研究方法的科学规范完成论文，基于该研究方法体验教育科学研究的全部过程。

第三，在学术上，学生应将论文写作视为学术写作，提供规范的注释和参考文献，尊重前人学术研究成果；基于所发现的问题确定概念的内涵和外延，在概念的意义上提出研究问题和研究假设，通过调查问卷（观察或访谈）等实证研究方法回应研究假设。

第四，在研究价值上，学生应注重模仿，借本科论文写作契机，掌握一种研究方法，并在今后的教育教学工作岗位上能够应用该研究方法研究教育教学实践问题，实现将教学视作研究对象的骨干教师的使命和定位；通过体验教育科学研究的全过程，形成实事求是地科学精神；通过遵守学术规范和教师拟定的论文结构，进一步提升自己的研究能力和逻辑思维。

第五，在论文质量上，本科生毕业论文的底线不在于教育科学理论的应用和创新的选题与观点，而在于依据其所选定的教育研究方法，采用规范的文字和语句，构建逻辑性的段落和章节，实事求是地用思维与行动体验与完成研究的整个过程。

其三，本书研究小学作业现状，包括教师作业布置、小学生作业能力和家长作业辅导等内容。学生设计和写作论文时，"双减"（减轻学生作业负担和校外培训负担）政策尚未实施。本书所呈现的研究结果使我们正视一个这样的现实，70%的学生认为他们能够做对大部分巩固知识的课堂基础练习题，但真实的正确率只有50%；50%的学生认为他们能够做对大部分应用知识的课堂提升练习题，但真实的正确率只有20%。这个事实提醒我们进一步研究"双减"政策实施和"强化学校教育主阵地作用"之后学生作业内容和质量上的变化。

本书第一章的作者是黄园，2021届毕业生，论文构思与写作时间是2020年12月至2021年5月，现从事小学数学教学工作，工作地点是广东省东莞市长安镇振安小学。

第二章的作者是邓亚男，2021届毕业生，论文构思与写作时间是2020年12月至2021年5月，现在湖南省衡阳市从事人力资源管理工作。

第三章的作者是陈富佳，2019届毕业生，论文构思与写作时间是2018年9月21日到2019年5月，现从事小学数学教学工作，工作地点是湖南省浏阳市澄潭江镇槐树完全小学。

第四章的作者是阳帅，2021届毕业生，论文构思与写作时间为2020年9月—2021年5月，现从事小学语文教学工作，工作地点是湖南省长沙市雨花区长郡雨花外国语洪塘学校。

第五章的作者是杨丽，2021届毕业生，论文构思与写作时间是2020年12月至2021年5月，现从事小学数学教学工作，工作地点是广东省韶关市武江区镇泰小学。

本科生的学位论文是本科生在校的最后一道质量出口，是教育部师范专业认证标准"产出导向"的重要体现。本书的出版得益于五位同学勇于挑战自我的勇气、认真的写作态度、求真务实的科学精神和"遇见最好自己"的人性向善的追求。

本书适合的阅读对象是教育类专业的教师、本科生、研究生，本科生毕业论文的指导教师和教育管理部门的领导，小学教师、校长等关心小学教学和师范生培养的相关人员。

本书还存在许多不足的地方，例如各章作者"文献综述"的能力较弱，教育理论基础不强，语句表述的精炼性有待提升等。敬请各位读者批评指正。

目 录
CONTENTS

第一章

小学教师作业布置观念与行为研究

——以湘潭县部分教师为例

一、引言

（一）问题缘起

在教育教学活动中，布置家庭作业是教学活动的一个重要环节，家庭作业在教师与学生和家长之间起着桥梁与纽带的作用，能帮助教师了解学生课堂学习情况和调整改进教学活动；通过完成家庭作业，学生不仅可以巩固知识、提高学习成绩，而且能形成良好的学习习惯和积极的学习态度；通过了解学生完成家庭作业的过程和质量，家长也可以及时把握他们的学习状况。但是近年来关于家庭作业的消极报道逐渐增多，例如，家长代替孩子完成作业，家长辅导孩子作业时脾气暴躁，家长对教师布置的作业需要辅导存在抱怨心理，甚至出现亲子、家校关系紧张等问题。教师是家庭作业布置的主体，为什么教师布置的作业会出现这么多问题呢？其背后的观念与动机究竟是什么？这些问题值得探究。

我国《中长期教育改革和发展规划纲要（2010—2020）》指出："教育还不完全适应国家经济发展和人民群众接受良好教育的要求。教育观念相对落后，内容方法比较陈旧，素质教育推进困难。"国家对教师教育观念高度重视，而教师的作业布置观念显然是教师一项重要的教育观念，它是教师对家庭作业的主观理解，直接影响教师布置何种形式、何种质量的作业[1]。研究教师布置家庭作业的观念对提升教师教育观念具有重要的意义。当前，家庭作业的相关研究逐渐增多，讨论热度不断升温。但是，这些研究的关注点多是教师布置家庭作业

---

[1] 高婧. 小学高年级家庭作业布置与批改问题研究［D］. 呼和浩特：内蒙古师范大学，2012.

的数量、策略等。另一突出特点是，这些研究大多是一线教师的经验总结，理论性和科学性存在局限，在实践中的可靠性不够①。众所周知，行为受制于观念，这些研究聚焦作业布置的外在现象，诸如，家庭作业的数量、批改、类型、难度和设计等，忽视了对作为作业布置主体的教师观念的研究。

由此，本研究通过相关文献的分析，一方面明确教师作业布置观念的概念内涵和外延，例如作业布置的目的、作业布置的意义、对国家相关部门政策的认知和作业布置的依据等；另一方面明确教师作业布置的行为现状，例如作业的内容、作业的数量、作业的难度、学生的参与情况（让学生自主设计作业）和作业布置策略等。在此基础上，自编调查问卷，以湘潭县部分小学教师为调查对象，通过搜集数据，分析存在的问题，从而改善教师作业布置现状，推动家校关系紧张等问题得到进一步的缓解。

（二）概念界定

1. 作业布置

根据张萍的观点②，作业布置是教师为了使学生达到大纲所要求的教学目标，并掌握一定的知识及技能而为学生提供的作业。《现代汉语词典》认为，作业布置是教师对学生的学习做出安排，给学生布置的功课。本研究中作业布置是指教师为了使学生达到教学目标，掌握一定的知识技能而安排的功课。

2. 教师作业布置的观念

在马克思主义哲学中，观念与物质具有辩证关系，观念是对客观物质的反映，是人们在特定历史文化背景下形成的关于某一对象的相对稳定的映像、理解或看法③。心理学主要从主体人的心智、心理角度阐释"观念"，认为观念是人类经验的心智结构，是用以解释外在现象并影响行动的表征系统，是对某一观点、事物的肯定心理状态④。

哲学和心理学对"观念"的普遍解释包含三方面内容，其中一点是观念具有一定的主观性，其对现实世界的反映不是同"镜子"一样的完全呈现，而是

---

① 张莉. 小学高年级数学家庭作业研究：现状、问题与优化设计 [D]. 芜湖：安徽师范大学，2017.
② 张萍.《新英语课程标准》下初中英语作业布置的现状及改善对策研究 [D]. 大连：辽宁师范大学，2015.
③ 王晓朝. 论卓越观念的源起与德性论的生成 [J]. 学术研究，2020（12）.
④ 王晓朝. 论卓越观念的源起与德性论的生成 [J]. 学术研究，2020（12）.

根据不同主体的背景、认知、需求加工呈现个体性和差异性。因此，观念受主体、客体、外部环境的多维影响，主体越多样、客体越多变，环境越复杂、观念越复杂，并有可能模糊不清①。

综合马克思主义哲学和心理学对观念的界定，本研究所指的"教师作业布置观念"是指教师在不同的环境下形成的关于作业的相对稳定的理解或看法；环境包括所在地区有关作业政策落实状况，所在学校作业布置要求和氛围，又根据主体（人）背景（不同年级、所教科目，需求）不同而对行为产生不同的影响。对作业相对稳定的理解或看法也就是作业布置的观念，在本研究中具体包括作业布置的目的、作业布置的作用、国家相关部门政策、作业布置的依据等。

3. 教师作业布置的行为

"行为"是一个难以被界定的概念。生活中，"行为"四处可见，人们可以清楚列出其外延范畴的例子。这是由于行为的基本特征是外显性，它是由无数的可被观察感知的动作构成。《简明教育辞典》中对"行为"的定义是："有机体受到环境影响而发生的内在生理变化及心理变化的外在反应。"② 在这里，教师作业布置行为是受到教师作业布置观念影响而产生的外在反应，是教师作业布置观念的外显，例如会布置什么内容的作业、什么形式的作业、多少量的作业、什么难度的作业；也包括作业布置的策略，即布置作业时与其他科目的协调程度和与其他教师的合作程度，布置作业时的学生参与度，布置作业时对自己教学活动的推动等。

（三）文献综述

1. "教师""作业布置"的"主题"研究在文献数量上的变化趋势

在 2020 年 12 月 21 日，在中国知识资源总库中以"教师""作业布置（或布置作业）"为"篇名"进行搜索，总共搜索到文献 15 篇，可见直接研究教师作业布置的文献非常少；以"教师""作业布置（或布置作业）"为"主题"进行搜索，共搜索到文献 5884 篇。图 1-1 是近十年以来文献数量变化趋势图。

---

① 赵鑫凤. 中小学教育观的行为转化研究 [D]. 武汉：华中师范大学，2020.
② 江子璐. 幼儿园一日生活制度实施过程中教师观念的研究 [D]. 长沙：湖南师范大学，2019.

图1-1 近10年以"教师"和"作业布置"为"主题"的年度文献数量趋势图

如图1-1所示，近10年来，教师作业布置研究的文献数量稳步上升，2019年发表的文献最多，虽然2020年的文献数量有所下降，但是研究者对教师作业布置问题依旧十分关注，反映了教师作业布置研究的重要性。

2. "教师""观念""行为"的"篇名"研究在文献数量上的变化趋势

（1）教师观念研究变化趋势图

在2020年12月21日，在中国知识资源总库中以"教师""观念"为"篇名"进行搜索，总共搜索到文献906篇。图1-2是近10年文献数量变化趋势图。

图1-2 近10年以"教师""观念"为"篇名"的年度文献数量趋势图

如图 1-2 所示，近 10 年来，有关教师观念的研究文献较多，2010 年达到了顶峰（有 126 篇），然后呈现稳步下降的趋势。这说明研究者对于教师观念的关注度从 2011 年起越来越少。通过对"教师""观念"的文献分析，笔者发现大多偏向于教学观念，只在研究中提及作业布置观念，单独研究教师作业布置观念的较少。本研究着重以小学阶段的教师为调查对象，研究小学教师作业布置的观念，以及观念下的相关行为。

（2）教师行为的研究变化趋势图

在 2020 年 12 月 21 日，在中国知识资源总库中以"教师""行为"为"篇名"进行搜索，显示 2010—2020 年的相关文献共 5260 篇。

图 1-3 近 10 年以"教师"和"行为"为"篇名"的年度文献数量趋势图

图 1-3 所示，近 10 年来，"教师""行为"一直是一个热门研究对象，文献数量呈现稳步上升的趋势，并且在 2018 年达到顶峰（554 篇），说明学者对于教师行为的关注度一直很高。通过对"教师""行为"的文献分析，笔者发现这些研究多偏向于教学行为和教师行为转变的研究。本研究着重以小学阶段的教师为调查对象，聚焦教师作业布置的观念与相应的行为及其它们之间的关系。

3. 教师作业布置的观念研究

张莉在《小学高年级数学家庭作业研究》① 中指出，作业布置存在内容单一、量多且忽视学生感受的问题，其原因是教师没有转变作业观念，受固有观

① 张莉. 小学高年级数学家庭作业研究：现状、问题与优化设计 ［D］. 芜湖：安徽师范大学，2017.

念的影响，例如，教师在传统应试教育下一味追求卷面成绩，采用题海战术。张莉认为教师要灵活设计作业，分层次，多重定位作业功能等。

陈玉兰在《初中语文家庭作业布置问题及对策》① 中指出，语文家庭作业布置存在的问题是缺乏目的性、作业数量不合理和学科之间缺乏沟通等。张玉兰建议，教师要明确作业目的，将作业视作连接课内外的纽带，不能只关注课堂，要改变传统作业方式和作业布置观念；家庭作业与课堂教学密不可分，学生的作业过程是学生学习的重要过程。

高靖在《小学高年级家庭作业布置问题与批改问题》② 中指出，教师作业布置存在的问题是作业设计随意性大和布置作业目的单一，即围绕成绩的提高来展开作业布置，没有过多地其他考虑。该论文指出，教师要树立正确的作业布置观念，科学有效地布置作业，正确的作业观念和有效的布置作业行为不仅能减轻学生课业负担，还能增强学生学习兴趣。

赵冉在《小学中高段前置数学作业》③ 中指出，世界观念日新月异，但许多教师的观念却停滞不前，安于现状，例如，一些小学"老干部"组成的教师队伍缺乏新鲜血液，沿袭旧观念，缺乏新观念，导致教师观念处于故步自封的状态；教师要明晰内涵，正确把握前置作业的本质，明确要求，使得前置作业有规矩可寻。

胡苇在《国外中小学家庭作业问题的研究及启示》④ 中提出，学生学习能力不尽相同，要想真正解决家庭作业中的种种问题，要从内容、形式、评价上大做文章，如要明确布置作业的目的，对不同年龄段学生的布置作业要基于不同目的；对于低龄段学生，作业布置目的应该是促进学生形成积极的态度和习惯；对于高龄段学生，作业布置目的应该是在学校学业成绩的改善上发挥直接作用；要尽可能保证学生能够完成作业；要注重作业形式的多样化；要对学生的作业做出及时、具有激励意义的评价等。

何芳在《小学教师作业布置观念》⑤ 中提出，绝大多数教师能够明确作业布置的功能，清楚国家关于作业布置的相关规定，但是依然会出现罚抄，题海

---

① 陈玉兰．初中语文教师家庭作业布置问题及其对策研究［D］．兰州：西北师范大学，2015．
② 高婧．小学高年级家庭作业布置与批改问题研究［D］．呼和浩特：内蒙古师范大学，2012．
③ 赵冉．小学中高段数学前置作业的设计［J］．教学与管理，2017（32）．
④ 胡苇．国外中小学家庭作业问题的研究及启示［J］．外国中小学教育，2007（12）．
⑤ 何芳．小学教师家庭作业布置观念的调查研究［D］．大连：辽宁师范大学，2012．

战术等现象，其原因主要还是归结于教师过分关注学生成绩。由此，首先教师要转变观念，明确家庭作业布置的目的；其次要改进课堂教学，提高效率，并且不断丰富作业内容与形式。

杨蒙在《减负背景下小学语文家庭作业的创新性布置》① 中提出教师应该树立新型作业布置观念，布置作业前要充分了解学生情况，从学生实际出发。

总之，在教师作业布置观念方面，研究者认为，教师应紧跟现代教育理念，树立作业与教学过程和教学目标的关系思维，掌握学生差异化和作业多样化的布置理念。

4. 教师布置作业的行为研究

姚利民在《有效的家庭作业策略》② 一文中也对我国教师在布置家庭作业方面提出了一些建议，例如，明确家庭作业的意义，规范家庭作业设计，布置家庭作业的难度和数量保持适中；所布置的家庭作业要有反馈评价；布置的家庭作业要与教学内容有关；布置的家庭作业形式要多样有趣；对于不按时完成家庭作业的问题要探寻问题的根源，及时解决问题。

张宁全在《谈优化小学数学作业布置与检测的思路》③ 中指出，教师作业布置过于死板，布置作业要为学生"量体裁衣"而不是"整齐划一"，在作业布置的量与作业布置的难度上要做到分层规划。

齐俊丽在《新课程背景下高中数学作业布置策略研究》中指出了当前教师作业布置存在的问题，例如，形式单一，以测试卷、周练卷为主，一题一题，形式机械；作业布置以教师为主，学生失去学习的自主选择权；不够尊重学生个体差异，讲究统一化。作者提出教师应在布置作业时遵循针对性原则、时效性原则、发展性原则和多样性原则。

杨蒙在《减负背景下小学语文家庭作业的创新性布置》④ 中指出，小学语文教师布置的作业内容枯燥，形式单一，以常规性书面作业为主，作业独裁封闭，作业布置主体是教师，但教师只从自己的角度出发，没有从学生的需求出发考虑学生喜欢什么样的作业。

① 杨蒙. 减负背景下小学语文家庭作业的创新性布置 [D]. 长沙：湖南师范大学，2014.
② 姚利民. 有效的家庭作业策略 [J]. 湖南师范大学教育科学学报，2003 (6).
③ 张宁全. "分"而治之逐"层"提升——谈优化小学数学作业布置与检测的思路 [J]. 教育界（基础教育），2019 (5).
④ 杨蒙. 减负背景下小学语文家庭作业的创新性布置 [D]. 长沙：湖南师范大学，2014.

娄丹丹在《小学高年级语文课后作业设计与现状调查研究》① 中指出，教师作业布置行为具有随意性，缺乏自主设计；教师应增加作业设计的多样性和作业评价的有效性。

孟春国在《高校外语教师反思教学观念与行为研究》② 一文指出，很多教学理念只有实践了才知道；从另一个角度看，教师的任何教学行为背后都受到一定的理论或理念影响，实践需要观念的指引。

5. 文献述评

通过以"教师""作业布置"等为"主题"和"篇名"条件的检索情况来看，国内对教师作业布置的研究起步较早，20 世纪末就已经有相当多的学者研究教师作业布置问题。在"教师""观念"研究方面，大部分文献偏向教学观念，缺乏对教师作业布置观念的专属研究；在"教师""行为"研究方面，大部分文献偏向教学行为和教师行为的转变。

基于观念影响行为的哲学思维，教师对作业的主观理解直接影响教师作业布置的行为，但在小学教师作业布置的语境下，两者之间的关系研究缺乏实证的支持。所以本研究着重以小学阶段的教师为调查对象，聚焦教师作业布置的观念与相应的行为及其它们之间的关系。

二、研究设计与过程

（一）研究方法

本章以小学教师作业布置观念与行为调查作为研究内容，综合采用了以下两种研究方法。

1. 文献研究法

通过搜索中国知网与查阅相关文献，了解和分析小学教师作业布置情况、小学教师作业布置观念和小学教师作业布置行为等相关方面的研究动态；根据研究内容对作业布置、作业布置观念和作业布置行为这三个概念进行界定，确

① 娄丹丹. 小学高年级语文课后作业设计的现状及对策研究［D］. 新乡：河南师范大学，2013.
② 孟春国. 高校外语教师反思教学观念与行为研究［J］. 外语界，2011（4）.

定研究对象、研究方法和研究思路，并由此发现当前研究的不足，例如，国内学者对于作业量、作业布置的策略和适切性研究比较多，而对于作为作业布置主体的教师研究很少。本研究力求在文献综述的基础上，了解相关的研究成果，为自己进一步分析小学教师作业布置观念与行为奠定坚实的理论基础。

2. 问卷调查法

问卷调查法是研究者通过事先设计好的问题来获取有关信息和资料的一种方式。基于所界定概念（作业布置、作业布置观念和作业布置行为）和文献综述，本研究编制了《小学教师作业布置观念与行为的调查问卷》，在湘潭部分教师群体中发放共计202份调查问卷，用SPSS17计算分析，验证假设。

（二）调查对象

本调查对象选自湘潭县茶恩中心小学、花桥小学、水竹小学、大花桥小学等学校各年级小学教师，合计202名。教师背景信息详见"三、研究结果的分析"中的"（四）背景频率分析"。

（三）研究问题

1. 教师作业布置的观念研究
2. 教师作业布置的行为研究
3. 教师作业布置观念与行为之间的关系研究

（四）研究假设

作者根据研究问题，提出以下三个假设。

假设1　教师作为作业布置的主体，自己对作业的主观理解，直接影响到教师会布置怎样的作业，即直接影响到教师作业布置的行为；

假设2　教师作业布置的观念包括：

（1）作业布置最主要的目的是检测课堂效果，提高成绩；

（2）作业布置的目的是巩固所学知识；

（3）作业布置的作用是改进教学；

（4）作业可提高学生学习能力，例如书写能力、好习惯和资料搜集能力；

（5）教师作业布置应符合国家规定的作业减负政策；

（6）教师作业布置应符合素质教育的理念；

（7）作业布置的依据是教学目标；

（8）作业布置的依据是教学内容；

假设3 教师作业布置的行为包括：

（1）布置的作业内容以练习册、试卷、抄写和背诵为主；

（2）布置生活实践性的作业任务，让学生通过实践巩固所学知识，例如商店购物、参观、做家务、与其他人交流等；

（3）布置作业会明确说明作业要求，答题规范；

（4）新课开始前布置学生通过各种途径或方法先搜集相关资料；

（5）语文、英语时常布置学生练字，数学布置错题集整理等书面作业；

（6）教师布置作业综合考虑学生当天作业量，例如根据教学内容的难易程度调整作业量。

（7）根据其他教师当天作业量对自己布置作业的内容或数量进行调整；

（8）根据学生知识掌握情况调整自己布置作业的内容或数量；

（9）根据学生的不同水平，有针对性地分组布置作业内容；

（10）根据学生的课堂表现调整自己布置作业的内容或数量；

（11）根据教学内容精心设计作业内容、形式和数量；

（12）根据教学内容布置当面批改的作业；

（13）根据教学内容、学生情况和学生兴趣要求学生自主设计当天作业；

（14）根据教学重点有针对性地调整作业内容和数量；

（15）根据教学难点调整作业布置的数量和内容；

（16）根据教学内容布置教辅材料的习题、课后练习题；

（17）根据教学内容难易度调整作业量。

（五）研究工具

通过查阅相关文献资料和借鉴其他学者的相关数据材料，同时根据本研究的实际需要设计了本研究的调查问卷。采用李克特五点分量表，1~5分别表示非常同意、同意、不确定、不同意、非常不同意，得分越高，认同度越低。所有题目均为自编。

表1-1　调查问卷的结构

结构与假设		题项
基本信息		1. 性别
		2. 是否为班主任
		3. 所教科目
		4. 所教年级
		5. 教龄
		6. 学历
		7. 职称
教师作业布置观念（验证假设二）	目的	1. 您认为教师每天布置作业是理所应当的
		2. 您认为作业目的是检测课堂教学效果
		3. 您认为布置作业的目的是提高学习成绩
	作用	4. 您认为布置作业的作用是巩固学生所学知识
		5. 您认为布置作业的作用是培养学生学习习惯
		6. 您认为布置作业的作用是改进教师自己的课堂教学
	政策	7. 您认为国家规定的作业减负政策是减少作业量
		8. 您认为国家规定的"减负政策"是精选作业内容，创造性布置作业
		9. 您认为素质教育包括教师合理设计作业
		10. 您认为素质教育包括教师作业布置时以学生为主体
		11. 您认为减少作业量不利于学生的成绩进步
		12. 您认为减负有利于学生的身心发展
	教学目标和教学内容	13. 您认为布置作业是为了检查学生对教学重点的掌握情况
		14. 您认为布置作业是为了检查学生对教学难点的解决情况
		15. 您认为布置作业是为了检验教师是否实现了课堂教学目标
教师作业布置行为（验证假设三）	对应观念中的目的	1. 您现在布置的主要是书面作业
		2. 国家的减负政策影响了您布置作业的数量
		3. 国家的减负政策影响了您布置作业的内容
		4. 您布置的作业经常以练习册、试卷、抄写为主

续表

结构与假设		题项
教师作业布置行为（验证假设三）	对应观念中的作用	5. 您经常会布置生活实践类作业。例如参观、去商店、做家务等
		6. 您布置作业会明确说明作业要求和答题规范
		7. 您会布置课前预习作业
		8. 您会布置培养学生学习习惯的作业，例如练字帖、整理错题集、抄写
	对应观念中的政策	9. 您会综合考虑学生当天作业量来布置作业
		10. 您会根据学生的不同水平，有针对性地分组布置作业内容
		11. 您会根据教学内容精心设计作业
		12. 您会根据教学内容布置当面批改的作业
		13. 您会根据教学内容让学生自主设计当天作业
		14. 您会根据学生情况让他们自主设计当天作业
		15. 您会要求学生基于自身兴趣自主设计当天作业
	对应观念中的教学目的和内容	16. 您会根据教学目标中的教学重点适当增加作业
		17. 您会根据教学目标中的教学难点适当增加作业
		18. 您会根据教学内容布置教辅材料的习题、课后练习题
		19. 您会根据学生知识掌握情况调整自己布置作业的内容
		20. 您会根据学生知识掌握情况调整自己布置作业的数量
		21. 您会根据学生课堂练习的掌握情况调整自己布置作业的内容
		22. 您会根据学生课堂练习的掌握情况调整自己布置作业的数量

三、研究结果与分析

本研究的问卷共三个部分：背景信息、教师作业布置观念和教师作业布置行为，各部分题量分别是 7、15 和 22。

（一）选项的赋值

背景信息包括性别、班主任岗位、所教科目、所教年级、教龄、学历和职称。题目选项的赋值如下：

表1-2　选项的赋值方法

类型	选项	赋值	类型	选项	赋值
性别	男	1	科目	语文	1
	女	2		数学	2
班主任	是	1		英语	3
	否	2		其他	4
学历	中专	1	教龄	1年以下	1
	大专	2		2～5年	2
	本科	3		6～10年	3
	研究生及以上	4		10年以上	4
职称	见习教师	1	程度	非常符合	1
	三级	2		符合	2
	二级	3		不确定	3
	一级	4		不符合	4
	高级	5		非常不符合	5
	正高级	6		—	—

借助SPSS进行信效度分析、频率分析和相关分析，构成论文的主体内容。

（二）维度归类

根据四个观念与行为的分类，将题目与对应的类别进行归类，具体行为变量与题目的对应见表1-3。

表1-3　教师作业布置观念与行为维度分类

类型	维度	对应题目	数量
教师作业布置观念	目的	1~3	3
	作用	4~6	3
	政策	7~12	6
	教学目标和教学内容	13~15	3
教师作业布置行为	对应观念中的目的	1~4	4
	对应观念中的作用	5~8	4
	对应观念中的政策	9~16	8
	对应观念中的教学目标和教学内容	17~22	6

（三）信效度分析

本研究统计202份有效样本，各部分维度的信效度分析如表1-4和表1-5所示。

表1-4　教师作业布置观念各维度信效度分析

教师作业布置观念维度	Cronbach 系数	结构效度	题目数量
目的	0.613	0.597	3
作用	0.748	0.682	3
政策	0.647	0.756	6
教学目标和内容	0.845	0.705	3
总体	0.847	0.840	15

表1-5　教师作业布置行为各维度的信效度分析

教师作业布置行为维度	Cronbach 系数	结构效度	题目数量
观念	0.665	0.550	4
作用	0.699	0.682	4
政策	0.894	0.873	8
教学目标和内容	0.844	0.752	6
总体	0.920	0.873	22

1. 教师作业布置观念各维度信效度分析

吴明隆在《SPSS统计应用实务》中表示，根据Cronbach's α系数的取值范围，α系数在0.9及以上表示信度优秀；α系数在0.8~0.89之间表明信度好；α系数在0.7~0.79之间表明信度一般；α系数在0.6~0.69之间，处于信度可接受的边缘[①]；根据Kaiser的观点，KMO值大于0.9其效度是最好的，大于0.8是比较好的，大于0.7是中等水平，大于0.6被认为可接受[②]。由此可知，在本研究中，教师作业布置观念中"目的"α系数为0.613，KMO系数为0.597（表1-4），说明该维度信度可接受，效度不太好；教师作业布置观念中"作用"α系数为0.748，KMO系数为0.682，说明该维度信度一般，效度是可接受的；教师作业布置观念中"政策"α系数为0.647，KMO系数为0.756，说明该维度信度一般，效度处于中等水平；教师作业布置观念中"教学目标和内容"α系数为0.845，KMO系数为0.705，说明该维度信度良好，效度一般。总体上来看，教师作业布置观念信效度分别为0.847、0.840。说明从整体上来看教师作业布置观念信效度是比较好的。

2. 教师作业布置行为各维度信效度分析

由表1-5可知，教师作业布置行为中"目的"α系数为0.665，KMO系数为0.550，说明该维度信度可接受，效度不太好；教师作业布置行为中"作用"α系数为0.699，KMO系数为0.682，说明该维度信效度都是可接受的；教师作业布置行为中"政策"α系数为0.894，KMO系数为0.873，说明该维度信效度良好；教师作业布置行为中"教学目标和内容"α系数为0.844，KMO系数为0.752，说明该维度信度良好，效度一般。总体上来看，教师作业布置观念信效度分别为0.920和0.873，说明从整体上来看教师作业布置行为信效度是较好的。

（四）背景频率分析

1. 教师的性别和班主任岗位

由表1-6可看出，参与此次问卷调查的共有202名教师，男性教师41人，占总人数的20.3%；女性教师161人，占总人数的79.7%。参与调查的202位教师中大部分为非班主任，非班主任人数为124，占总数的61.4%；班主任人数为78，占总数的38.6%。

---

① 吴明隆.SPSS统计应用实务——问卷分析与应用统计［M］.北京：科学出版社，2003：109.
② 吴明隆.SPSS统计应用实务——问卷分析与应用统计［M］.北京：科学出版社，2003：67.

表1-6 教师性别和班主任岗位的频率（百分比）分布（n=202）

性别		班主任	
男	女	是	否
41（20.3）	161（79.7）	78（38.6%）	124（61.4%）

2. 任教科目、年级和教龄

由表1-7可知，语文学科教师人数最多，英语学科人数最少。其中语文87人，占总人数的43.1%；数学71人，占总人数的35.1%；英语15人，占总人数的7.4%；其他学科29人，占总人数14.4%。

在教师所教年级中，一二年级人数最多，五年级最少。其中一二年级人数为60人，占总数29.7%；三年级37人，占总人数的18.3%；四年级33人，占总人数的16.3%；五年级25人，占总人数12.4%；六年级47人，占总人数23.3%。

调查的202位教师中，0~1年教龄的教师占总人数的53.5%，2~5年教龄的教师占总人数的28.7%，6~10年教龄的教师占总人数的7.4%，10年以上教龄的教师占总人数的10.4%。

表1-7 教师任教科目、年级和教龄的频率（百分比）分布（n=202）

科目	频率（%）	年级	频率（%）	教龄	频率（%）
数学	71（35.1）	三年级	37（18.3）	2~5年	58（28.7）
语文	87（43.1）	一二年级	60（29.7）	0~1	108（53.5）
英语	15（7.4）	四年级	33（16.3）	6~10年	15（7.4）
其他	29（14.4）	五年级	25（12.4）	10年以上	21（10.4）
—		六年级	47（23.3）	—	

3. 学历和职称

由表1-8可知，在202位教师中，本科学历的人数最多，占总人数的81.7%；中专学历4人，占总人数的4%；大专学历18人，占总人数的8.9%；研究生及以上学历15人，占总人数的7.4%。

在202名教师中，见习教师111人，占总人数的55%；三级教师23人，占总人数的11.4%；二级教师36人，占总人数的17.8%；一级教师18人，占总人数的8.9%；高级教师有6人，占总人数的3.0%；正高级教师有8人，占总人数的 4.0%。

表 1-8　教师学历和职称频率（百分比）分布（n=202）

学历	频率（百分比）	职称	频率（百分比）
中专	4（2.0）	见习教师	111（55.0）
大专	18（8.9）	三级教师	23（11.4）
本科	165（81.7）	二级教师	36（17.8）
研究生及以上	15（7.4）	一级教师	18（8.9）
—	—	高级教师	6（3.0）
—	—	正高级教师	8（4.0）

（五）教师作业布置观念各维度频率分析和不同背景教师之间的差异性检验

本部分将教师作业观念从"目的、作用、政策、教学目标和内容"四个维度进行频率分析。

1. 教师作业布置观念中的"目的"维度

教师作业布置观念中的"目的"维度指的是教师布置作业的目的是什么，对应附录中问卷第二部分的第 1~3 题。

（1）频率分析

从表 1-9 可知，对于"1. 教师每天布置作业是理所应当的"，累计 90.6% 的受访教师选择"非常符合"和"符合"；对于"2. 您认为布置作业目的是检测课堂教学效果"，累计 94.6% 的受访教师选择"非常符合"和"符合"，占比最高；对于"3. 您认为布置作业的目的是提高学习成绩"，累计 88.1% 的受访教师选择"非常符合"和"符合"。

表 1-9　教师作业布置观念中"目的"维度频率分析

题目	非常符合	符合	不确定	不符合	非常不符合	合计
1. "您认为"教师每天布置作业是理所应当的	24.75	65.84	6.44	2.48	0.50	100
2. "您认为"布置作业目的是检测课堂教学效果	29.21	65.35	2.97	2.48	0	100
3. "您认为"布置作业的目的是提高学习成绩	23.76	64.36	5.94	4.95	0.99	100
均值	25.90	65.10	5.20	3.30	0.50	100

总体来说，在教师作业布置观念"目的"维度中，91%的教师选择了"完全符合"和"符合"，这些教师认为布置作业的主要目的是检测课堂效果，提高学生成绩，并且认为每天都应该给学生布置作业。

（2）差异性检验

表1-10是不同背景教师作业布置目的的差异性检验结果。数据显示，在"1.教师每天布置作业是理所应当的"和"3.您认为布置作业的目的是提高学习成绩"选项上，不同背景教师的观点具有一致性。如表1-11所示，在"2.您认为布置作业的目的是检测课堂教学效果"的观点上，完全支持该观点的男性和女性教师分别占各性别教师总数的24.4%和30.4%，而反对该观点的分别占各性别教师总数的9.8%和0.6%，女性教师对该观点的认可度比男性教师强，具有显著性差异。

表1-10　不同背景教师作业布置观念中"目的"维度的差异性检验

教师背景	检验量	1. 您认为教师每天布置作业是理所应当的	2. 您认为布置作业的目的是检测课堂教学效果	3. 您认为布置作业的目的是提高学习成绩
性别	F	1.304	4.938	0.000
	P	0.310	0.027	0.995
班主任	F	1.552	0.317	0.001
	P	0.214	0.574	0.979
所教科目	F	1.528	1.510	0.617
	P	0.208	0.213	0.918
所教年级	F	0.842	0.234	1.383
	P	0.5	0.919	0.214
教龄	F	0.766	0.718	1.050
	P	0.514	0.542	0.372
学历	F	0.506	0.340	1.002
	P	0.678	0.529	0.393
职称	F	1.541	1.297	1.979
	P	0.798	0.267	0.083

表 1-11　不同性别教师作业布置观念与行为的显著性差异

程度	题目		非常符合	符合	不确定	不符合	非常不符合
布置作业的观念	2. 您给学生布置作业目的是检测课堂教学效果	男	24.4	63.4	2.4	9.8	—
		女	30.4	65.8	3.1	0.6	—
	11. 您认为减少作业量不利于学生的成绩进步	男	22	43.9	12.2	14.6	7.3
		女	6.2	28.6	28	34.8	2.5
布置作业的行为	2. 国家的减负政策影响了您布置作业的数量	男	26.8	31.7	24.4	14.6	2.4
		女	6.2	42.2	19.9	31.1	0.6
	3. 国家的减负政策影响了您布置作业的内容	男	19.5	43.9	12.2	24.4	—
		女	5.6	41	19.9	31.7	1.9
	5. 您经常会布置生活实践类作业	男	26.8	61	2.4	9.8	—
		女	9.3	52.8	17.4	19.3	1.2
	15. 您要求学生根据自身兴趣自主设计作业	男	22	51.2	22	4.9	—
		女	9.3	49.1	15.5	23.6	2.5

2. 教师作业布置观念中的"作用"维度

教师作业布置观念中的"作用"维度指的是教师布置作业的作用是什么，对应附录中问卷第二部分的第4~6题。

（1）频率分析

表 1-12 显示，对于"4. 您认为作业的作用是巩固学生所学知识"，累计99.01%的受访教师选择"非常符合"和"符合"，占比最高；对于"5. 您认为作业的作用是培养学生学习习惯"，累计94.06%的受访教师选择"非常符合"和"符合"；对于"6. 您认为布置作业对改进教学有积极作用"，累计95.55%的受访教师选择"非常符合"和"符合"。

表 1-12　教师作业布置观念中"作用"维度频率分析

题目	非常符合	符合	不确定	不符合	非常不符合	合计
4. "您认为"作业的作用是巩固学生所学知识	38.12	60.89	0.99	0	0	100
5. "您认为"作业的作用是培养学生学习习惯	28.71	65.35	3.96	1.98	0	100
6. "您认为"布置作业对改进教学有积极作用	31.19	64.36	2.97	1.49	0	100
均值	32.7	63.6	2.6	1.1	0	100

　　总体来说，在教师作业布置观念"作用"维度中有 96.3%的教师选择了"非常符合"和"符合"。这些数据说明，在绝大部分教师作业布置观念中，布置作业的作用是积极的，可以巩固学生所学知识，培养学生学习习惯和改进自己的教学。

　　（2）差异性检验

　　表 1-13 是不同背景教师作业布置作用的差异性检验结果。数据显示，"5. 您认为布置作业是为了培养学生学习习惯"和"6. 您认为布置作业对改进教学有积极作用"选项上，不同背景教师的观点具有一致性。

表 1-13　不同背景教师作业布置观念中"作用"难度的差异性检验

教师背景	检验量	4. 您认为布置作业是为了巩固学生所学知识	5. 您认为布置作业是为了培养学生学习习惯	6. 您认为布置作业对改进教学有积极作用
性别	F	0.379	0.182	1.203
	P	0.539	0.670	0.274
班主任	F	3.024	0.181	1.360
	P	0.084	0.671	0.245
所教科目	F	0.052	0.182	0.110
	P	0.984	0.909	0.954
所教年级	F	0.727	0.622	0.210
	P	0.575	0.647	0.933
教龄	F	0.719	1.556	0.454
	P	0.542	0.201	0.715
学历	F	1.577	0.690	0.157
	P	0.196	0.559	0.925
职称	F	3.012	1.719	1.339
	P	0.012	0.132	0.249

　　在"4. 您认为布置作业是为了巩固学生所学知识"的观点上，不同职称教师的观点具有显著性差异。具体而言，高级教师和正高级教师，见习教师和三级教师的选项之间具有相似性，"赞同"的比例高于"完全赞同"；而二级教师和一级教师的选项具有相似性，"完全赞同"的比例高于"赞同"，赞同度更强烈。具体见图 1-4。

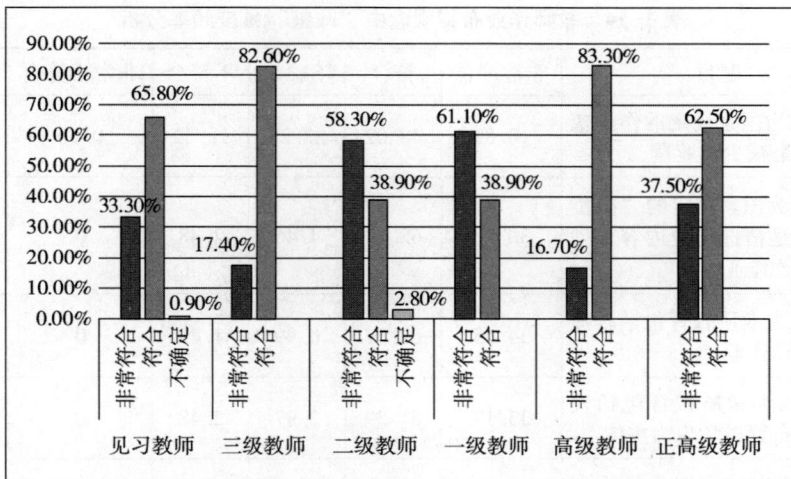

图1-4 不同职称教师在"作业的作用是巩固学生所学知识"观点上的差异

3. 教师作业布置观念中的"政策"维度

教师作业布置观念中的"政策"维度指的是教师布置作业时对作业布置相关政策的了解和看法,对应附录中问卷第二部分的第7~12题。

(1)频率分析

从表1-14可知,对于"7.您认为国家规定的作业减负政策是减少作业量",累计58.9%的受访教师选择"非常符合"和"符合",占比较低;对于"8.您认为国家规定的减负政策是精选作业内容,创造性布置作业",累计93.1%的受访教师选择"非常符合"和"符合";对于"9.您认为素质教育包括教师合理设计作业",累计97.5%的受访教师选择"非常符合"和"符合",占比最高;对于"10.您认为素质教育包括教师作业布置以学生为主体",累计94.6%的受访教师选择"非常符合"和"符合",所占比例较高;对于"11.您认为减少作业量不利于学生的成绩进步",累计41.1%的受访教师选择"非常符合"和"符合",占比最低;对于"12.您认为减负有利于学生的身心发展",累计82.7%的受访教师选择"非常符合"和"符合"。显然,90%以上的受访教师赞同通过创新作业设计内容落实素质教育的国家要求,近一半的教师不赞成将减负与减少作业数量简单挂钩,不赞成将作业数量和学生成绩挂钩,另有14%的教师对"减负又利于学生身心发展"持不确定的态度。

表 1-14 教师作业布置观念中"政策"维度频率分析

题目	非常符合	符合	不确定	不符合	非常不符合	合计
7. 您认为国家规定的作业减负政策是减少作业量	10.89	48.02	22.28	18.32	0.50	100
8. 您认为国家规定的"减负政策"是精选作业内容，创造性布置作业	30.20	62.87	4.46	2.48	0	100
9. 您认为素质教育包括教师合理设计作业	34.65	62.87	0.99	1.49	0	100
10. 您认为素质教育包括教师作业布置以学生为主体	33.17	61.39	2.97	2.48	0	100
11. 您认为减少作业量不利于学生的成绩进步	9.41	31.68	24.75	30.69	3.47	100
12. 您认为减负有利于学生身心发展	20.79	61.88	14.36	2.97	0	100
均值	23.2	54.9	11.7	9.7	0.5	100

（2）差异性检验

表 1-15 是不同背景教师对作业布置作用观念的差异性检验结果。数据显示，"8. 您认为减负政策是精选作业内容，创造性布置作业""9. 您认为素质教育包括教师合理设计作业"和"10. 您认为素质教育包括教师作业布置以学生为主体"的选项上，不同背景教师的观点具有一致性。

表 1-15 不同背景教师作业布置观念中"政策"的差异性检验

教师背景	检验量	7. 作业减负政策是减少作业量	8. 减负政策是精选作业内容，创造性布置作业	9. 素质教育包括教师合理设计作业	10. 素质教育包括教师作业布置以学生为主体	11. 减少作业量不利于学生的成绩进步	12. 减负有利于学生的身心发展
性别	F	1.885	1.520	1.854	0.009	9.936	3.021
	P	0.171	0.219	0.175	0.923	0.002	0.084
班主任	F	4.383	0.919	1.003	1.704	0.071	8.202
	P	0.038	0.339	0.318	0.193	0.790	0.005

续表

教师背景	检验量	7. 作业减负政策是减少作业量	8. 减负政策是精选作业内容，创造性布置作业	9. 素质教育包括教师合理设计作业	10. 素质教育包括教师作业布置以学生为主体	11. 减少作业量不利于学生的成绩进步	12. 减负有利于学生的身心发展
所教科目	F	0.240	0.663	0.873	0.523	0.655	0.784
	P	0.868	0.576	0.456	0.667	0.581	0.504
所教年级	F	0.281	1.191	0.254	1.038	1.076	1.584
	P	0.890	0.316	0.907	0.389	0.370	0.180
教龄	F	0.470	0.579	0.211	0.190	0.966	0.181
	P	0.704	0.629	0.889	0.903	0.410	0.909
学历	F	2.932	0.146	1.276	0.325	0.746	1.528
	P	0.035	0.932	0.284	0.807	0.526	0.208
职称	F	1.030	0.416	0.975	0.257	0.940	1.306
	P	0.401	0.837	0.434	0.936	0.456	0.263

　　在"7. 您认为作业减负政策是减少作业量"观点上，班主任和非班主任的看法上具有显著性差异，如表1-16所示，班主任（51.3%）对该观点的认同度低于非班主任（63.7%），明确反对该观点的班主任（29.5%）比例高于非班主任（12.1%）。如表1-11所示，在"11. 您认为减少作业量不利于学生的成绩进步"的观点上，男性和女性教师具有显著性差异，65.9%的男性教师支持该观点，高于女性教师（34.8%）；如表1-16所示，在"12. 您认为减负有利于学生的身心发展"的观点上，班主任和非班主任的观点具有显著性差异，完全认同该观点的班主任（15.4%）比例低于非班主任（24.2%），模棱两可的班主任（19.2%）比例高于非班主任（11.3%），明确反对该观点的班主任（6.4%）高于非班主任（0.8%）。显然，直接管理和负责小学生身心发展的班主任对减负和减少作业量及其两者之间关系的看法更多元和谨慎。

表 1-16 班主任与非班主任在作业布置观念与行为上的差异

程度	布置作业的观念				布置作业的行为	
	7. 您认为国家规定的作业减负政策是减少作业量（%）		12. 您认为减负有利于学生的身心发展（%）		2. 国家的减负政策影响了您布置作业的数量（%）	
	班主任	非班主任	班主任	非班主任	班主任	非班主任
非常符合	12.8	9.7	15.4	24.2	9	11.3
符合	38.5	54	59	63.7	33.3	44.4
不确定	19.2	24.2	19.2	11.3	20.5	21
不符合	28.2	12.1	6.4	0.8	35.9	22.6
非常不符合	1.3	—	—	—	1.3	0.8

另外，在"7. 您认为作业减负政策是减少作业量"观点上，不同学历教师的看法具有显著性差异。认同该观点的中专、大专和本科学历教师分别占100%、77.8%和55.2%。本研究中92.6%的教师学历在研究生以下，因此，在绝大部分教师中，认为减负就是减少作业量的教师人数随着学历升高而降低，换言之，学历层次高的教师反对该观点的比例更高。具体见图1-5。

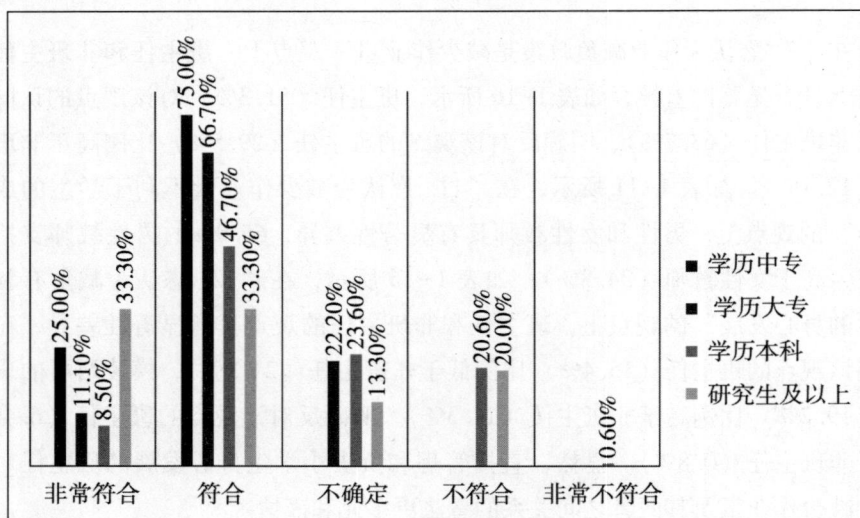

图 1-5 不同学历教师在"7. 作业减负政策是减少作业量"观点上的差异

4. 教师作业布置观念中"教学目标和教学内容"维度

教师作业布置观念中的"教学目标和内容"维度指的是教师布置作业的依

据，对应附录中问卷第二部分的第 13~15 题。

（1）频率分析

从表 1-17 可知，对于"13. 您认为布置作业是检查学生对教学重点的掌握"，累计 93.56% 的受访教师选择"非常符合"和"符合"；对于"14. 您认为布置作业是检查学生对教学难点的解决情况"，累计 91.58% 的受访教师选择"非常符合"和"符合"；对于"15. 您认为布置作业是检验教师是否实现了课堂教学目标"，累计 89.3% 的受访教师选择"非常符合"和"符合"，占比最低。显然，90% 左右的受访教师认为教师布置作业是对课堂教学质量的检验。

表 1-17　教师作业布置观念中"教学目标和内容"维度频率分析

题目	非常符合	符合	不确定	不符合	非常不符合	合计
13. 您认为布置作业是检查学生对教学重点的掌握情况	28.71	64.85	5.45	0.99	0	100
14. 您认为布置作业是检查学生对教学难点的解决情况	28.71	62.87	4.95	3.47	0	100
15. 您认为布置作业是检验教师是否实现了课堂教学目标	24.75	57.92	11.88	5.45	0	100
均值	27.4	61.9	7.4	3.3	0	100

相比于"2. 您认为布置作业目的是检测课堂教学效果"（累计 94.6% 的受访教师选择"非常符合"和"符合"）和"4. 您认为布置作业的作用是巩固学生所学知识"（累计 99% 的受访教师选择"非常符合"和"符合"），累计 89.3% 的受访教师认同，"15. 您认为布置作业是检验教师是否实现了课堂教学目标"，显然，虽然教师认识到作业具有检验课堂教学效果和巩固学生所学知识的功能，但是尚有部分教师没有认识到教师是实现该功能的第一责任人。

（2）差异性检验

数据显示，在"13. 您认为布置作业是检查学生对教学重点的掌握情况""14. 您认为布置作业是检查学生对教学难点的解决情况"和"15. 您认为布置作业是检验教师是否实现了课堂教学目标"的观念上，不同背景教师的观点具有一致性，即教师布置作业是对课堂教学质量的检验。

5. 小结

（1）不同背景教师相同的作业布置观念

①作业布置的目的是检验课堂教学质量，例如学生对重难点的把握和教学目标的掌握。

②素质教育和减负政策要求教师以学生为主体，创新作业布置的内容。

（2）不同背景教师不同的作业布置观念

①中级职称教师比高级和初级职称教师更明确的赞同"作业巩固知识"的观点。

②更多的男性教师对"作业检测课堂教学效果"的观点持开发的态度。

③班主任比非班主任对减负与作业量、减负与学生身心发展关系的看法更谨慎。

④在中专、大专和本科学历中，高学历教师对减负与作业量关系的看法更谨慎。

⑤更多的男性教师认为"减少作业量不利于学生的成绩进步"。

（六）教师作业布置行为各维度频率分析和不同背景教师之间的差异性检验

本部分教师作业行为的频率分析将逐一对应教师作业布置观念中的"目的、作用、政策、教学目标和内容"四个维度展开。

1. 对应"目的"观念维度的教师作业布置行为

对应"目的"观念维度（表1-9中的题项1~3）的教师作业布置行为简称为教师作业布置"目的"行为维度，对应附录中第三部分问卷第1~4题。

（1）频率分析

从表1-18可知，对于"1. 您现在布置的主要是书面作业"，累计84.16%的受访教师选择"非常符合"和"符合"；对于"2. 国家的减负政策影响了您布置作业的数量"，累计50.5%的受访教师选择"非常符合"和"符合"；对于"3. 国家的减负政策影响了您布置作业的内容"，累计50.0%的受访教师选择"非常符合"和"符合"；对于"4. 您布置的作业以练习册、试卷、抄写为主"，累计76.73%的受访教师选择"非常符合"和"符合"。显然，近一半的教师在作业布置的内容和数量上没有受到减负政策的影响。

总体来说，在教师作业布置行为"目的"维度中，65.4%的教师选择了"非常符合"和"符合"，15.2%的教师选择了不确定，有19.4%的教师选择了"不符合"和"非常不符合"。

表 1-18 教师作业布置行为中"目的"维度频率分析

题目	非常符合	符合	不确定	不符合	非常不符合	合计
1. 您现在布置的主要是书面作业	21.29	62.87	11.39	4.46	0	100
2. 国家的减负政策影响了您布置作业的数量	10.40	40.10	20.79	27.72	0.99	100
3. 国家的减负政策影响了您布置作业的内容	8.42	41.58	18.32	30.20	1.49	100
4. 您布置的作业以练习册、试卷、抄写为主	17.82	58.91	10.40	11.39	1.49	100
均值	14.5	50.9	15.2	18.4	1.0	100

（2）差异性检验

表 1-19 是不同背景教师对作业布置行为"目的"维度的差异性检验结果。数据显示，在"1. 您现在布置的主要是书面作业"和"4. 您布置的作业以练习册、试卷、抄写为主"的做法上，不同背景教师的做法具有一致性。

表 1-19 不同背景教师作业布置行为中"目的"维度的差异性检验

教师背景	检验量	1. 您现在布置的主要是书面作业	2. 国家的减负政策影响了您布置作业的数量	3. 国家的减负政策影响了您布置作业的内容	4. 您布置的作业以练习册、试卷、抄写为主
性别	F	0.699	6.085	5.523	0.355
	P	0.404	0.014	0.020	0.552
班主任	F	0.937	4.181	1.172	0.008
	P	0.334	0.042	0.280	0.930
所教科目	F	1.047	3.084	3.493	0.096
	P	0.373	0.028	0.017	0.962
所教年级	F	1.131	3.088	0.733	0.608
	P	0.343	0.017	0.570	0.657
教龄	F	1.788	0.297	1.277	2.390
	P	0.151	0.827	0.284	0.070
学历	F	0.668	1.558	0.905	0.086
	P	0.573	0.201	0.440	0.968
职称	F	1.340	2.432	1.350	1.134
	P	0.249	0.036	0.245	0.343

在"2. 国家的减负政策影响了您布置作业的数量"的做法上，不同性别、是否担任班主任、不同科目、不同年级和不同职称的受访教师具有显著性差异。具体而言，布置作业的数量受到国家减负政策影响的男性教师（26.8%）的比例高于女性教师（6.2%），表明更多的男性教师相应了国家的减负政策；作业数量没有受影响的班主任比例（37.2%）高于非班主任（23.4%）。在学科差异上，受影响的语文教师（56.3%）和其他学科教师（65.6%）比例明显高于数学（38.1%）和英语教师（46.6%）。

在年级差异上（图1-6），三年级教师（16.2%）没有受影响的比例低于二年级及以下（25%）、四年级（39.4%）、五年级（28%）和六年级（36.2%），换言之，更多的三年级教师响应国家减负政策，减少了作业布置的数量，高年级教师受此影响的比例低于低年级。

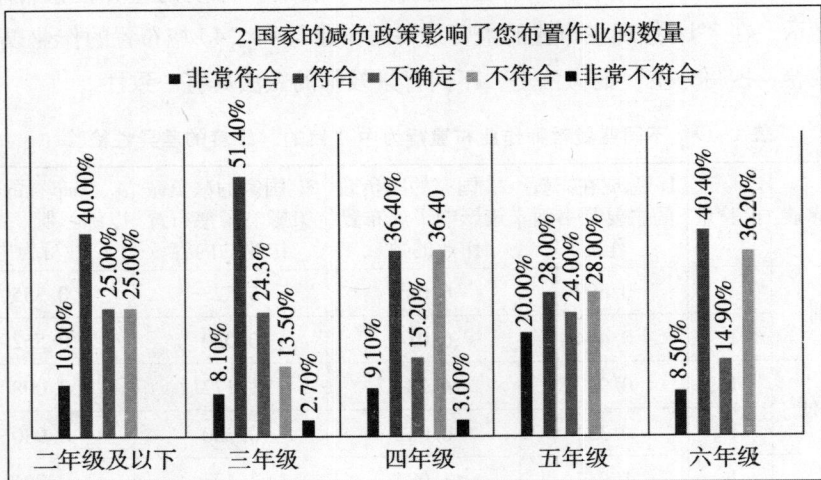

图1-6 不同年级教师在"2. 国家的减负政策影响了您布置作业的数量"行为上的差异

在"3. 国家的减负政策影响了您布置作业内容"上，不同性别和不同科目的教师具有显著性差异。分别有19.5%和5.6%的男性和女性教师选择"非常符合"（表1-11），表明更多的男教师相应了国家减负政策。如表1-20所示，72.4%的其他科目、49.4%的语文、40.9%的数学和53.4%的英语教师明确表示国家的减负政策影响了他们布置作业的内容；与此对应，32.1%的语文、38%的数学和33.3%英语学科教师明确表示没有受到影响，高于其他学科教师（13.8%）。学科之间的差异明显。

表 1-20 不同学科教师作业布置观念与行为的百分比分布

		布置作业的观念（%）	布置作业的行为（%）			
		3. 您给学生布置作业的目的是提高学习成绩	2. 减负政策影响了您布置作业的数量	3. 减负政策影响了您布置作业的内容	5. 您经常布置生活实践类作业。	15. 您要求学生依自身兴趣自主设计当天作业
语文	非常符合	25.3	3.4	4.6	12.6	5.7
	符合	63.2	52.9	44.8	54	54
	不确定	3.4	16.1	18.4	16.1	18.4
	不符合	6.9	27.6	31	17.2	21.8
	非常不符合	1.1	—	1.1	—	
数学	非常符合	19.7	11.3	8.5	9.9	14.1
	符合	71.8	26.8	32.4	47.9	40.8
	不确定	7	28.2	21.1	15.5	16.9
	不符合	—	31	35.2	25.4	23.9
	非常不符合	1.4	2.8	2.8	1.4	4.2
英语	非常符合	33.3	13.3	6.7	6.7	13.3
	符合	46.7	33.3	46.7	60	46.7
	不确定	13.3	13.3	13.3	20	20
	不符合	6.7	40	33.3	6.7	13.3
	非常不符合	—			6.7	6.7
其他	非常符合	24.1	27.6	20.7	24.1	24.1
	符合	58.6	37.9	51.7	69	58.6
	不确定	6.9	20.7	13.8	3.4	10.3
	不符合	10.3	13.8	13.8	3.4	6.9

2. 对应"作用"观念维度的教师作业布置行为

对应"作用"观念维度（表 1-12 中的题项 4~6）的教师作业布置行为简称为教师作业布置"作用"行为维度，对应附录中第三部分问卷第 5~8 题。

（1）频率分析

从表 1-21 可知，对于"5. 您经常会布置生活实践类作业，如参观、购物、做家务等"，累计 67.33% 的受访教师选择"非常符合"和"符合"，比例最低；

对于"6. 您的作业会明确作业要求和答题规范",累计89.11%的受访教师选择"非常符合"和"符合";对于"7. 您会布置课前预习的作业",累计85.15%的受访教师选择"非常符合"和"符合";对于"8. 您会布置培养学习习惯的作业,如练字、整理错题集、抄写",累计83.67%的受访教师选择"非常符合"和"符合"。显然,近86%的教师布置的是传统类型的作业,如抄写、预习、练字等,近30%的教师不布置生活实践类作业。

表1-21　教师作业布置行为中"作用"维度频率分析

题目	非常符合	符合	不确定	不符合	非常不符合	合计
5. 您经常会布置生活实践类作业	12.87	54.46	14.36	17.33	0.99	100
6. 您的作业明确作业要求和答题规范	22.77	66.34	5.94	4.46	0.50	100
7. 您会布置课前预习的作业	24.26	60.89	9.90	4.46	0.50	100
8. 您会布置培养学习习惯的作业	20.30	63.37	10.40	4.46	1.49	100
均值	20.1	61.3	10.2	7.5	0.9	100

（2）差异性检验

表1-22是不同背景教师对作业布置行为"作用"维度的差异性检验结果。数据显示,在"6. 您布置作业会明确作业要求和答题规范""7. 您会布置课前预习的作业"和"8. 您会布置培养学习习惯的作业,如练字、整理错题集、抄写"上,不同背景教师的做法一致。

表1-22　不同背景教师作业布置行为中"作用"维度的差异性检验

教师背景	检验量	5. 您经常会布置生活实践类作业	6. 您的作业会明确作业要求和答题规范	7. 您会布置课前预习的作业	8. 您会布置培养学习习惯的作业
性别	F	11.563	0.679	1.036	0.327
	P	0.001	0.411	0.310	0.568
班主任	F	0.282	10.019	0.000	0.177
	P	0.596	0.314	0.986	0.675
所教科目	F	4.441	0.617	1.914	1.342
	P	0.005	0.605	0.129	0.262

续表

教师背景	检验量	5. 您经常会布置生活实践类作业	6. 您的作业会明确作业要求和答题规范	7. 您会布置课前预习的作业	8. 您会布置培养学习习惯的作业
所教年级	F	1.545	1.072	0.454	0.571
	P	0.191	0.372	0.770	0.684
教龄	F	1.112	0.513	0.203	0.199
	P	0.345	0.674	0.894	0.897
学历	F	1.347	0.327	0.014	2.053
	P	0.260	0.806	0.998	0.108
职称	F	0.610	1.355	0.308	1.663
	P	0.692	0.243	0.908	0.145

在 "5. 您经常会布置生活实践类作业, 如参观、购物、做家务等" 的认同上, 不同性别和不同科目的受访教师具有显著性差异。如表 1-11 所示, 具体而言, 男性教师 (87.8%) 比例高于女性教师 (62.1%), 很少甚至不布置此类作业的女性教师 (20.5%) 比例高于男性教师 (9.8%)。图 1-7 所示, 近一半的数学教师不 "布置生活实践类作业, 如参观、购物、做家务等" 作业, 93% 的其他学科 (非语文、数学和英语学科) 教师经常布置生活实践类作业。学科之间的差异明显。

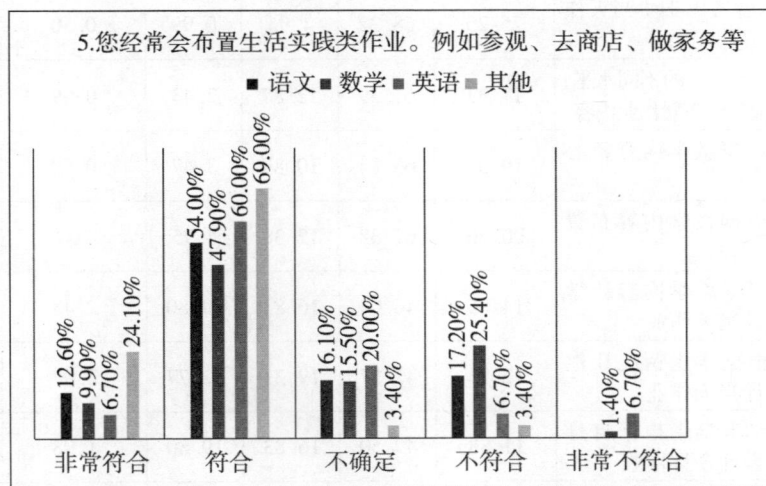

图 1-7 不同学科教师 "布置生活实践类作业, 如参观、购物、做家务等" 的差异

3. 对应"政策"观念维度的教师作业布置行为

对应"政策"观念维度（表1-14中的第7~12题）的教师作业布置行为简称为教师作业布置"政策"行为维度，对应附录中第三部分问卷第9~15题。

（1）频率分析

从表1-23可知，对于"9.您会综合考虑学生当天作业量来布置作业"，累计93.57%的受访教师选择"非常符合"和"符合"；对于"10.您会根据学生的不同水平，有针对性地分组布置作业内容"，累计78.72%的受访教师选择"非常符合"和"符合"；对于"11.您会根据教学内容精心设计作业"，累计85.15%的受访教师选择"非常符合"和"符合"；对于"12.您会根据教学内容布置当面批改的作业"，累计82.68%的受访教师选择"非常符合"和"符合"；对于"13.您会根据教学内容让学生自主设计当天作业"，累计60.89%的受访教师选择"非常符合"和"符合"；对于"14.您会根据学生情况让他们自主设计当天作业"，累计54.95%的受访教师选择"非常符合"和"符合"，比例最低；对于"15.您会要求学生根据自身兴趣自主设计当天作业"，累计61.38%的受访教师选择"非常符合"和"符合"。总体而言，合计59%的教师会布置学生自主设计作业，17.65%持观望态度；85.02%的教师会依据减负或素质教育政策调整自己布置作业的行为，10.3%的教师持模棱两可的态度。

表1-23　教师作业布置行为中"政策"维度频率分析

题目政策	非常符合	符合	不确定	不符合	非常不符合	合计
9. 您会综合考虑学生当天作业量来布置作业	25.25	68.32	4.95	0.99	0.50	100
10. 您会根据学生的不同水平，有针对性地分组布置作业内容	17.33	61.39	12.87	7.43	0.99	100
11. 您会根据教学内容精心设计作业	19.31	65.84	10.89	3.47	0.50	100
12. 您会根据教学内容布置当面批改的作业	20.30	62.38	12.38	4.95	0	100
13. 您会根据教学内容让学生自主设计当天作业	14.85	46.04	16.83	19.80	2.48	100
14. 您会根据学生情况让他们自主设计当天作业	12.38	42.57	19.31	22.77	2.97	100
15. 您会要求学生根据自身兴趣自主设计今日作业	11.88	49.50	16.83	19.80	1.98	100
均值	17.32	56.58	13.44	11.32	1.35	100

（2）差异性检验

不同背景教师对作业布置行为"政策"维度的差异性检验结果显示，不同科目教师在第9~14题的做法上没有显著性差异，在"15. 要求学生根据自身兴趣自主设计当天作业"的行为方面具有显著性差异，$F(3, 198) = 3.027 = 0.031 < 0.05$。如表1-20所示，其他学科教师（82.7%）布置此类作业显著高于语文（59.7%）、数学（54.9%）和英语学科（60%），数量上的差异明显。如表1-11所示，男性和女性教师布置此类作业的人数也具有显著性差异，$F(3, 198) = 8.803 = .003 < 05$，不布置此类作业的女性教师（26.1%）比例高于男性教师（4.9%），但持观望态度的男性教师（22%）比例高于女性教师（15.5%）。这些数据表明作业布置存在学科差异和性别差异。

4. 对应"教学目标和教学内容"观念维度的教师作业布置行为

对应"教学目标和内容"观念维度（表1-16中的第13~15题）的教师作业布置行为简称为教师作业布置"作用"行为维度，对应附录中第三部分问卷第16~22题。

（1）频率分析

从表1-24可知，对于"16. 您会根据教学目标中的教学重点适当增加作业"，累计87.63%的受访教师选择"非常符合"和"符合"；对于"17. 您会根据教学目标中的教学难点适当增加作业"，累计84.16%的受访教师选择"非常符合"和"符合"，比例最低；对于"18. 您会根据教学内容布置教辅材料的习题、课后练习题"，累计91.58%的受访教师选择"非常符合"和"符合"；对于"19. 您会根据学生知识掌握情况调整自己布置作业的内容"，累计93.07%的受访教师选择"非常符合"和"符合"；对于"20. 您会根据学生知识掌握情况调整自己布置作业的数量"，累计93.56%的受访教师选择"非常符合"和"符合"；对于"21. 您会根据学生的课堂练习掌握情况调整布置作业的内容"，累计92.58%的受访教师选择"非常符合"和"符合"；对于"22. 您会根据学生的课堂练习掌握情况调整布置作业的数量"，累计92.57%的受访教师选择"非常符合"和"符合"。这些数据表明，90%以上的教师是基于学生知识学习情况布置作业的（第18~22题），其比例高于本部分中（第17~18题）教师基于学生重难点掌握情况布置作业（85.9%）；一般而言，教学重点和难点源于教学目标中的"知识与技能"维度，因此上述比例差异产生的原因很可能是教师本身对当天课堂教学重难点的认识比较模糊。

表 1-24　教师作业布置行为中"教学目标与教学内容"维度频率分析

题目	非常符合	符合	不确定	不符合	非常不符合	合计
16. 您会根据教学目标中的教学重点适当增加作业	18.32	69.31	8.42	3.47	0.50	100
17. 您会根据教学目标中的教学难点适当增加作业	16.34	67.82	11.39	3.96	0.50	100
18. 您会根据教学内容布置教辅材料的习题、课后练习题	22.77	68.81	5.45	2.48	0.50	100
19. 您会根据学生知识掌握情况调整自己布置作业的内容	23.76	69.31	5.45	0.99	0.50	100
20. 您会根据学生知识掌握情况调整自己布置作业的数量	24.75	68.81	4.46	1.49	0.50	100
21. 您会根据学生的课堂练习掌握情况调整布置作业的内容	22.28	70.30	5.45	1.49	0.50	100
22. 您会根据学生的课堂练习掌握情况调整布置作业的数量	19.80	72.77	4.95	2.48	0	100
均值	21.15	69.59	6.51	2.33	0.43	

（2）差异性检验

表 1-25 是不同背景教师对作业布置行为"教学目标和内容"维度的差异性检验结果。数据显示，在"16. 根据教学重点适当增加作业""18. 布置教辅材料的习题、课后练习题""19. 根据学生知识掌握情况调整布置作业内容""20. 根据学生知识掌握情况调整布置作业数量"和"22. 根据课堂练习掌握情况调整布置作业数量"方面，不同背景教师的做法具有一致性。

表 1-25　不同背景教师作业布置行为中"教学目的和内容"维度的差异性检验

教师背景	检验量	16. 根据教学重点适当增加作业	17. 根据教学难点适当增加作业	18. 布置教辅材料的习题、课后练习题	19. 根据学生知识掌握情况调整布置作业内容	20. 根据学生知识掌握情况调整布置作业数量	21. 根据课堂练习掌握情况调整布置作业内容	22. 根据课堂练习掌握情况调整布置作业数量
性别	F	3.745	1.487	0.173	0.071	0.021	0.308	0.781
	P	0.054	0.224	0.678	0.790	0.885	0.580	0.378
班主任	F	1.757	0.889	0.013	0.117	0.103	1.231	0.032
	P	0.187	0.347	0.910	0.733	0.749	0.268	0.858

教师背景	检验量	16. 根据教学重点适当增加作业	17. 根据教学难点适当增加作业	18. 布置教辅材料的习题、课后练习题	19. 根据学生知识掌握情况调整布置作业内容	20. 根据学生知识掌握情况调整布置作业数量	21. 根据课堂练习掌握情况调整布置作业内容	22. 根据课堂练习掌握情况调整布置作业数量
所教科目	F	0.721	0.340	0.407	1.136	1.777	1.392	1.729
	P	0.540	0.797	0.748	0.336	0.153	0.247	0.162
所教年级	F	0.291	0.725	0.508	0.619	0.548	1.700	0.713
	P	0.883	0.576	0.730	0.650	0.701	0.152	0.584
教龄	F	2.176	2.955	1.129	1.019	0.726	3.730	1.988
	P	0.092	0.034	0.338	0.385	0.538	0.012	0.117
学历	F	10.935	2.679	1.824	0.424	1.052	1.375	0.735
	P	0.125	0.048	0.144	0.736	0.371	0.252	0.532
职称	F	2.170	2.368	0.389	0.316	1.001	0.823	0.425
	P	0.059	0.041	0.856	0.903	0.419	0.534	0.831

如表1-26所示,在"17. 根据教学难点适当增加作业"上,选择"符合"和"非常符合"的0~1年教龄的教师为86.1%,2~5年教龄为87.9%,6~10年教龄教师为66.7%,10年以上教龄教师为76.2%,显然,教龄低的教师更倾向于根据教学难点适当增加作业;5.4%本科学历教师明确表示他们没有根据教学难点适当增加作业,另有13.9%持模棱两可的态度,而其他学历教师100%认为他们是根据教学难点适当增加作业的;在职称方面,88.3%的见习教师和100%的正高级教师明确表示他们"根据教学目标中的教学难点适当增加作业",其百分比高于初级和中级教师(近80%),也高于高级教师(50%)。简言之,不同教龄、不同学历和不同职称的受访教师在"17. 根据教学难点适当增加作业"方面的做法不同,见习教师和0~5年教龄教师的认同度相对更高。

不同教龄教师在"21. 根据学生课堂练习掌握情况调整布置作业内容"方面具有显著性差异。具体而言,教龄更长的教师,其"根据学生课堂练习掌握情况调整布置作业内容"比例更低,10年以上教龄教师为76.2,6~10年教龄教师为86.6%,2~5年教龄为96.5%,而1年教龄教师比例为94.5%。

表1-26　不同教龄、学历和职称教师调整作业布置的百分比分布

职称	程度	%	学历	%	教龄	%	教龄	%
							21. 根据学生课堂练习掌握情况调整布置作业内容	
			17. 根据教学难点适当增加作业					
见习教师	非常符合	18		25		19.4		24.1
	符合	70.3		75		66.7		70.4
	不确定	9	中专	1	一年以内	12	一年以内	5.6
	不符合	1.8		—		0.9		—
	非常不符合	0.9				0.9		
三级教师	非常符合	8.7		22.2		15.5		24.1
	符合	69.6		77.8		72.4		72.4
	不确定	21.7	大专	—	2~5年	8.6	2~5年	1.7
	不符合	—		—		3.4		1.7
	非常不符合	—		—		—		—
二级教师	非常符合	13.9		14.5		—		13.3
	符合	69.4		66.1		66.7		73.3
	不确定	11.1	本科	13.9	6~10年	20	6~10年	6.7
	不符合	5.6		4.8		13.3		6.7
	非常不符合	—		—		—		—
一级教师	非常符合	16.7		26.7		14.3		14.3
	符合	55.6		73.3		61.9		61.9
	不确定	11.1	研究生及以上	—	10年以上	9.5	10年以上	14.3
	不符合	16.7		—		14.3		4.8
	非常不符合	—						4.8
高级教师	非常符合	—		—		—		—
	符合	50		—		—		—
	不确定	33.3	—	—		—		—
	不符合	16.7		—		—		—
正高级	非常符合	37.5		—		—		—
	符合	62.5	—	—		—		—

5. 小结

（1）不同背景教师相同的布置作业行为

第一，84%受访教师主要布置的是书面作业，77%以练习册、试卷和抄写为主，85%的教师也会布置预习作业，89%会对作业做出具体要求，83%将作业视作培养良好学习习惯的途径。

第二，教师会根据素质教育和减负要求创新作业的布置形式和内容，例如，78%的教师会布置分组作业，83%布置面批作业，平均59%的教师会布置学生自主设计作业，94%教师也会平衡各学科作业的数量。

第三，85%~94%的教师会根据教学目标、重点、教学内容、学生知识掌握情况布置和调整作业的内容和数量。

（2）不同背景教师在作业布置行为上的显著性差异

男性教师对作业减负政策的回应比女性教师更积极。例如，更多的男性教师根据国家的减负政策减少了作业的数量，更多的男性教师要求学生根据自身兴趣自主设计家庭作业，更多的男性教师经常布置生活实践类作业，如参观，购物，做家务等。

相对于非班主任，更多的班主任没有根据国家的减负政策减少作业的数量。

教龄长和学历高的小学教师更倾向于根据自己的习惯布置作业。教龄更长的教师，其"根据学生课堂练习掌握情况调整布置作业内容"的比例更低，低于10年以上教龄教师（76.2%）和1年教龄教师（94.5%）。

相对于高级职称和一级职称教师，更多的见习教师、三级教师、二级教师和正高级会根据教学目标中的教学难点增加作业量。

和语文、英语等学科教师相比，数学教师的作业布置受素质教育要求的影响相对最小。落实国家作业减负要求的学科教师占比依次是其他学科（65.6%）、语文学科（56.3%）、英语学科（46.6%）和数学学科（38.1%）。简言之，其他学科教师（非语文、数学和英语）落实素质教育作业政策的比例最高，其次是语文和英语。

近三分之一受访教师没有响应国家减少作业数量的要求，其中，四年级教师的比例最高（39.4），其次是六年级（36.2），三年级的比例最低（16.2）。

简言之，男性教师、非班主任、其他学科教师（非语文、数学和英语）对国家减负政策的反应相对更积极。教龄长和学历高的小学教师对减负与布置作业关系的看法更谨慎。

（七）教师作业布置观念与行为的相关分析

为了对作业布置观念与作业布置行为进行相关分析，笔者运用转换——计算变量命令，分别对教师作业布置"目的、作用、政策、教学目标和内容"4个观念维度得分和教师作业布置"目的、作用、政策、教学目标和内容"4个行为维度得分进行求和，一一对应进行相关分析。

1. 作业布置观念与作业布置行为之间的相关分析

对应"目的"观念的作业布置行为简称为作业布置"目的"行为。作业布置"目的"观念（问卷第二部分题项1~3得分之和）和作业布置"目的"行为（问卷第三部分题项1~4得分之和）之间的相关系数（r=.318）如表1-27所示。武松[1]认为，相关系数0.8~1.0为高度相关，0.6~0.8为强相关，0.4~0.6为中等程度相关，0.2~0.4为弱相关，0~0.2为极弱相关或无相关。由此，作业布置观念和作业布置行为之间为中度相关（r=.0.532），教师作业布置观念会带来相应的作业布置行为。

表 1-27 教师作业布置观念与行为相关分析（n=202）

类型	1	2	3	4	5	6	7	8	9	10
1. 目的观念	1	—	—	—	—	—	—	—	—	—
2. 作用观念	0.618**	1	—	—	—	—	—	—	—	—
3. 政策观念	0.387**	0.516**	1	—	—	—	—	—	—	—
4. 目标与内容观念	0.446**	0.464**	0.506**	1	—	—	—	—	—	—
5. 总体观念	0.722**	0.779**	0.846**	0.764**	1	—	—	—	—	—
6. 目的行为	0.318**	0.294**	0.526**	0.433**	0.530**	1	—	—	—	—
7. 作用行为	0.196**	0.374**	0.400**	0.346**	0.431**	0.43**	1	—	—	—
8. 政策行为	0.222**	0.313**	0.417**	0.295**	0.417**	0.520**	0.679**	1	—	—
9. 目标与内容行为	0.351**	0.453**	0.443**	0.417**	0.532**	0.416**	0.660**	0.684**	1	—
10. 总体行为	.325**	.428**	.531**	.437**	.567**	.689**	.818**	.913**	.850**	1

注：** 在 0.01 级别（双尾），相关性显著。* 在 0.05 级别（双尾），相关性显著。

---

[1] 武松 . SPSS 实战与统计思维 [M]. 北京：清华大学出版社，2020：239.

2. "目的"观念与"目的"行为之间的相关分析

如1-27所示,作业布置"目的"观念和作业布置"目的"行为之间为显著性弱相关关系(r=.0.318),教师作业布置"目的"观念会使学生布置相应的作业。

各题彼此之间的相关关系,如表1-28所示。

表1-28 教师作业布置"目的"观念与"目的"行为之间的相关分析(n=202)

题项	观念1	观念2	观念3	行为1	行为2	行为3	行为4
1. 您认为教师每天都应该给学生布置作业(观念1)	1	—	—	—	—	—	—
2. 您给学生布置作业目的是检测课堂教学效果(观念2)	0.315**	1	—	—	—	—	—
3. 您给学生布置作业的目的是提高学习成绩(观念3)	0.242**	0.496**	1	—	—	—	—
1. 您现在布置的主要是书面作业(行为1)	0.302**	0.359**	0.383**	1	—	—	—
2. 国家的减负政策影响了您布置作业的数量(行为2)	−0.011	0.028	0.146*	0.187**	1	—	—
3. 国家的减负政策影响了您布置作业的内容(行为3)	−0.03	0.104	0.136	0.160*	0.698**	1	—
4. 您布置的作业以练习册、试卷、抄写为主(行为4)	0.170*	0.244**	0.370**	0.522**	0.242**	0.170*	1

注:** 在0.01级别(双尾),相关性显著。* 在0.05级别(双尾),相关性显著。

首先,"目的"观念中的"1. 您认为教师每天都应该布置作业"和"2. 您认为布置作业目的是检测课堂教学效果"与"目的"行为中的"2. 减负政策影响了您布置作业的数量""3. 国际的减负政策影响了您布置作业的内容"没有显著的相关关系,这意味着认为每天应该布置作业和作业目的是检验课堂教学效果的教师没有受到减负政策在作业数量和内容上要求的影响。

其次,"目的"观念中的"1. 您认为教师每天都应该给学生布置作业""2. 您认为布置作业目的是检测课堂教学效果""3. 您认为布置作业的目的是提高学习成绩"（观念 1）和"目的"行为中的"3. 国家的减负政策影响了您布置作业的内容"没有显著的相关关系。这意味着教师关于作业目的的观念不会影响到教师对作业内容的布置。

具有显著性相关关系的"目的"观念与"目的"行为表明，认为每天都应该布置作业、布置作业目的是检验课堂教学效果和提高学习成绩的教师倾向于布置书面作业，布置以练习册、试卷和抄写为主的作业。换言之，布置这类书面作业体现了这些观念。

3. "作用"观念与"作用"行为之间的相关分析

作业布置"作用"观念（问卷第二部分第 4~6 题得分之和）和作业布置"作用"行为（问卷第三部分第 5~8 题得分之和）之间的相关系数如表 3.22 所示，两者为正向弱相关（r=.374），教师作业布置"作用"观念会带来相应的作业布置行为。

各题彼此之间的相关关系，如表 1-29 所示。

表 1-29　教师作业布置"作用"观念与"作用"行为之间的相关分析（n=202）

题项	观念 4	观念 5	观念 6	行为 5	行为 6	行为 7	行为 8
4. 您认为布置作业的作用是巩固学生所学知识（观念 4）	1	—	—	—	—	—	—
5. 您认为布置作业的作用是培养学生学习习惯（观念 5）	0.448	1	—	—	—	—	—
6. 您认为布置作业对完善学生学习，改进教学有积极作用（观念 6）	0.492	0.558	1	—	—	—	—
5. 您经常布置生活实践类作业，如参观、去商店、做家务等（行为 5）	0.086	0.237	0.161 *	1	—	—	—
6. 您会明确作业要求和答题规范（行为 6）	0.334 **	0.269 **	0.236 **	0.287 **	1	—	—
7. 您会布置课前预习作业（行为 7）	0.197 **	0.234 **	0.250 **	0.314 **	0.366 **	1	—
8. 您会布置培养学生学习习惯的作业，如练字帖、整理错题集、抄写（行为 8）	0.220 **	0.245 **	0.247 **	0.373 **	0.456 **	0.473 **	1

"作用"观念中的"4. 您给学生布置作业的作用是巩固学生所学知识"与"作用"行为中的"5. 您经常会布置生活实践类作业。例如参观、去商店、做家务等"没有显著的相关关系（r=0.086，P>.05）。换言之，受访教师认为生活实践类作业不能发挥作业巩固学生所学知识的作用。

具有显著性相关关系的"作用"观念与"作用"行为的各题表明，认为作业是巩固所学知识、培养学习习惯和完善学生学习的教师在布置作业时会明确作业的答题规范、布置预习作业和布置培养学习习惯的作业；换言之，受访教师认为，明确作业的答题规范、布置预习作业和布置培养学习习惯的作业有助于巩固所学知识、培养学习习惯和完善学生的学习。

4. "政策"观念与"政策"行为之间的相关分析

作业布置"政策"观念（问卷第二部分第7~12题得分之和）和作业布置"政策"行为（问卷第三部分第9~15题得分之和）之间的相关系数如表3.22所示，达到中等程度相关（r=.417），教师作业布置政策观念会带来相应的作业布置行为。

各题彼此之间的相关关系，如表1-30所示。

第一，非显著性相关关系的各题具有如下的3个特点。

首先，"政策"观念中的"7. 您认为作业减负政策是减少作业量"与"政策"行为中的"9. 您会综合考虑学生当天作业量来布置作业""10. 您会根据学生不同水平针对性分组布置作业内容"没有显著的相关关系，换言之，认为减负就是减少作业量的教师并不会平衡当天学生的各学科总作业量，也不会布置分组作业，显示了观念与行为的相悖。

其次，"政策"观念中的"8. 您认为减负政策是精选作业内容，创造性布置作业""9. 您认为素质教育包括教师合理设计作业""10. 您认为素质教育包括以学生为主体作业布置"与"政策"行为中的"14. 您会根据学生情况让他们自主设计当天作业""15. 您会要求学生根据自身兴趣自主设计今日作业"没有显著的相关关系。换言之，认为减负和素质教育包括创新作业布置形式和内容的教师并不会让学生自主设计作业。

最后，"政策"观念中的"11. 您认为减少作业量不利于学生成绩进步""12. 您认为减负有利于学生身心发展"与"行为"政策中的"11. 您会根据教学内容精心设计作业"没有显著的相关关系。换言之，认为减负阻碍成绩进步和减负有利于身心发展的教师并不会根据教学内容精心设计作业，显示观念与行为的相悖。

表1-30 教师作业布置"政策"观念与相应行为的相关分析（n=202）

题项	观念7	观念8	观念9	观念10	观念11	观念12	行为9	行为10	行为11	行为12	行为13	行为14	行为15
7. 您认为作业减负政策是减少作业量（观念7）	1	—	—	—	—	—	—	—	—	—	—	—	—
8. 你认为减负政策是精选作业内容，创造性布置作业（观念8）	0.326**	1	—	—	—	—	—	—	—	—	—	—	—
9. 您认为素质教育包括教师合理设计作业（观念9）	0.251**	0.552**	1	—	—	—	—	—	—	—	—	—	—
10. 您认为素质教育包括以学生为主体作业布置（观念10）	0.222**	0.488**	0.642**	1	—	—	—	—	—	—	—	—	—
11. 您认为减少作业量不利于学生成绩进步（观念11）	0.211**	−0.003	0.074	0.085	1	—	—	—	—	—	—	—	—
12. 您认为减负有利于学生身心发展（观念12）	0.322**	0.373**	0.365**	0.341**	0.074	1	—	—	—	—	—	—	—
9. 您会综合考虑学生当天作业量来布置作业（行为9）	0.007	0.169*	0.154*	0.216**	0.200**	0.215**	1	—	—	—	—	—	—
10. 您会根据学生不同水平针对性分组布置作业内容（行为10）	0.115	0.168*	0.238**	0.267**	0.208**	0.336**	0.511**	1	—	—	—	—	—

续表

题项	观念7	观念8	观念9	观念10	观念11	观念12	行为9	行为10	行为11	行为12	行为13	行为14	行为15
11. 您会根据教学内容精心设计作业（行为11）	0.199**	0.190**	0.150*	0.203**	0.107	0.104	0.392**	0.469**	1	—	—	—	—
12. 您会根据教学内容布置当面批改的作业（行为12）	0.177*	0.278**	0.340**	0.402**	0.294**	0.210**	0.499**	0.438**	0.471**	1	—	—	—
13. 您会根据教学内容让学生自主设计当天作业（行为13）	0.311**	0.094	0.095	0.150*	0.285**	0.245**	0.346**	0.462**	0.510**	0.406**	1	—	—
14. 您会根据学生情况让他们自主设计当天作业（行为14）	0.255**	0.05	0.058	0.062	0.256**	0.182**	0.336**	0.420**	0.544**	0.353**	0.808**	1	—
15. 您会要求学生根据自身兴趣自主设计今日作业（行为15）	0.269**	0.119	0.09	0.053	0.304**	0.220**	0.315**	0.455**	0.582**	0.321**	0.719**	0.834**	1

　　总体而言，部分与素质教育政策相关的作业布置观念没有指导教师的作业布置行为。

　　第二，显著性相关关系的题项具有如下三个特点。

　　首先，认为作业减负是减少作业量的教师会基于教学内容和学生的实际情况精心设计作业和创新作业布置形式。

　　其次，认为减负和素质教育包括创新作业布置的教师会根据学生当天作业总量布置自己的作业，会基于学生的实际情况和教学内容创新作业布置。

　　最后，认为减负不利于学生成绩进步和减负有利于学生身心发展的教师，或者大致可以说，支持或反对减负的教师，在布置作业时会采取素质教育所主张的作业布置，但是不会根据教学内容精心设计作业。

　　总体而言，虽然教师关于素质教育作业改革的观念和相应行为之间整体上达到中等程度相关（0.418），但是基于素质教育理念的作业布置观念与教师布置学生自主设计作业的行为没有显著的关系，但与基于学生学习现状和教学内容的作业布置行为具有显著的相关关系。

　　5. "教学目标与教学内容"观念与"教学目标与教学内容"行为之间的相关分析

　　作业布置"教学目标与教学内容"观念（问卷第二部分第13～15题得分之和）和作业布置"教学目标与教学内容"行为（问卷第三部分第16～22题得分之和）之间的相关系数如表1-31所示，达到中等程度相关（r=.417），教师作业布置教学目标与教学内容观念会带来相应的教学目标与教学内容行为。

表1-31　教师作业布置"教学目标与教学内容"观念与相应行为的相关分析
（n=202）

	观念13	观念14	观念15	行为16	行为17	行为18	行为19	行为20	行为21	行为22
13. 布置作业是检查学生对教学重点掌握情况（观念13）	1	—	—	—	—	—	—	—	—	—
14. 布置作业是检查学生对教学难点解决情况（观念14）	0.776**	1	—	—	—	—	—	—	—	—
15. 布置作业是检验教师对教学目标实现状况（观念15）	0.605**	0.614**	1	—	—	—	—	—	—	—

	观念 13	观念 14	观念 15	行为 16	行为 17	行为 18	行为 19	行为 20	行为 21	行为 22
16. 根据学生知识掌握情况调整作业内容（行为16）	0.210**	0.211**	0.233**	1	—	—	—	—	—	—
17. 根据学生知识掌握情况调整作业数量（行为17）	0.339**	0.324**	0.355**	0.700**	1	—	—	—	—	—
18. 根据学生课堂练习情况调整作业内容（行为18）	0.292**	0.169*	0.337**	0.527**	0.471**	1	—	—	—	—
19. 根据课堂练习掌握情况调整作业数量（行为19）	0.349**	0.302**	0.409**	0.574**	0.614**	0.727**	1	—	—	—
20. 根据教学重点适当增加作业（行为20）	0.170*	0.204**	0.299**	0.503**	0.503**	0.410**	0.416**	1	—	—
21. 根据教学难点适当增加作业（行为21）	0.197**	0.273**	0.32**	0.473**	0.510**	0.392**	0.517**	0.86**	1	—
22. 根据教学内容布置教辅材料和课后习题（行为22）	0.256**	0.280**	0.368**	0.372**	0.423**	0.436**	0.555**	0.49**	0.59**	1

"教学目标与教学内容"观念中的各题与"教学目标与教学内容"行为中的各题具有显著性相关关系。换言之，作为布置作业依据的教学目标与内容方面的观念显著影响教师根据教学目标与内容的掌握情况布置作业。例如，越是认为布置作业是检验教师对教学目标实现状况的教师，他们越倾向于根据学生知识掌握情况调整作业数量，越是倾向于布置教辅材料和教科所上的练习题。

6. 小结

其一，教师作业布置"目的"观念和"目的"行为、"作用"观念和"作用"行为之间具有显著的相关关系，相关系数分别为0.318和0.374，为弱相关。

其二，教师作业布置"政策"观念和"政策"行为、"教学目标与教学内容"观念与"教学目标"行为之间具有显著的相关关系，相关系数均为0.417，为中度相关。

其三，基于抽象的素质教育理念（例如，以学生为中心）的作业布置观念对教师布置作业行为影响甚微，教师倾向于依据教学目标、内容和学生学习状况方面的观念布置作业。

其四，教师倾向于认为作业的功能是巩固所学知识和提高学生的成绩，但生活实践类作业不能发挥这个作用，教师倾向于选择传统的书面作业类型，例如抄写、练习册、习题集等，并不热衷于布置学生自主设计作业形式和内容。

其五，认同作业减负和作业创新政策的教师倾向于根据学生当天作业总量布置自己的作业，会基于教学内容和学生的实际情况精心设计作业和创新作业布置形式。

总体上而言，教师的作业布置倾向于以手头现成的书面作业为主，以教学内容和学生学习状况为基准，而非以抽象的素质教育和学生中心等方面的理念。

四、假设验证

（一）对假设 1 的验证

假设 1 是关于教师作为作业布置的主体，自己对作业的主观理解，直接影响到教师会布置怎样的作业之行为

经皮尔逊相关分析可知（表 1-26），教师作业布置观念各维度与对应的行为之间都存在着显著的正相关，其中，目的观念与目的行为（r=.318）、作用观念与作用行为（r=.374）为弱相关，政策观念与政策行为（r=.417）、教学目标与内容观念和教学目标与内容行为（r=.417）为中度相关，总的观念与总的行为（r=.567）也达到了中度相关，因此推断假设 1 成立，教师作为作业布置的主体，自己对作业的主观理解，直接影响到教师行为会布置怎样的作业。

（二）对假设 2 的验证

假设 2 是关于教师作业布置的观念，包括作业布置目的观念（检测课堂效果，提高成绩，巩固所学知识）、作用观念（改进教学，提高学生学习能力）、政策观念（符合国家规定的作业减负政策，符合素质教育的理念）和教学目标

与内容观念（作业布置的依据是教学目标和教学内容）。

对于假设 2 的验证方法是采用频率分析和求均值，分析受访教师的各选项（非常符合、符合、不确定、不符合、非常不符合）所占百分比。

如表 1-9 所示，平均 91% 的受访教师认为作业布置的目的是检测课堂教学效果、提高教学成绩和巩固所学知识。

如表 1-12 所示，绝大部分受访教师认为作业布置对改进教学具有积极的作用（96%）、可培养学生学习习惯（94%）和巩固学生所学知识（99%）。

如表 1-14 所示，平均 78.1% 的受访教师认为布置作业应符合国家素质教育的相关政策，例如，教师合理设计作业（97.5%），作业布置以学生为主体（94.6%），精选作业内容、创造性布置作业（93.1%），减负不利于学生身心发展（82.7%），减负就是减少作业量（58.9%），减少作业量不利于学生成绩进步（41.1%）。

如表 1-17 所示，平均 89.3% 的受访教师认为作业布置的依据是教学目标和教学内容，例如，布置作业是检查学生对教学重点的掌握（93.6%）和对教学难点的解决（91.6%），是检查教师是否实现了课堂教学目标（82.7%）。

综上所述，合计 91% 的受访教师具备相关作业布置的观念，因此，推断假设 2 成立。

（三）对假设 3 的验证

假设 3 是关于教师作业布置的行为，与教师作业布置观念相对应，包括作业布置目的行为、作用行为、政策行为和教学目标与内容行为。

对于假设 3 的验证方法是频率分析和求均值，分析受访教师的各选项（非常符合、符合、不确定、不符合、非常不符合）所占百分比。

如表 1-18 所示，平均 65.4% 的受访教师布置作业的行为受其作业布置目的观念（检测课堂效果，提高成绩，巩固所学知识）之影响，例如，布置的主要是书面作业（84.16%），以练习册、试卷、抄写为主（76.73%），国家的减负政策影响了布置作业的数量（50.5%）和内容（50%）。

如表 1-21 所示，81.4% 的受访教师的作业布置受到教师关于作业布置作用的观念（改进教学、提高学生学习能力）之影响，例如，近 86% 的教师布置的是传统类型的作业，如抄写、预习、练字等，近 68% 的教师布置生活实践类作业。

如表 1-23 所示，85.02%的教师会依据减负或素质教育政策调整自己布置作业的行为，10.3%的教师持模棱两可的态度，具体而言，布置作业应综合考虑学生当天作业量（93.57%），根据教学内容精心设计作业（85.15%），布置当面批改的作业（82.68%）和分组作业（78.72%）；合计 59%的教师会布置学生自主设计作业，17.65%持观望态度，具体而言，根据学生兴趣（61.38%），教学内容（60.89%）和学生情况（54.95%）让学生自己设计当天作业。

如表 1-24 所示，90.74%的受访教师的作业布置受到他们关于作业布置依据的观念（作业布置的依据是教学目标和教学内容）之影响，例如，根据教学重点（87.63%）和教学难点（84.16%）增加作业，依据教学内容布置习题（91.58%），根据学生知识掌握情况调整作业内容（93.07%）和作业数量（93.56%），根据课堂练习情况调整作业内容（92.58%）和作业数量（92.57%）。

综上所述，50%~70%的教师依据减负政策和素质教育理念布置作业，近 90%教师依据经典理念布置作业，例如根据教学内容与目标、根据作业的功能等。因此，推断假设 3 部分成立。

五、研究的结论与建议

教师作业布置观念与行为是不同的，本研究自编调查问卷，主要以湘潭县四所小学 202 位教师为调查对象，分析了教师作业布置观念，教师作业布置行为，以及教师作业布置观念与行为之间的关系。

（一）研究结论

1. 教师作业布置观念的研究结论

不同背景的教师普遍认为，作业布置的目的是检验课堂教学质量，例如学生对重难点的把握和教学目标的掌握，布置作业应以学生为主体，创新作业布置的内容。

不同背景教师之间有些作业布置的观念显著不同，例如，中级职称教师比高级和初级职称教师更明确地赞同"作业巩固知识作用"的观点；更多的男性教师对"作业检测课堂教学效果"的观点持开放的态度；班主任比非班主任对减负与作业量、减负与学生身心发展关系的看法更谨慎；在中专、大专和本科学历中，高学历教师对减负与作业量关系的看法更谨慎。

2. 教师作业布置行为的研究结论

在教师作业布置行为研究方面，教师主要布置的是书面作业，以练习册、试卷和抄写为主，也会布置预习作业，会对作业做出具体要求，将作业视作培养良好学习习惯的途径；教师会根据素质教育和减负要求创新作业的布置形式和内容，例如，分组作业、面批作业、师生自主设计作业，也会平衡各学科作业的数量；教师会根据教学目标、重点、教学内容、学生知识掌握情况布置和调整作业的内容和数量。50%~70%受访教师没有受国家减负政策和素质教育理念的影响。

男性教师、非班主任、其他学科教师（非语文、数学和英语）在作业布置行为上对国家减负政策的反应相对更积极。教龄长和学历高的小学教师对减负与布置作业关系的看法更谨慎。近三分之一受访教师没有响应国家减少作业数量的要求，其中，四年级教师的比例最高（39.4%），其次是六年级（36.2%），三年级的比例最低（16.2%）。

3. 教师作业布置观念与行为之间关系的研究结论

教师作为作业布置的主体，自己对作业的主观理解，直接影响到教师会布置怎样的作业，作业布置观念与行为之间显著的正相关关系为0.567，达到中度相关。

具体而言，与政策相关的理念，例如减负和素质教育理念的作业布置观念无法说服教师将作业布置的主动权交给学生。认为减负就是减少作业量的教师，其布置作业的数量并不会减少。教师倾向于依据教学目标、内容和学生学习状况方面的观念布置作业，且倾向于以手头现成的书面作业为主，并不热衷让学生自主设计作业，也不认为作业巩固知识的功能可以通过实践类作业达成。

（二）研究建议

第一，通过对调查结果的分析得知，教师作为作业布置主体，其对作业的主观理解直接影响教师布置何种形式与何种数量的作业。教师要不断地学习国家相关作业布置的政策，了解新课程标准所提到的有关作业布置的要求，充分理解作业布置的目的与作用，从而布置出适合学生、有利于学生发展的作业。

第二，应基于教学目标、教学内容和学生学习情况设计符合素质教育理念的作业内容和形式，将作业布置的目的、作用和依据与素质教育理念相结合，摆脱抽象的学生中心理念和减负就是减少作业数量的简单思维，以学生的学习情况为依据布置作业。

第三，应依据教师的不同背景采用不同的引导策略。基于素质教育和减负政策的作业布置观念对男性教师、非班主任和其他学科教师（非语文、数学、英语教师）的吸引力相对更高。再例如，教龄更长的教师，其"根据学生课堂练习掌握情况调整布置作业内容"比例更低。

六、结语

（一）本研究结论和价值

本研究采用文献研究法和问卷调查法，在前人的研究基础上确定了教师作业布置观念与教师作业布置行为的维度，基于研究问题进行研究假设，根据假设自编调查问卷，对湘潭 4 所小学的 202 名教师作业布置观念与行为进行了调查。调查表明，教师作业布置观念包括教师布置作业的目的是检测课堂效果，提高成绩；作用是巩固所学知识、改进教学、培养学生良好学习习惯；布置作业应遵循作业减负政策以及素质教育提倡的作业布置政策，但是其行为体现与理念有所相悖。作业布置应该依据教学目标以及教学内容。行为对应教师作业布置观念呈中等程度的显著性正相关。不同背景教师在各观念维度上的差异小于他们在作业布置行为上的差异。

搜集整理分析作业布置情况有助于巩固和完善学生在课堂上学到的知识和技能，分析存在的问题，找出原因并提出相关对策，对师范生在未来从事小学教育教学工作，从作业布置的角度落实学生学习的主体地位和素质教育理念具有一定的价值。

（二）本研究的不足

本研究参考了大量相关文献，自编问卷并对调查结果进行了统计和分析，但由于笔者的研究水平有限，加之时间紧迫，本研究仍然存在着诸多不足之处，主要表现为：

第一，研究对象的选择具有一定的局限性。本研究的调查对象在数量以及地区上都存在局限性，不能全面地反映教师作业布置的观念和行为，应谨慎地将研究结论推广到其他地区。

第二，统计分析不够全面深入。由于笔者对统计分析软件的运用并不是十分熟练，只针对假设部分的内容进行了主要分析，对结果的研究不够全面、不够深入。

第三，在教师作业布置观念"目的"维度和对应的教师作业布置行为"目的"两个效度不高，其原因很可能是问卷编制过程中该维度部分题目存在瑕疵，有待今后进一步完善。

附　录

小学教师作业布置观念与行为的调查

各位教师：

你们好！

感谢您在百忙之中填写这份调查问卷，问卷所有内容仅作为笔者论文《小学教师作业布置观念与行为》研究之用，问卷完全是匿名形式，不会涉及您任何的个人隐私，您可以放心根据实际情况来进行作答，论文的完成需要各位教师填问卷来助力，不会花费您太多时间，衷心感谢您的支持与配合！

（一）背景信息

1. 性别（　　）

A. 男　　　　　　　B. 女

2. 是否为班主任（　　）

A. 是　　　　　　　B. 否

3. 所教科目（　　）

A. 语文　　　　　B. 数学　　　　　C. 英语　　　　　D. 其他

4. 所教年级（　　）

A. 二年级及以下　B. 三年级　　　　C. 四年级　　　　D. 五年级

E. 六年级

5. 教龄（　　　）

A. 1 年以下　　　　B. 2~5 年　　　　C. 6~10 年　　　　D. 10 年以上

6. 学历（　　　）

A. 中专　　　　B. 大专　　　　C. 本科　　　　D. 研究生及以上

7. 职称（　　　）

A. 见习教师　　　B. 三级教师　　　C. 二级教师　　　D. 一级教师

E. 高级教师　　　F. 正高级教师

（二）教师作业布置观念（均为单选题，请根据实际情况认真作答）

◆ 目的观念

1. 您认为教师每天布置作业是理所应当的（　　　　）

A. 非常符合　　　B. 符合　　　C. 不确定　　　D. 不符合

E. 非常不符合

2. 您认为布置作业是为了检测课堂教学效果（　　　　）

A. 非常符合　　　B. 符合　　　C. 不确定　　　D. 不符合

E. 非常不符合

3. 您认为布置作业是为了提高学习成绩（　　　　）

A. 非常符合　　　B. 符合　　　C. 不确定　　　D. 不符合

E. 非常不符合

◆ 作用观念

4. 您认为作业的作用是为了巩固学生所学知识（　　　　）

A. 非常符合　　　B. 符合　　　C. 不确定　　　D. 不符合

E. 非常不符合

5. 您认为作业的作用是为了培养学生学习习惯（　　　　）

A. 非常符合　　　B. 符合　　　C. 不确定　　　D. 不符合

E. 非常不符合

6. 您认为作业对改进教学有积极作用（　　　　）

A. 非常符合　　　B. 符合　　　C. 不确定　　　D. 不符合

E. 非常不符合

◆ 政策观念

7. 您认为国家规定的作业减负政策是减少作业量（　　　　）

A. 非常符合　　　B. 符合　　　C. 不确定　　　D. 不符合

E. 非常不符合

8. 你认为国家规定的"减负政策"是精选作业内容，创造性布置作业（ ）

A. 非常符合   B. 符合   C. 不确定   D. 不符合

E. 非常不符合

9. 您认为素质教育包括教师合理设计作业（ ）

A. 非常符合   B. 符合   C. 不确定   D. 不符合

E. 非常不符合

10. 您认为素质教育包括教师作业布置时以学生为主体（ ）

A. 非常符合   B. 符合   C. 不确定   D. 不符合

E. 非常不符合

11. 您认为减少作业量不利于学生的成绩进步（ ）

A. 非常符合   B. 符合   C. 不确定   D. 不符合

E. 非常不符合

12. 您认为减负有利于学生的身心发展（ ）

A. 非常符合   B. 符合   C. 不确定   D. 不符合

E. 非常不符合

◆ 目标与内容观念

13. 您认为布置作业是检查学生对教学重点的掌握情况（ ）

A. 非常符合   B. 符合   C. 不确定   D. 不符合

E. 非常不符合

14. 您认为布置作业是检查学生对教学难点的解决情况（ ）

A. 非常符合   B. 符合   C. 不确定   D. 不符合

E. 非常不符合

15. 您认为布置作业是检验教师是否实现了课堂教学目标（ ）

A. 非常符合   B. 符合   C. 不确定   D. 不符合

E. 非常不符合

（三）教师作业布置行为（均为单选题，请根据实际情况认真作答）

◆ 教师作业布置"目的"行为维度

1. 您现在布置的主要是书面作业（ ）

A. 非常符合   B. 符合   C. 不确定   D. 不符合

E. 非常不符合

2. 国家的减负政策影响了您布置作业的数量 （　　　）

A. 非常符合　　　B. 符合　　　C. 不确定　　　D. 不符合

E. 非常不符合

3. 国家的减负政策影响了您布置作业的内容 （　　　）

A. 非常符合　　　B. 符合　　　C. 不确定　　　D. 不符合

E. 非常不符合

◆ 教师作业布置"作用"行为维度

4. 您布置的作业经常以练习册、试卷、抄写为主 （　　　）

A. 非常符合　　B. 符合　　　C. 不确定　　　D. 不符合

E. 非常不符合

5. 您经常会布置生活实践类作业。例如参观、去商店、做家务等 （　　　）

A. 非常符合　　B. 符合　　　C. 不确定　　　D. 不符合

E. 非常不符合

6. 您布置作业会明确说明作业要求和答题规范 （　　　）

A. 非常符合　　B. 符合　　　C. 不确定　　　D. 不符合

E. 非常不符合

7. 您会布置课前预习作业 （　　　）

A. 非常符合　　B. 符合　　　C. 不确定　　　D. 不符合

E. 非常不符合

8. 您会布置培养学生学习习惯的作业，例如练字帖、整理错题集、抄抄写写 （　　　）

A. 非常符合　　B. 符合　　　C. 不确定　　　D. 不符合

E. 非常不符合

◆ 教师作业布置"政策"行为维度

9. 您会综合考虑学生当天作业量来布置作业 （　　　）

A. 非常符合　　B. 符合　　　C. 不确定　　　D. 不符合

E. 非常不符合

10. 您会根据学生的不同水平，有针对性地分组布置作业内容 （　　　）

A. 非常符合　　B. 符合　　　C. 不确定　　　D. 不符合

E. 非常不符合

11. 您会根据教学内容精心设计作业内容、形式和数量 （　　　）

A. 非常符合　　B. 符合　　　C. 不确定　　　D. 不符合

E. 非常不符合

12. 您会根据教学内容布置当面批改的作业（　　　）

A. 非常符合　　　　B. 符合　　　　C. 不确定　　　　D. 不符合

E. 非常不符合

13. 您会根据教学内容让学生自主设计当天作业（　　　）

A. 非常符合　　　　B. 符合　　　　C. 不确定　　　　D. 不符合

E. 非常不符合

14. 您会根据学生情况让他们自主设计当天作业（　　　）

A. 非常符合　　　　B. 符合　　　　C. 不确定　　　　D. 不符合

E. 非常不符合

15. 您会要求学生根据自身兴趣自主设计今日作业（　　　）

A. 非常符合　　　　B. 符合　　　　C. 不确定　　　　D. 不符合

E. 非常不符合

◆ 教师作业布置"目标与内容"行为维度

16. 您会根据教学目标中的教学重点适当增加作业（　　　）

A. 非常符合　　　　B. 符合　　　　C. 不确定　　　　D. 不符合

E. 非常不符合

17. 您会根据教学目标中的教学难点适当增加作业（　　　）

A. 非常符合　　　　B. 符合　　　　C. 不确定　　　　D. 不符合

E. 非常不符合

18. 您会根据教学内容布置教辅材料的习题、课后练习题（　　　）

A. 非常符合　　　　B. 符合　　　　C. 不确定　　　　D. 不符合

E. 非常不符合

19. 您会根据学生知识掌握情况调整自己布置作业的内容（　　　）

A. 非常符合　　　　B. 符合　　　　C. 不确定　　　　D. 不符合

E. 非常不符合

20. 您会根据学生知识掌握情况调整自己布置作业的数量（　　　）

A. 非常符合　　　　B. 符合　　　　C. 不确定　　　　D. 不符合

E. 非常不符合

21. 您会根据学生的课堂练习的掌握情况调整自己布置作业的内容（　　　）

A. 非常符合　　　　B. 符合　　　　C. 不确定　　　　D. 不符合

E. 非常不符合

22. 您会根据学生的课堂练习的掌握情况调整自己布置作业的数量（　　　）

A. 非常符合　　　　B. 符合　　　　C. 不确定　　　　D. 不符合

E. 非常不符合

问卷试题到此结束，再次衷心感谢您的配合，祝您生活愉快，工作顺利！

第二章

课堂练习对知识巩固与应用的现状研究
——以小学数学教学为例

一、引言

（一）问题缘起

课堂练习作为教学过程的重要环节，受到研究者和教师越来越多的关注。课堂练习的重要功能是将所掌握新知识保存在记忆中，并将新知识运用于实践，帮助学生加深对书本知识的理解①。但在教学中存在一个普遍现象，学生上课时能够很好地领会新知识，但是对新知识又遗忘得很快，不能加以巩固，由于学生对新知识掌握不牢固，便不能将所学知识与解决实际问题相联系。因此在教学过程中，不仅要关注课堂新知识的传授，更要注重课堂练习，对新知识加以巩固与应用。

《义务教育数学课程标准（2011 年版）》中明确提出，课程内容的呈现应该注意层次性和多样性，基本技能的形成需要一定量的训练，同时对教学内容弹性化也提出了一些前瞻性的意见，例如"习题的选择和编排突出层次性，设置巩固性问题、拓展性问题、探索性问题等"②。现代教学论认为："数学教学的主要特征就是将教学过程变为引发学生练习的过程，每堂数学课的教学任务是通过不同层次的练习来实现，练习是课堂教学的组成部分，它贯穿于数学教学的全过程。"③ 现代数学教学中，课堂练习是教学过程的必要环节，缺少练习巩固与延伸的课堂是不完整的。数学教学仅仅听懂是不够的，必须将知识应用

---

① 黄甫全，王嘉毅．课程与教学论 [M]．北京：高等教育出版社．2002：434
② 吴成业．数学练习题改编应适度 [J]．教学与管理，2018（02）．
③ 赵颖超．数学课堂教学中优化练习设计策略探究 [J]．科学大众（科学教育），2010（08）．

于实际，才能使学生真正地掌握与应用知识。那么教师应当如何设计具有巩固性与拓展性的课堂练习，以达到对知识的巩固与应用？课堂练习过程中的巩固与应用知识存在哪些问题？针对这些问题应当如何加以改进？弄清楚这些问题对教师课堂教学的知识巩固与应用环节具有重要意义。目前国内关于课堂练习方面的研究更多是关注课堂练习有效性、课堂练习设计等方面，关于课堂练习的功能即知识巩固与应用的研究相对较少，因此深入研究小学数学教学中的课堂练习对知识的巩固与应用的现状是十分必要的。

本章对所要研究的问题进行文献分析，采用问卷调查法，以小学生和小学数学老师为调查对象，对师生课堂练习的现状进行调查；以观察的方式对教师课堂进行观察并记录，对课堂所存在的问题以及课堂练习中巩固知识与应用知识之间的关系进行现场记录并加以整理；通过对数学老师进行访谈，厘清教师对课堂练习巩固与应用知识的观念。简言之，本章主要从以下四个方面进行研究，即如何设计课堂练习以巩固与应用知识、课堂练习中知识巩固与应用的关系、巩固知识与应用知识存在哪些问题、如何采取有效措施以加强对知识的巩固与应用。

（二）概念界定

1. 练习

练习在《现代汉语词典》的释义有两种：其一指的是反复学习，以求熟练；其二指的是为巩固所学知识而设置的作业等，承担着巩固知识的功能。而本章中的练习指的是第二种意思。练习可分为课堂练习与课后练习，本章中的练习主要指的是课堂练习。

2. 课堂练习

课堂练习是教学过程的重要环节，课堂包括新授课、复习课与练习课，课堂练习包括新授课练习、复习课练习和练习课练习[①]。本章主要是研究课堂练习中的新授课练习。课堂练习按照内容可分为三个层次，即基础型、提升型和扩展型，基础型练习的目标是学生能掌握课堂上例题的简单变式或能直接运用；提升型作业要求学生能对课堂上的知识点灵活运用，也包括解决实际问题的应用题，是基于考试中对这部分知识的考察重点；拓展层练习主要是为了发散学

---

① 李金姿. 小学高年级数学课堂练习现状调查研究［D］. 包头：内蒙古科技大学包头师范学院，2020.

生的思维。课堂练习是指为了巩固新学知识技能，学生通过操练的形式在课堂内完成各种练习①。本章的课堂练习是指在课堂教学过程中的练习，是在课堂上操练完成的，以达到对新知识的巩固以及应用。本章中的巩固知识与应用知识对应的课堂练习是基础巩固型练习题与提升应用型练习题，可分别简称为基础题和提升题，或者巩固题和应用题。

3. 巩固与应用

《现代汉语字典》中关于巩固的意思是，坚固（多用于抽象的事物）或者使坚固。而应用的释义是使用，详细释义是适应需要，以供使用。本章中的巩固是指坚固，知识巩固即将所掌握新知识坚固地保存在记忆当中，需要时可随时加以提取。本章中的应用是指课堂教学中，学生领会和巩固了知识去解决同类课题的活动。

（三）文献综述

1. "课堂练习""数学"和"知识"的"主题"研究在文献数量上的变化趋势

在中国知识资源总库中通过高级检索，以"课堂练习""数学"和"知识"为主题进行检索，总共搜索到 1077 篇文献，近十年来的研究趋势见图 2-1。

图 2-1 2010—2020 年以"课堂练习""数学"和"知识"为主题的文献研究数量趋势

---

① 刘春红. 初中英语课堂练习现状及对策研究［D］. 大连：辽宁师范大学，2017.

如图显示，自 2010 年以来，课堂练习的相关研究总体呈稳步上升趋势，2019 年的数量最多，研究者对于数学教学方面的课堂练习与知识之间关系的研究依旧保持一个较高的热度。

2. 课堂练习的重要性

赵颖超在《数学课堂教学中优化练习设计策略探究》中提到，能力的形成条件之一是练习的经常化；如果已掌握的知识不能及时消化，必然会消失，安排适当的时间和次数进行重复练习是必要的，新学的知识如果不加以巩固必然会遗忘，由此说明了课堂练习对于学习新知识的重要性①。

瞿德军在《优化课堂练习，构建高效课堂：小学数学课堂练习有效性的实践与思考》一文中说到，小学数学课堂练习是教学的重要组成部分，其作用是让学生掌握数学知识、提升解决数学问题的能力、发展智力。小学数学课堂教学内容较多，教师应抓住一节课的教学目标，针对重点内容设置练习环节，这样既能够考查学生是否掌握了新学的知识，又能够加深学生对知识的理解和消化，有利于实现数学课堂教学目标②。

3. 课堂练习的设计

（1）课堂练习的层次化

针对不同班级学生具有不同的知识水平和能力，学生能够解决问题的难度存在差异。朱兴国在《老调重弹——课堂练习设置再探究》一文中，对层次性教学做了阐述。他将课堂练习分为前段的复习检查、中段的反馈汇报以及尾段的习题巩固训练，而习题训练是课堂教学的重要环节，只有教师对练习的设计规则、原则和标准认识基本到位，作业留置有分寸，才能体现习题训练的层次性。总之，学生的实际情况不同，其关于课堂练习对新知识的巩固所达到的效果也就不同③。

杨平方在《小学数学课堂练习中的几点思考》中也提到，课堂练习的层次性可以帮助学生建立思维的梯度和层次，克服思维障碍，实现知识的升华，设计具有层次性的练习有利于学生掌握数学知识产生和发展；课堂练习的设计除了重点把握知识全体，更重要的是对知识慢慢地搓揉，厘清知识层次、雕刻知

① 赵颖超. 数学课堂教学中优化练习设计策略探究［J］. 科学大众（科学教育），2010（8）.

② 瞿德军. 优化课堂练习，构建高效课堂：小学数学课堂练习有效性的实践与思考［J］. 数学大世界（教师适用），2015（7）.

③ 朱兴国. 老调重弹——课堂练习设置再探究［J］. 小学教学参考，2020（29）.

识形式。由此，课堂练习内容应有梯度，由浅入深、由易到难、由简到繁、由旧知推新知，这也是教学原则中循序渐进原则应遵循的一般要求，是行之有效的宝贵经验①。

（2）课堂练习形式多样化

郭伟在《突显"四性"，练习课堂也精彩——浅谈小学数学练习课的有效设计》一文中指出，教师应注重口头练习和书面练习，集体和个人交替练习，充分利用一题多解、一题多变、一题多用等形式，让学生通过练习举一反三，提高应用所学知识解决实际问题的能力。总之，课堂练习不仅要注意其内容的难度，也要关注内容的延展性，同时也要其形式的多样性②。

（3）课堂练习设计应注重学生智能发展

黎智鹏在《多元智能理论下的高中数学练习设计》中提到，教师应根据多元智能理论，充分利用内省智能和人际关系智能，发挥数学练习对学生的促进作用；在练习设计上，摒弃注重解决书面上"实际问题"传统做法的弊端，因为书面问题仅仅关注书面知识，而没有实现促进学生巩固应用知识的功能，没有让学生真正地掌握所学知识；作者提倡课堂练习要从书本回到生活，加强练习的实践性，让学生把理论知识运用到实践中③。

张丽燕在《优化课堂练习，助推小学数学教学效率提高》一文中提到，课堂练习有助于学生理解和掌握所学知识、发展智力、培养能力，故教师在设计练习内容时，需注意练习内容多元化，即练习内容不局限于课本练习或教辅资料上的练习，教师要针对学生的计算能力、逻辑思维能力、想象力而设计专项性练习、开放性练习、变式性练习、反馈性练习等。同时，在课堂练习中，教师应适当增加一些原创练习题，让学生综合运用已学的知识，解答有一定难度的习题，提高学生的数学思维能力。总之，学生不仅仅要通过课堂练习掌握基本知识、基本技能，还要对课堂的新知识进行巩固与延伸④。

（4）课堂练习应设计反馈环节

朱宇在《优化课堂评价，"放大"小学数学练习的价值》一文中提到，练

---

① 杨平芳，袁芳厚.小学数学课堂练习中的几点思考［J］.教育观察，2020，9（3）.

② 郭伟.突显"四性"，练习课堂也精彩——浅谈小学数学练习课的有效设计［J］.教育观察，2019，8（11）.

③ 黎智鹏.多元智能理论下的高中数学练习设计［J］.教学与管理，2007（24）.

④ 张丽燕.优化课堂练习，助推小学数学教学效率提高［J］.西部素质教育，2019，5（7）.

习设计质量的优劣必须通过及时反馈得到检验；在反馈过程中，教师需要根据学生完成练习的情况进行准确掌控，通过对练习效果的精当讲评，或强化，或调整，或补充，进而达到纠正解题错误、"放大"习题价值、完善建构过程的效果①。

4. 课堂练习巩固与应用知识存在的问题

陈瑞辉在《数学课堂练习应关注五个方面》中提到，数学课堂练习设计的优劣，直接影响着课堂教育教学质量，关系到学生认知、思维、技能及素养的发展。然而，当今课堂教学中，还有部分教师在练习内容的设计上舍本逐末，脱离数学本质，练习形式单一，机械重复，导致学生学习乏味，练习效果不佳②。

余信华在《提高数学课堂教学效率的策略》一文中提到，课堂练习是影响数学课堂效率的一个非常活跃的因素，要高度重视课堂练习的设计和实施，现阶段课堂练习作为教学过程的重要环节，还有许多待完善的方面③。

殷文逸在《高中数学课堂练习如何实现知识巩固》中指出，教师需要充分认识和理解课堂练习的意义，优化练习方法。作者认为，高中数学的课堂练习还存在重视不够、方法不佳等问题，教师在巩固知识、达到教学效果和优化课堂练习方法的认识和操作方面存在不足，教师还需进一步思考和研究课堂练习有效巩固知识的方法问题④。

张丽燕在《优化课堂练习，助推小学数学教学效率提高》一文中提到，传统的课堂评价是单向的，即教师评价学生，评价是作为总结学生学习不足的主要手段，教师必须保证评价结果的准确性。教师有必要进一步完善评价方式，调动学生积极参与课堂，促进学生对知识的掌握⑤。

黄嘉敏的《小学高年级数学练习题的优化设计研究》一文中提到，教学是一种有目的的行为，课堂练习的最终目的是为了实现教学目标。在小学高年级数学教学中，练习的设计既要科学准确，又要融会贯通，具体来讲，教师要以本课时教学目标为根本，围绕教学重难点有针对性地设计练习，以促进学生数

---

① 朱宇. 优化课堂评价，"放大"小学数学练习的价值 [J]. 教学与管理，2014 (11).
② 陈瑞辉. 数学课堂练习应关注五个方面 [J]. 教学与管理，2019 (32).
③ 余信华，李光树. 提高数学课堂教学效率的策略 [J]. 教育理论与实践，2017，37 (20).
④ 殷文逸. 高中数学课堂练习如何实现知识巩固 [J]. 农家参谋，2018 (19).
⑤ 张丽燕. 优化课堂练习，助推小学数学教学效率提高 [J]. 西部素质教育，2019，5 (7).

学思维发展；教师所设计的练习题一定要从教材内容和学生基础这两个方面去考虑，确保把巩固与应用新知识放入各种练习设计中，帮助学生掌握知识、提高技能①。

5. 文献述评

通过上述相关研究综述，笔者对课堂练习的知识巩固与应用研究的角度与方法有了较为全面的了解，为进一步研究课堂练习的知识巩固与应用提供了理论基础，为本章课堂练习对知识巩固与应用的角度与方法提供了借鉴。目前国内关于课堂练习方面的研究更多是关注课堂练习有效性、课堂练习设计，而关于课堂练习的功能即知识巩固与应用的研究相对较少，对知识巩固与应用的小学数学课堂练习现状研究较少。

本章主要采用问卷调查法、观察法和文本分析法等实证研究方法开展研究，较为系统、全面地研究课堂练习对知识巩固与应用现状，结合所在问题分析其原因，并给出相关建议。

二、研究设计与过程

（一）研究方法

1. 文献研究法

通过搜索中国知网，对课堂练习、小学数学、知识的巩固与应用等关键词进行搜索，对相关的核心文献进行梳理与整合，了解当前关于该研究的最新动态，对当前该课题研究的相关事实进行调查，为设计问卷以及访谈提纲提供一定的理论依据。

2. 问卷调查法

基于文献研究的启示和概念界定，自主设计《小学数学课堂练习对知识巩固与应用现状的调查问卷》，包括教师问卷和学生问卷，采用不记名形式，以小学部分班级学生和教师为调查对象，发放问卷，收集数据并对结果进行统计，分析课堂教学中课堂练习对知识巩固及应用的现状、问题和原因。

---

① 黄嘉敏. 小学高年级数学练习题的优化设计研究［J］. 教育观察（下半月），2016，5（7）：83-85.

笔者问卷发放时间为 2021 年 5 月 19 日，地点为怀化市 M 学校，调查对象是小学部各年级全体学生与数学教师。调查问卷分为教师调查问卷与学生调查问卷。教师调查问卷发放形式包括线上和线下，学生调查问卷的发放时间是课间休息期间。调查结束后，笔者对收集的教师调查问卷和学生调查问卷进行整理，并且录入 Excel 表格当中，最后将 Excel 内的学生数据与教师数据导入 SPSS 软件中进行分析。

学生调查问卷详见附录 A，教师调查问卷详见附录 B。

3. 访谈法

为弥补调查问卷的不足，本研究对小学数学教师进行访谈。访谈提纲中的访谈问题来自文献综述和课堂观察。根据提纲，以口头交流的方式，更深一步了解师生对课堂练习的认识以及课堂知识的巩固与应用现状。

笔者利用上课时间从发过问卷的班中选取两个五年级班进行观察，填写观察表，并在课后采用提前设定的访谈提纲对授课的数学教师进行访谈，并记录整理。访谈提纲详见附录 C，访谈记录详见附录 E。

4. 观察法

观察对象是执教所发问卷班级的两个数学老师，观察点是教师课堂上对巩固知识与应用知识的练习设计及其练习效果。

观察表详见附录 D，观察记录详见附录 F。

5. 文本分析法

文研究分析的对象是学生的课堂和课后作业。本研究在研究课堂练习的巩固知识与应用知识的效果时，需要通过分析学生的课后作业来检查课堂练习的效果，并且通过分析教师的教案明确教师对知识的巩固与应用的课堂练习设计现状，由此判断课堂练习是否达成巩固知识与应用知识的目的。

笔者预计通过观察数学教师的教案与学生课堂作业情况来进行文本分析，但是由于没有拍摄到教案，因此教案的文本分析未果，仅对学生的课堂作业与家庭作业的拍摄图片进行分析。

文研究分析资料详见附录 G。

（二）调查对象

以怀化市 M 小学的 150 名学生和本市 3 所小学 41 名小学数学教师为调查对象。选取 3 个班级的学生作为学生调查对象，选取其中 2 个班级发放学生问卷，对其新授课课堂进行观察；选取各年级 41 名数学教师进行调查，并对其中的 2 名教师进行访谈。

（三）研究问题

本研究针对课题，拟定以下问题：

1. 知识巩固与运用的课堂练习设计研究。

2. 课堂练习中知识巩固与应用的关系研究。

3. 课堂练习对巩固知识与应用知识的效果研究。

（四）研究假设

针对上述三个研究问题，进行如下假设。

1. 知识巩固与运用的课堂练习设计存在不合理

（1）教师对课堂练习的时间设置不合理

（2）教师对课堂练习的数量设计不合理

（3）教师对课堂练习的评价方式设计不合理

2. 教师在课堂练习环节未能准确把握知识巩固与应用之间的关系

（1）课堂练习对知识的巩固与应用的顺序错误

（2）巩固知识与应用知识的目标混淆

（3）课堂练习没有针对新授课的知识进行巩固和应用

（4）巩固知识与应用知识之间的衔接不够自然

3. 课堂练习未能达到巩固与应用知识的效果

（1）基础巩固题未达到巩固知识的效果

（2）提升应用题未达到应用知识的效果

（五）研究工具

1. 学生调查问卷提纲

采用李克特五点分量表，1~5 分别表示非常同意、同意、不确定、不同意、非常不同意。所有题目均为自编。学生调查问卷详见附录 A。

表 2-1 学生调查问卷结构

结构与假设		假设与题项	来源
背景信息		10 题	自编
课堂练习对巩固知识与运用知识的设计（验证假设一）	（1）教师对课堂练习的时间设置不合理	1. 数学老师上完新课后，让你们做基础巩固型练习题，你可以在老师规定的时间内完成	自编
		2. 数学老师上完新课后，让你们做较难应用题目，你可以在老师规定的时间内完成	
	（2）教师对课堂练习的数量设计不合理	3. 数学新授课上的基础巩固型练习题数量很多	自编
		4. 数学新授课上的提升应用题数量很多	
		5. 你对数学老师布置家庭作业的基础巩固型题数量感到满意	
		6. 你对数学老师布置家庭作业的提升应用题数量感到满意	
	（3）教师对课堂练习的评价方式设计不合理	7. 做了数学教师课堂上布置的基础巩固型练习题后，老师对你做完练习题的口头评价，让你感到满意	自编
		8. 做了数学教师课堂上布置的提升应用题后，老师对你做完练习题的口头评价，让你感到满意	
知识的巩固与应用之间的关系（验证假设二）	（1）课堂练习对知识巩固与应用的顺序错误	9. 数学老师上完新课后，经常按照先易后难的顺序讲解课堂练习题	自编
		10. 数学老师上完新课之后会直接布置基础巩固型练习题	
		11. 数学老师上完新课之后会直接布置提升应用型练习题	
	（2）两者目标混淆	12. 数学新授课上的巩固型练习题很难	自编
		13. 数学新授课上的提升应用型练习题很难	
课堂练习对于巩固知识与运用知识的效果（验证假设三）	（1）基础巩固题的巩固效果	14. 在数学新授课中，数学老师出的基础巩固型题你大部分能计算出来	自编
		15. 做了教师课堂上布置的基础巩固题后，前面没有听懂的地方你也懂了	
		16. 数学老师布置你们做基础巩固型练习题的家庭作业，你能做得出	
	（2）提升应用题的提升效果	17. 在数学新授课中，数学老师出的较难的提升应用型练习题你大部分能计算出来	自编
		18. 做了教师课堂上布置的提升应用型练习题后，前面没有听懂的地方你也懂了	
		19. 数学老师布置你们做提升应月型练习题的家庭作业，你能做得出	

2. 教师调查问卷提纲

采用李克特五点分量表，1~5 分别表示非常同意、同意、不确定、不同意、非常不同意。所有题目均为自编。教师调查问卷详见附录 B。

表 2-2 教师调查问卷结构

结构与假设		假设与题项	来源
背景信息		7 题	自编
课堂练习对巩固知识与应用知识的设计（验证假设一）	（1）课堂练习的时间设置不合理	1. 学生能在规定时间内完成基础巩固型课堂练习题	自编
		2. 学生能在规定时间内完成提升应用型课堂练习题	
	（2）课堂练习的数量设计不合理	3. 讲完新内容后，您经常设计少量且针对新内容的基础巩固型课堂练习题	自编
		4. 讲完新内容后，您经常设计少量且针对新内容的提升应用型课堂练习题	
知识的巩固与应用之间的关系（验证假设二）	（1）课堂练习对知识的巩固与应用的顺序错误	5. 讲完新内容后，您会让学生只做基础巩固型练习，而不做提升应用型练习题	自编
		6. 讲完新内容后，您经常让学生先做基础巩固型练习，再做提升应用型练习题	
	（2）两者目标混淆	7. 讲完新内容后，您经常布置简单易懂的基础巩固型练习题	自编
		8. 讲完新内容后，您经常布置简单易懂的提升应用型练习题	
		9. 讲完新内容后，您经常布置难度较高的提升应用型练习题	
	（4）两者之间衔接不够自然	10. 您经常将基础题进行改编，延伸为提升应用型练习题，使巩固知识过渡到应用知识	自编
课堂练习对于巩固知识与运用知识的效果（验证假设三）	基础巩固题练习效果	11. 讲完新内容后，您会在家庭作业中布置基础巩固型练习题检验学生结果	自编
		13. 您对学生基础巩固型练习题的家庭作业正确率感到满意	
		15. 关于基础巩固型练习题，学生家庭作业的完成情况比课堂练习的完成情况要好	
	能力提升题练习效果	12. 讲完新内容后，您会在家庭作业中布置相应的较难应用题以检验学生结果	自编
		14. 您对学生提升应用题的家庭作业正确率感到满意	
		16. 关于提升应用型练习题，学生家庭作业的完成情况比课堂练习的完成情况要好	

3. 观察表

观察表均属于自编，观察表详见附录 D。

三、研究结果与分析

本研究结果主要包括四个部分：调查问卷、课堂观察、调查访谈、文本分析。现将这四个部分的调查结果与分析进行阐述。

（一）调查问卷的结果分析

1. 选项的赋值

（1）教师问卷

本研究的教师问卷共分为两部分——基本信息和用于验证三个假设的三个维度，三个维度分别为课堂练习对知识巩固与应用的设计维度、课堂练习对知识巩固与应用的关系维度、课堂练习对知识巩固与应用的效果维度。基本信息包括性别、学校、所教年级、学历、职称、教龄、是否学过教学知识。SPSS 处理数据赋值情况如下：

表 2-3　教师问卷选项的赋值方法

类型	选项	赋值	类型	选项	赋值
性别	男	1	年级	一年级	1
	女	2		二年级	2
教学相关知识的学习	学过	1		三年级	3
	没有学过	2		四年级	4
学历	数学教育本科	1		五年级	5
	数学教育专科	2		六年级	6
	非师范数学教育本科	3	教龄	0~1 年	1
	非师范数学教育专科	4		2~5 年	2
	其他	5		6~10 年	3
职称	见习教师	1		11~20 年	4
	三级	2		20 年以上	5
	二级	3	课堂练习对知识巩固与应用的调查	非常符合	1
	一级	4		符合	2
	高级	5		不确定	3
	正高级	6		不符合	4
	—	—		非常不符合	5

（2）学生问卷

本研究的学生问卷共分为两部分——基本信息和验证三个假设的三个维度，

三个维度分别为课堂练习对知识巩固与应用的设计维度、课堂练习对知识巩固与应用的关系维度、课堂练习对知识巩固与应用的效果维度。基本信息部分包括性别、数学成绩、年级、民族、在家语言、父亲职业、母亲职业、家庭类型、未与父亲居住时长、未与母亲居住时长，共 10 个题。SPSS 处理数据赋值情况如下：

表 2-4　学生问卷选项的赋值方法

类型	选项	赋值	类型	选项	赋值
性别	男	1	年级	一年级	1
	女	2		二年级	2
民族	汉族	1		三年级	3
	少数民族	2		四年级	4
数学成绩	优秀	1		五年级	5
	良好	2		六年级	6
	及格	3	课堂练习对知识巩固与应用的调查	非常符合	1
	不及格	4		符合	2
	—	—		不确定	3
	—	—		不符合	4
	—	—		非常不符合	5

2. 问卷的维度归类和信效度分析

（1）问卷维度归类

根据课堂练习对知识的巩固与应用的现状进行维度分类，每个维度与题项的对应见表 2-5。

表 2-5　教师与学生问卷的维度

分类	维度	教师问卷题项	学生问卷题项
第一部分	基本信息	1~7	1~4
第二部分课堂练习对知识的巩固与应用现状	课堂练习对知识巩固与应用的设计维度	1~4	1~8
	课堂练习对知识巩固与应用的关系维度	5~10	9~13
	课堂练习对知识巩固与应用的效果维度	11~16	14~19

（2）信效度分析

本研究统计 40 份有效教师调查问卷样本。课堂练习对知识巩固与应用的效果维度的题项共 6 道，KMO 值小于 0.5，删除教师问卷中的第 14 题"讲完新内容后，您会在家庭作业中布置相应较难的应用题以检验学习结果"之后，KMO值达到 0.518，最终各部分和全卷的信效度值如表 2-6 所示。

表 2-6　教师和学生调查问卷的信效度分析

问卷维度	教师问卷			学生问卷		
	α 系数	KMO 值	数量	α 系数	KMO 值	数量
课堂练习对知识巩固与应用的设计维度	0.625	0.511	4	0.880	0.815	8
课堂练习对巩固与应用的关系维度	0.673	0.604	6	0.760	0.688	5
课堂练习对知识巩固与应用的效果维度	0.625	0.518	5	0.841	0.768	6
总体	0.822	0.610	15	0.935	0.882	19

吴明隆在《SPSS 统计应用实务》中表示，根据 Cronbach's α 系数的取值范围，α 系数在 0.9 及以上表示信度优秀；α 系数在 0.8~0.89 之间表明信度好；α 系数在 0.7~0.79 之间表明信度一般；α 系数在 0.6~0.69 之间，处于信度可接受的边缘[1]；根据 Kaiser 的观点，KMO 值大于 0.9 其效度是最好的，大于 0.8是比较好的，大于 0.7 是中等水平，大于 0.6 被认为可接受[2]。由此可知，教师问卷的总体样本 Cronbach 系数为 0.822，效度为 0.610，说明该问卷的信度很好，效度也处于可接受的范围；学生问卷的总体样本 Cronbach 系数为 0.935，效度为 0.882，说明该问卷的信度优秀，效度也比较好。

3. 问卷背景信息的频率分析

（1）教师问卷

①性别和学历

由表 2-7 可知，参加此次问卷调查的教师共 40 位，男女教师分别为 4 名和

---

[1] 吴明隆.SPSS 统计应用实务——问卷分析与应用统计［M］.北京：科学出版社，2003：109.

[2] 吴明隆.SPSS 统计应用实务——问卷分析与应用统计［M］.北京：科学出版社，2003：67.

36 名，各占 10% 和 90%，性别比例悬殊。在调查对象中，数学教育本科的教师有 25 人，占总人数的 62.5%，数学教育专科的教师有 2 人，占总人数的 5%，合计 67.5% 的教师为数学专业，非师范数学教育专业 4 人，占 10%。学过教学理论或知识的教师人数有 38 人，占总人数的 95%，这和教师的职称、学历和教龄具有一致性。

表 2-7　教师性别和学历的频率（百分比）分布（n=40）

性别	频率（%）	教学理论学习	频率（%）	学历	频率（%）
男	4（10）	是	38（95.0）	数学教育本科	25（62.5）
女	36（90）	否	2（5.0）	数学教育专科	2（5.0）
—	—	—	—	非师范数学教育本科	3（7.5）
—	—	—	—	非师范数学教育专科	1（2.5）
—	—	—	—	其他	9（22.5）

②任教学校、年级和教师教龄

由表 2-8 可知，参与此次问卷调查的共有 40 名教师，均为小学数学教师，其中 5 位教师来自九年一贯制学校，52.5% 的教师来自城市，其他来自农村和乡镇。各类学校数量上具有明显差异。

教师所教年级相当，1~3 年级的教师总人数是 23 人，4~6 年级总人数为 17 人。

大部分的调查教师的教龄是 0~1 年，占总人数的 82.5%；教龄在 2~5 年人数有 4 人，占总人数的 10%；显然，绝大部分调查对象是初入职场的新手教师，占比 92.5%。

表 2-8　教师任教学校、年级和教龄的频率（百分比）分布（n=40）

学校类型	频率（%）	年级	频率（%）	教龄	频率（%）
城市小学	19（47.5）	一年级	4（10.0）	0~1 年	33（82.5）
城市初中	2（5.0）	二年级	9（22.5）	2~5 年	4（10.0）
乡镇小学	8（20.0）	三年级	10（25.0）	6~10 年	3（7.5）
乡镇初中	1（2.5）	四年级	5（12.5）	11~20 年	—
农村小学	8（20.0）	五年级	9（22.5）	20 年以上	—
农村初中	2（5.0）	六年级	3（7.5）	—	—

（2）学生问卷

由表2-9可看出，参与此次学生问卷调查的共有150名学生，男女所占比例分别为47.3%和52.7%。五年级的同学有102位，占总人数的68%，六年级学生有48位，占总人数的32%。汉族的学生有121位，占总人数的80.7%；少数民族的学生有29位，占总人数的19.3%。

参与此次学生问卷调查的共150名小学生，其中数学成绩优秀的小学生有27人，占总人数的18%；数学成绩良好的小学生有62人，占总人数的41.3%；数学成绩及格的小学生有36人，占总人数的24%；数学成绩不及格的小学生有25人，占总人数的16.7%；合计59.3%学生的数学成绩在良好及以上。

表2-9　学生背景信息的频率（百分比）分布（n=150）

性别	频率（%）	年级	频率（%）	民族	频率（%）	成绩	频率（%）
男	71 (47.3)	五年级	102 (68.0)	汉族	121 (80.7)	优秀	27 (18.0)
女	79 (52.7)	六年级	48 (32.0)	少数民族	29 (19.3)	良好	62 (41.3)
—	—	—	—	—	—	及格	36 (24.0)
—	—	—	—	—	—	不及格	25 (16.7)

4. 课堂练习对知识进行巩固与应用的设计现状

（1）完成课堂练习的时间设计

①教师认为给了学生充足的时间完成课堂练习

教师问卷中的相关题目共两道，分析结果如表2-10所示。对于"1. 学生能在规定的时间内完成基础题"，合计70%的教师选择"非常同意"和"同意"；对于"2. 学生能在规定时间内完成应用题"，合计57.5%的教师选择"非常同意"和"同意"。合计63.8%的教师认为他们的学生能够在规定的时间完成课堂练习。

表 2-10 教师认为学生能够在规定时间完成课堂练习的百分比分布

题项	非常同意	同意	不确定	不同意	完全不同意
1. 学生能在规定时间完成基础型练习	17.5	52.5	22.5	5	2.5
2. 学生能在规定时间完成提升型练习	17.5	40	35	7.5	0
均值	17.5	46.3	28.8	6.2	1.25

②学生认为自己在规定的时间完成了课堂练习

学生问卷中的相关题目共 2 道，分析结果如表 2-11 所示。对于老师布置的基础题，68%的学生认为他们在规定的时间完成了；对于老师布置的提升应用题，47.3%的学生认为他们在规定的时间完成了。合计 57.7%的学生认为能够完成。

表 2-11 学生认为他们在规定时间完成课堂练习的百分比分布

题项	非常同意	同意	不确定	不同意	非常不同意
1. 数学老师上完新课后，让你们做基础型练习题，你可以在老师规定的时间内完成	22	46	25.3	2	4.7
2. 数学老师上完新课后，让你们做较难的提升型练习题，你可以在老师规定的时间内完成	17.3	30	42	4.7	6
合计	19.7	38	33.7	3.3	5.4

③比较分析

对于能够在规定时间完成基础巩固题的学生人数占比，教师的判断（70%）与学生实际情况（68%）基本一致，但是对于提升应用题，教师的判断（57.5%）高于学生的实际情况（47.3%）。

通过分析不同数学成绩学生在这两道题目上的得分差异，笔者发现，基础巩固题得分在优秀生、良好生、及格生和不及格生之间的差异明显；难题得分排序也是优秀生、良好生、及格生和不及格生，但是及格生和不及格生之间的差异微弱。这说明，对于提升应用题，及格段位学生和不及格学生的能力几乎一样。

（2）课堂练习的数量设计

①教师对自己设计的课堂练习题数量的认识

教师问卷中的相关题目共2道，分析结果如表2-12所示。95%的教师认为他们布置了少量基础巩固型练习题；87.5%的教师认为他们布置了少量提升应用型练习题。总体而言，大部分教师（91.2%）认为他们在上完新课内容后布置了少量基础巩固题与提升应用题，以达到巩固知识与应用知识的目的。

表2-12 认同教师课堂练习题数量较少的百分比分布

题项	非常同意	同意	不确定	不同意	非常不同意
3. 讲完新内容后，您经常设计少量基础型课堂练习题	50	45	2.5	2.5	0
4. 讲完新内容后，您经常设计少量提升型课堂练习题	40	47.5	10	2.5	0
合计	45	46.2	6.3	2.5	0

②学生对教师设计的课堂练习数量的认识

学生问卷中的相关题目共2道，分析结果如表2-13所示。分别有14%和16.7%的同学认为新授课上基础题和应用题数量很多，有29.7%的学生不确定数学老师课堂练习的数量是否合适，56%不认为教师布置的练习题多，或者认为少。这和表12中教师的数据（91.2%）相比，差异较大。

表2-13 学生对课堂练习题数量多及其满意度的百分比分布

题项	非常同意	同意	不确定	不同意	非常不同意
3. 数学新授课上的基础型练习题数量很多	8.7	5.3	28.7	36.7	20.7
4. 数学新授课上的提升型练习题数量很多	8.7	8	30.7	32.7	20
5. 你对数学老师布置家庭作业的基础巩固题数量感到满意	20.7	36.7	28.7	5.3	8.7
6. 你对数学老师布置家庭作业的提升应用题数量感到满意	20	32.7	30.7	8	8.7

③比较分析

对不同数学成绩学生在这两道题目上得分的差异性检验表明，优秀、良好、及格和不及格学生的得分之间没有显著性差异。换言之，无论成绩如何，学生对教师布置的题目数量的判断具有一致性。

分别有 57.4% 和 52.7% 的学生表示他们很满意教师安排的基础练习题和提升应用题的数量，合计 30% 的学生不能确定（表 2-13），反映了学生对作业数量的积极态度。对不同数学成绩学生满意度差异的分析表明，优秀、良好、及格和不及格学生之间具有显著性差异。对于基础巩固题数量，其满意度排序是优秀生、良好生、及格生和不及格生，但是及格生和不及格生的差异微弱；对于难题数量，其满意度排序是优秀生、良好生、不及格生和及格生，其中优秀生和良好生之间的差异微弱。整体而言，优秀和良好生对作业数量的满意度接近，及格和不及格学生的满意度接近。

（3）学生对教师点评其课堂练习表现的满意度

为了验证假设（巩固与运用知识的课堂练习设计存在不合理）中的第三个分假设（教师对课堂练习的评价方式设计不合理），笔者设计了两道题目，分析结果如表 2-14 所示。学生完成了教师布置的课堂练习后，教师应该对完成情况进行反馈。教师的教学设计包括预判学生对课堂练习的完成情况并预设评价用语。数据显示，56.3% 的同学对老师的口头评价感到满意。

表 2-14　学生对教师口头评价他们课堂练习完成情况的满意度的百分比分布

题项	非常同意	同意	不确定	不同意	非常不同意
7. 做了数学教师课堂上布置的基础练习题后，老师对你做完练习题的口头评价，让你感到满意	19.3	37.3	30.7	6.7	6
8. 做了数学教师课堂上布置的提高型练习题后，老师对你做完练习题的口头评价，让你感到满意	14.7	41.3	32.7	4	7.3
合计	17	39.3	31.7	5.3	6.65

通过分析不同数学成绩学生在这两道题目上的满意度差异，笔者发现，满意度高低排序是优秀、良好、不及格和及格，数学成绩位于及格段位的学生，其对教师评价的满意度最低，且具有显著性差异。

（4）学生课堂练习表现与对教师点评满意度之间的相关分析

表 2-15 所示，学生完成练习情况与学生对教师口头评价满意度之间具有显著的相关关系，基础型练习完成情况与满意度之间的相关系数是 0.511，提升型

练习完成情况与满意度之间的相关系数是 0.407。根据对相关系数强度的判断①，相关系数 0.8~1.0 为高度相关，0.6~0.8 为强相关，0.4~0.6 为中等程度相关，0.2~0.4 为弱相关，0~0.2 为极弱相关或无相关两者之间为中等程度的相关，越能在规定时间完成的学生，他们对教师口头评价的满意度越高，学生在规定时间完成课堂练习是他们满意教师评价的重要因素。教师有待提高自己的评价技巧。

表 2-15　学生完成课堂练习情况与他们对教师评价满意度的相关系数（n=150）

题项	1	2	7	8
1. 在规定时间完成基础型练习题	1	—	—	—
2. 在规定时间完成提升型练习题	0.678**	1	—	—
7. 对教师基础型练习题评价的满意度	0.511**	0.532**	1	—
8. 对教师提升型练习题评价的满意度	0.454**	0.407**	0.715**	1

注：** 在 0.01 级别（双尾），相关性显著

（5）小结

近 70% 的教师和学生认为他们能够在规定时间完成基础型课堂练习题，57.5% 的教师认为学生能够完成提升型课堂练习题，但学生的判断则为 47.3%。换言之，教师对学生完成基础巩固题的能力预估较为准确，但是高估了学生完成提升题的能力，也可以说，教师还需提高对提升应用题难度的把握能力。

绝大部分教师认为他们布置的课堂练习题数量是较少的，合计 55% 的学生也认为不多，且这种观点无关乎成绩；50% 的学生对作业数量感到满意，其中及格生和不及格生在基础题量上的差异微弱，而优秀生和良好生则在提升题量上的差异微弱；56% 的学生对教师口头评价他们课堂练习完成情况是满意的，其中，满意度最低的是及格段位的学生，学生的满意度和学生是否在规定时间内完成课堂练习情况具有中等程度的显著相关关系。无论是基础题还是提升题，不同成绩学生完成时间的差异明显，但及格和不及格学生在提升题上的差异微弱。

5. 教师的课堂练习对巩固知识与应用知识关系的处理

（1）巩固知识与应用知识的顺序

①教师认为他们的课堂练习对巩固知识与应用知识顺序的体现

教师问卷中的相关题目共 2 道，分析结果如表 2-16 所示。对于"5 讲完新

---

① 武松. SPSS 实战与统计思维［M］. 北京：清华大学出版社，2020：239.

内容后，您会让学生只做基础型练习题，而不做提升型练习题"，47.5%教师选择"非常同意"和"同意"；对于"6 讲完新内容后，您经常让学生先做基础型练习题，后做提升型练习题"，92.5%教师选择"非常同意"和"同意"；显然，绝大部分教师明确了先巩固知识后应用知识的练习顺序。

表 2-16　教师对巩固知识习题与应用知识习题关系的处理

维度	题项	非常同意	同意	不确定	不同意	非常不同意
顺序	5. 讲完新内容后，您会让学生只做基础巩固型练习题，而不做提升型练习题	20	27.5	15	32.5	5
	6. 讲完新内容后，您经常让学生先做基础巩固型练习题，后做提升型练习题	40	52.5	7.5	0	0
目标	7. 讲完新内容后，您经常布置基础巩固型练习题，巩固学生所学的知识	22.5	70	5	2.5	0
	8. 讲完新内容后，您经常布置简单易懂的提升应用型练习题，巩固学生所学知识	25	67.5	7.5	0	0
	9. 讲完新内容后，您经常布置难度较高的提升应用型练习题，培养学生的能力	15	30	30	20	5
衔接	10. 您经常将基础题进行改编，延伸为提升应用型练习题，使巩固知识过渡到应用知识	22.5	60	15	2.5	0

②学生认为教师布置的课堂练习对巩固知识与应用知识顺序的体现

学生问卷中的相关题目共 3 道，分析结果如表 2-17 所示。对于"9. 数学老师上完新课后经常按照先易后难的顺序讲解课堂练习题"，68.7%学生选择"非常同意"和"同意"；对于"10. 数学老师上完新课后会直接布置基础巩固型练习题"，66.7%学生选择"非常同意"和"同意"；对于"11. 数学老师上完新课后会直接布置提升应用型练习题"，69.4%学生选择"非常同意"和"同意"。学生对这三道题目的选择具有一致性。

表 2-17　学生对巩固知识习题与应用知识习题关系的认识

维度	题项	非常同意	同意	不确定	不同意	非常不同意
顺序	9. 数学老师上完新课后经常按照先易后难的顺序讲解课堂练习	28	40.7	27.3	1.3	2.7
	10. 上完新课后，数学老师会直接布置基础巩固型练习题	28.7	38	23.3	5.3	4.7
	11. 上完新课后，数学老师会直接布置提升应用型练习题	22.7	46.7	22.7	3.3	4.7
目标	12. 数学新授课上的基础巩固型练习题很难	12	24	38	17.3	8.7
	13. 数学新授课上的提升应用型练习题很难	12.7	30	43.3	8	6

③比较分析

92.5%教师认为他们布置的习题是按照巩固知识先于应用知识的顺序，但是近三分之一的学生并不认可教师的这种顺序，数字差异较大。这也许是学生判断失误，也许是教师布置题目的真实特点，即教师对基础题和提升题的判断失误。

对不同成绩学生在这三道题目上得分的差异性检验表明，优秀、良好、及格和不及格学生的第9题和第10题得分没有显著性差异，但是第11题的得分具有显著性差异，其认同度由高到低的排序是优秀生、良好生、不及格生和及格生。显然，及格水平的学生最不认同"老师上完新课后会直接布置提升应用题"。

（2）巩固知识题与应用知识题的目标

①教师认为他们的课堂练习对巩固知识与应用知识目标的体现

教师问卷中的相关题目共3道，分析结果如表2-16所示。对于"7. 讲完新内容后，您经常布置基础巩固型练习题，巩固学生所学的知识"，97.5%教师选择"非常同意"和"同意"；对于"8. 讲完新内容后，您经常布置简单易懂的提升应用型练习题，巩固学生所学知识"，92.5%教师选择"非常同意"和"同意"；对于"9. 讲完新内容后，您经常布置难度较高的提升应用型练习题，培养学生的能力"，45%教师选择"非常同意"和"同意"。显然，绝大部分教师明确基础型练习和提升型练习的目标，但是近一半的教师认为他们不会在课堂上布置较难的应用知识习题。

②学生认为教师的课堂练习对巩固知识与应用知识目标的体现

学生问卷中的相关题目共2道，分析结果如表2-17所示。对于"12. 数学新授课上的基础巩固型练习题很难"，36%学生选择"非常同意"和"同意"；对于"13. 数学新授课上的提升应用型练习题很难"，42.7%学生选择"非常同意"和"同意"；两者的数字很接近。可以说，合计40%的学生不明确基础题和应用题的难度。这很可能意味着分别有4%和57.3%的学生能够解答课堂上的基础题和提升题，也即达到了教学目标的要求。

③比较分析

教师认为他们的课堂练习对巩固知识与应用知识目标的体现（教师问卷第二部分第7~9题得分之和）和学生认为教师的课堂练习对巩固知识与应用知识目标的体现（学生问卷第二部分第12~13题得分之和）的对比表明，两者之间具有明显的差异，绝大部分教师（95%）明确课堂练习的作用是实现掌握知识的教学目标，但大致可以说，60.6%的学生能够解答这些题目。

对不同数学成绩学生在这两道题目上得分的差异性检验表明，优秀、良好、及格和不及格学生的第12题得分没有显著性差异，但是第13题的得分具有显著性差异。优秀学生认可度最高，和其他三个水平学生的差异较为明显，而良好与及格学生的得分几乎一样。

（3）巩固知识题与应用知识题的衔接

教师问卷中的相关题目共1道，分析结果如表2-16所示。对于"10. 您经常将基础题进行改编，延伸为提升应用型练习，使巩固知识过渡到应用知识"，82.5%教师选择"非常同意"和"同意"，这进一步说明了教师掌握了巩固知识和应用知识的递进关系。

（4）小结

绝大部分教师明确巩固知识与应用知识习题在课堂上布置的顺序，也知道基础型练习和提升型练习的不同目标，明确两类习题可以相互转化。然而，对这些问题的选项和教师相一致的学生约占60%左右。这或许是因为教师存在理念与行为不一致，或许是因为学生不能区分两类习题的特点。另外，教师和学生对课堂练习题目难度的看法也不一致。

6. 巩固知识与应用知识练习题的效果

（1）基础型练习题的效果

①教师对效果的认识

教师问卷中的相关题目共3道，分析结果如表2-18所示。对于"11. 讲完新内容后，您会在家庭作业中布置相应基础型练习检验学生学习结果"，95%教师选择"非常同意"和"同意"；对于"12. 您在家庭作业中布置基础型题目巩固知识，并对学生正确率感到满意"，77.5%教师选择"非常同意"和"同意"；对于"13. 关于基础型练习，学生家庭作业的完成情况比课堂练习的完成情况要好"，57.5%教师选择"非常同意"和"同意"。显然，教师对作为家庭作业的基础型练习题的解答情况并不满意。

表2-18　教师对巩固知识习题与应用知识习题效果的认识

维度	题项	非常同意	同意	不确定	不同意	非常不同意
基础型	11. 讲完新内容后，您会在家庭作业中布置相应基础型练习检验学生学习结果	27.5	67.5	5	0	0
	12. 您在家庭作业中布置基础型题目巩固知识，并对学生正确率感到满意	22.5	55	15	7.5	0
	13. 关于基础型练习，学生家庭作业完成情况比课堂上完成情况好	15	42.5	25	12.5	5
提升型	15. 您对学生提升应用型家庭作业的正确率感到满意	20	42.5	20	15	2.5
	16. 关于提升应用型练习，学生家庭作业完成情况比课堂上完成情况好	12.5	42.5	22.5	17.5	5

注：第14题"讲完新内容后，您会在家庭作业中布置相应的较难的应用题以检验学生学习结果"因效度达不到要求而删除。

②学生对效果的认识

学生问卷中的相关题目共3道，分析结果如表2-19所示。对于"14. 在数学新授课中，数学老师出的基础题你大部分能计算出来"，68%的学生选择"非常同意"和"同意"；对于"15. 做了教师课堂上布置的基础题后，前面没有听懂的地方你也懂了"，62%的学生选择"非常同意"和"同意"；对于"16. 数学老师布置你们做基础题的家庭作业，你能做得出"，67.3%的学生选择"非常同意"和"同意"。大致可以说三分之一的学生没有掌握基础型题目。

上述分析表明，教师和学生均认为大约25%～40%的学生没有通过基础型题目巩固所学知识。

表2-19 学生对巩固知识习题与应用知识习题效果的认识

维度	题项	非常同意	同意	不确定	不同意	非常不同意
基础型	14. 在数学新授课中，数学老师出的基础题你大部分能计算出来	33.3	34.7	27.3	2	2.7
	15. 做了教师课堂上布置的基础题后，前面没有听懂的地方你也懂了	21.3	40.7	28.7	4	5.3
	16. 数学老师布置你们做基础题的家庭作业，你能做得出	30	37.3	24.7	4	4
提升型	17. 在数学新授课中，数学老师出的较难应用题你大部分能计算出来	17.3	34.7	38	5.3	4.7
	18. 做了教师课堂上布置的提升应用题后，前面没有听懂的地方你也懂了	18	36	35.3	5.3	5.3
	19. 数学老师布置你们做提升应用题的家庭作业，你能做得出	24	33.3	32.7	5.3	4.7

③比较分析

教师认为基础题的效果（教师问卷第二部分第12～13题得分之和）和学生认为基础题的效果（学生问卷第二部分第14～16题得分之和）的对比分析表明，两者之间差异不明显，换言之，教师和学生对基础练习题效果看法一致。

对不同数学成绩学生在这两道题目上得分的差异性检验表明，优秀、良好、及格和不及格学生的第15题得分（做了教师课堂上布置的基础题后，前面没有听懂的地方你也懂了）没有显著性差异，但是第14题 [$F_{(3, 146)} = 5.822$，$P=001$] 和第16题 [$F_{(3, 146)} = 8.907$，$P=000$] 的得分具有显著性差异。对于"14. 在数学新授课中，数学老师出的基础题你大部分能计算出来"和"16. 数学老师布置你们做基础题的家庭作业，你能做得出"，及格和不及格学生均不确定他们有能力完成。

（2）提升型练习题效果

①教师认为的效果

教师问卷中的相关题目本来共3题，但由于第14题"讲完新内容后，您会在家庭作业中布置相应的较难的应用题以检验学习结果"的效度低，因此删除了该道题目，现为2道题目，分析结果如表2-18所示。对于"15. 您对学生家庭作业的提升应用练习的正确率感到满意"，62.5%的学生选择"非常同意"和"同意"；对于"16. 关于提升应用型练习，学生家庭作业的完成情况比课堂练习的完成情况要好"，55%的学生选择"非常同意"和"同意"。约40%～50%的教师认为学生没有通过提升型家庭作业练习题达到应用知识的效果。

②学生认为的效果

学生问卷中的相关题目共3题，分析结果如表2-19所示。对于"17. 在数学新授课中，数学老师出的较难应用题你大部分能计算出来"，52%的学生选择"非常同意"和"同意"；对于"18. 做了教师课堂上布置的提升应用题后，前面没有听懂的地方你也懂了"，54%的学生选择"非常同意"和"同意"；对于"19. 数学老师布置你们做提升应用题的家庭作业，你能做得出"，57.3%的学生选择"非常同意"和"同意"。总体而言，近一半的学生认为他们不能正确解答提升型家庭作业题。

上述分析表明，教师和学生均认为大约一半的学生没有通过提升型题目巩固和应用所学知识。

③比较分析

教师认为提升题效果（教师问卷第二部分第15～16题得分之和）和学生认为提升题效果（学生问卷第二部分第17～19题得分之和）的对比分析表明，两者之间具有明显差异，换言之，教师和学生对提升型练习题效果看法不同，教师的看法比学生的看法乐观，其原因很可能是教师是通过卷面的正确率进行判断，而学生是基于自己的真实掌握情况进行判断。

对不同数学成绩学生在这两道题目上得分的差异性检验表明，优秀、良好、及格和不及格学生的第18题得分（做了教师课堂上布置的提升应用题后，前面没有听懂的地方你也懂了）没有显著性差异，但是第17题 [F（3，146）= 8.009，P = 001] 和第19题 [F（3，146）= 7.240，P = 000] 的得分具有显著性差异。对于"17. 在数学新授课中，数学老师出的较难应用题你大部分能计算出来"和"19. 数学老师布置你们做提升应用题的家庭作业，你能做得出"，认同度的排序依次为：优秀生、良好生、不及格生和及格生，不及格生和及格生的差异微弱，换言之，学生在提升题课堂练习和提升题家庭作业上的表现类似。

（3）小结

教师和学生认为大约三分之一的学生没有掌握基础型题目，近一半的学生没有掌握提升型题目。学生完成基础型家庭作业的效果好于提升型家庭作业题。教师对于学生完成提升型题目的看法比学生本人更乐观。如果教师与学生没有后续的措施补救不足的掌握情况，没有掌握的知识将对后续的相关学习造成阻碍。

7. 总结

绝大部分教师在观念上明白巩固知识与应用知识习题在课堂上布置的顺序，也知道基础型练习题和提升型练习题的不同目标，明确两类习题可以相互转化。然而仅 60% 的学生认为教师在行动上落实了上述观念。

学生对基础型和提升型题目在课堂上的完成情况与他们在家里的完成情况大致相同，至多三分之二的学生掌握基础型题目，近一半的学生掌握了提升型题目。学生完成基础型家庭作业的效果好于提升型家庭作业题。教师和学生在作业数量和难度的感受上有差异，教师认为较少的习题在学生眼里却是较多，教师认为容易的题目却没有得到学生的认可。

（二）课堂观察的结果分析

观察法是对问卷调查研究结果的补充。观察表详见附录 D，观察记录详解附录 F。

1. 观察对象

Y 教师是一名省属本科在读的大四师范实习生，小学教育专业，现担任五年级三班的数学教师；T 教师正式在编，已有三年教学工作经验，非师范数学专业本科学历，现担任五年级六班的数学教师。两人均为女性教师。

作为实习的同学和身处相同的实习场地，笔者经常观摩两位老师上课。现根据观察记录表中的内容呈现对 Y 老师 1 节和 T 老师 1 节课的观察记录。

2. 观察时间和观察课题

观察课题：同分母分数相加减

观察时间：2021 年 5 月 19 日

第一，讲授时间设计。从时间设计角度来看，Y 教师大部分时间用于学生新课的教学，力求使学生理解和掌握课堂上的知识点。对于巩固知识和应用知识环节，只有巩固没有提升，在课堂的最后 10 分钟时间内，Y 老师开始进入练习环节，学生练习时间较短，对一些成绩好的同学来说，新知识没有得到升华。

T 教师对知识讲解的环节时间较短，课堂练习的时间 22 分钟，将近占了课上的一半时间，基本能够达到对知识的巩固；T 教师进行了知识应用，该环节所占时间也多于巩固环节，但是在应用环节，学生练习的正确率很低。

第二，练习时间设计。Y 教师在课堂上的练习时间很短，不到 10 分钟，且只有巩固没有提升。关于巩固练习，Y 教师是直接讲完新内容后，让学生做教材上的练习题部分"做一做"；很值得借鉴的一点是，Y 教师在总结分数的加减法知识之后，用"做一做"前一题提问学生，再次重复总结运用知识。

T 教师在课堂巩固练习中，在较难应用题与基础题之间的衔接工作不够到位。例如，第一题，T 教师是直接将约分作为基础题进行直接练习，而没有从同分母分数相加过渡到相加之后的和，然后再进行约分的处理过程；对于第二题，教师直接加入一个质数的条件，而不是首先带领学生回顾质数定义，然后再让学生进行计算。

第三，练习数量设计。练习题目的数量比较适中，但是练习内容的针对性不强。具体来说，这节课的教学内容是同分母分数相加减，但 T 教师的教学内容主要是同分母分数相加，基本没有涉及同分母分数相减。

第四，练习题难度和家庭作业设计。Y 教师没有在下课前布置家庭作业。T 教师设计的基础巩固课堂练习题比较容易，但是提升应用题的难度过高，达到了拓展延伸题的难度。T 教师所布置的家庭作业的针对性不强，作业并没有完全针对今天上课的教学内容，所布置的作业是本单元的复习题。

3. 观察结论

师范实习生（Y 教师）讲解时间长，巩固知识时间短（10 分钟）；Y 教师通过完成教材上的习题进行知识巩固，没有应用知识的环节，没有当堂布置家庭作业；Y 教师布置学生做习题之前再提问教学重点，由此可以说，师范实习生掌握了知识巩固的相关理论。

三年教龄教师（T 教师）讲解时间短，巩固知识时间长，学生较好地完成了基础巩固题的课堂练习（22 分钟）；T 教师在应用知识环节花费时间较多，但是学生正确率低，其原因是 T 教师没有处理好巩固知识与应用知识之间的衔接关系，应用知识之前缺乏对相应基础知识的回顾。另外，T 教师没有针对新授课内容进行应用知识的课堂练习，所布置的作业也没有对应当天学习内容。故此可以说，T 教师应用知识的当堂练习和家庭作业的针对性不强，学生应用知识的效率不高。

简言之，在时间设计上，两位老师的安排不尽合理；在目标上，三年教龄教师对应用知识课堂练习和家庭作业的安排脱离了应用知识的目标；在讲解顺序上，两位教师都遵循了先巩固后应用的顺序；在两者逻辑衔接上，三年教龄教师缺乏从巩固到应用的铺垫。

（三）访谈结果分析

观察了 Y 老师和 T 老师的课堂后，笔者对两位教师进行了访谈，访谈结果作为对课堂观察和问卷调查研究结果的补充。

访谈提纲详见附录 C，记录详见附录 E。

1. 对观察对象 Y 教师的访谈

5 月 19 日，笔者观察了五年级 Y 教师（师范实习生）的数学课后，对授课的 Y 教师进行了访谈。由于 Y 教师课后有事，因此访谈不是在课后立即进行的，而是在第二天（20 号）17：00 左右在微信中通过语音通话的方式进行的，时间长达 28 分钟。访谈结果如下：

Y 教师认为，课堂练习的目的是巩固知识和检验学习效果。她将课堂练习效果不好的原因归纳为三点：一是教师上课的状态，二是内容的难度，三是教学方法。她打算从两个方面进行补救：第一，再次讲解知识点；第二，在下一次新课的教学上对题目进行改编，改变教材上题目难度不适合其班级学生水平的现状。

关于课堂上的基础巩固型练习和提升应用型练习，她说她迄今未曾自主设计过，因为教学辅导练习册上有基础型和提升型的分类练习。

就基础型练习和提升应用型练习两者的关系来说，她认为是相辅相成的关系，基础巩固题和提升应用题是相互影响的，必须先进行巩固性练习，而后进行应用型练习，提升应用型练习又可以为下一次课堂的基础型练习打下基础。她认为巩固后才有必要进入应用知识的环节。

教师对待两者的关系，她提倡第一由浅入深，由易到难；第二通过对题目进行改编，从而加强巩固知识与运用知识之间的衔接度。

2. 对观察对象 T 教师的访谈

5 月 19 日，笔者观察了五年级 T 教师（三年教龄教师）的数学课，课后，笔者对该班授课的 T 教师进行了访谈。访谈时间是在 2021 年 5 月 19 日上午 11

时 30 分左右，时间长达 18 分钟左右。访谈结果如下：

T 教师认为课堂练习的主要目的是巩固知识。他将课堂效果不好的原因归纳为三点：一是预习工作不到位；二是内容难度过高；三是教师用的练习方式不适应学生。他打算从三个方面进行补救：一是课前认真备课；二是新授课上的课堂练习环节从基础题开始，循序渐进，由易到难的进行；三是借助其他教具（例如 PPT）吸引学生上课的兴趣，提升课堂效果，从而达到巩固知识与运用知识的目的。

对于基础巩固型练习和提升应用型练习两者之间的关系，他说到，顺序非常重要，必须先进行巩固，尔后进行提升，要先易后难。从基础题出发，增强学生的自信心，这样才能实现知识的巩固，只有在实现巩固的情况下，才能实现知识的应用。

他对基础巩固型和提升应用型练习之间的关系处理是根据上次的练习反馈以及学生的学习差异，练习题的来源大都是教材或者辅导资料之类。通过课上学生的练习反馈布置课后的练习。根据课上学生的练习情况，适度增加或者降低练习的难度。

3. 访谈结论

首先，两位教师均认为，课堂练习的目的是巩固知识，只有在实现巩固知识的情况下，才能实现应用知识；其次，课堂练习效果不好的原因是出题太难，师范实习生的解决办法是打算再次讲解知识点和改编题目，降低难度，而三年教龄教师则提出比较详细的解决办法，例如认真备课、借助教具、循序渐进、提高学生兴趣、注重学生差异，根据学生实际情况确定难度和调整家庭作业。

总之，受访教师明确两类课堂练习的顺序和目标以及两者之间的逻辑关系；受制于访谈提纲，访谈没有涉及课堂练习题的时间设计。然而，虽然访谈的重点是巩固知识与应用知识之间的衔接，但是两位教师并没有提出针对课题内容的解决方案，例如如何就课题内容去改编题目的难度，这或许是受制于访谈时间。

值得注意的是，Y 教师提到的改编题目，指的是降低题目本身的难度，适应学生理解和掌握的现有水平？抑或是提高题目的易理解性，突出巩固与应用之间的逻辑关系呢？受制于笔者的水平，笔者后知后觉，在访谈时没有意识到这个问题。

（四）文本分析结果

1. 分析内容

由附录 G 可知，图 7 是学生课堂练习的图片，学生课堂练习第一题的正确率只有 50%，第二题的正确率也只有 50%。而在家庭作业当中，其家庭作业都已完成，且正确率有 70%。从作业完成情况来说，学生的课堂练习和家庭作业都能完成。

比较课堂练习与家庭作业的正确率可知，从巩固知识的角度来讲，家庭作业的完成情况要好于课堂练习的完成情况；从应用知识的角度来讲，相对于课堂练习的情况，家庭作业的完成情况也要更好一些，说明从总体来看，相对于课堂练习，家庭作业的完成情况更好些，说明课堂练习达到课后巩固提升的效果。

2. 分析结果

两位教师巩固知识的课堂练习题的正确率均为 50%，三年教龄教师的应用知识练习题的正确率为 20%，师范实习生没有设计应用知识的练习环节，但两位教师所教班级学生家庭作业的正确率均为 80%。前述的问卷调查结果表明，巩固知识题正确率约为 60%~70%，应用知识题的正确率为 50%。因此，巩固知识题的文本分析结果和调查结果相接近。应用知识题的文本分析结果好于调查问卷的结果，但是该布置没有针对新授课的教学内容。家庭作业的完成情况好于课堂练习，家庭作业发挥了巩固课堂知识的作用。

四、假设验证

（一）对假设 1 的验证

假设 1：课堂练习对于巩固知识与运用知识的设计存在不合理：（1）教师对课堂练习的时间设置不合理（2）教师对课堂练习的数量设计不合理（3）教师对课堂练习的评价方式设计不合理

对于假设 1 分别采用观察法、学生调查问卷的方法来进行验证。

对于假设 1（1），利用观察法可知数学教师 T 巩固知识的课堂练习总时间是 22 分钟，而数学教师 Y 只有 10 分钟巩固知识的练习时间。根据教师调查问卷的第 1 题和第 2 题，根据学生调查问卷的第 1 题和第 2 题，大约 60%～70% 的学生能在规定的时间完成课堂练习题；因此，笔者基本判断教师课堂练习的时间设置不合理，假设 1（1）成立。

对于假设 1（2）（3），经学生问卷频率分析可知，对于假设（2），超过一半的学生认为数学老师布置的简单与应用题的数量不少；对于假设（3），56% 的学生对教师课堂上练习口头评价感到满意，就此而言，教师评价方式的设计不够合理。

总的来说，假设 1（1）（2）（3）基本成立，教师课堂练习时间设计不合理，课堂练习数量设计不合理，然而调查问卷显示也存在教师认为课堂练习少但学生认为课堂练习多的情况。对于假设 1（3），学生对教师评价的满意度与他们完成课堂练习情况之间存在中等程度的正相关关系。

（二）对假设 2 的验证

假设 2：教师在课堂练习环节未能把握知识巩固与应用之间的关系

（1）课堂练习对知识巩固与应用之间的顺序错误

（2）两者目标混淆

（3）课堂练习没有针对新授课的知识进行巩固和应用

（4）两者之间的衔接不够自然

对于假设 2，笔者采用了调查问卷与观察的方法来检验课堂练习对知识的巩固与应用之间的关系。

从观察法分析可知，教师 T 的课堂作业与家庭作业在布置的内容上不对应，课堂上的练习题难度过高。另外课堂上的巩固知识与应用知识之间的衔接不够自然，所布置家庭作业也没有针对新授课的知识，由此推断假设 2 成立。

从学生调查问卷频率分析可知，36% 的学生认为 "12. 数学新授课上的基础巩固题很难"；42.7% 的学生认为 "13. 数学新授课上的提升应用题很难"。由此可知虽然课堂练习的基础巩固练习要比课堂练习的难度低，但是基础题和应用题的难度对学生来说，难度都比较高。因此，对于全班同学而言，课堂练习较难实现巩固知识与应用知识的目标，假设 2 成立。

从教师问卷 "巩固知识题与应用知识题的目标" 部分的频率分析可知，82.5% 教师会布置与目标相应的基础练习题，相对来说较简单。92.5% 的教师会布置稍简单的提升应用题，45%的教师会布置高难度的提升应用题，25%的教师明确他们没有布置很难的提升应用题。因此可知教师大多认为自己布置的课堂练习的难度较低，就此推断假设2不成立。

从观察法的结果和学生问卷频率分析的结果来看，假设2成立。从教师问卷相关部分的频率分析可知，假设2不成立。从问卷的信度和效度来说，学生问卷要高于教师问卷，且观察法亦表明假设2成立。综上所述可知，教师布置的课堂练习对学生的难度较高，较难实现巩固知识与应用的目的，因此假设2基本成立，教师未能很好地处理巩固知识与应用知识之间的关系。

（三）对假设3的验证

假设3：课堂练习未能达到巩固与应用知识的效果

（1）基础巩固习题未达到巩固知识的效果

（2）提升应用习题未达到应用知识的效果

对于假设3，笔者采用了调查问卷、观察和文本分析的方法来检验课堂练习对知识的巩固与应用的效果

首先，根据教师问卷频率分析可知（表2-20），77.5%的教师对学生的基础巩固型练习的正确率感到满意，62.5%的教师对学生的提升应用练习的正确率感到满意，因此可知，教师对学生课堂练习巩固知识与运用知识的效果相对来说感到满意。假设3不成立。

从学生问卷的频率分析可知（表2-21），分别有68%的学生和52%的学生能计算出课堂上的基础巩固型练习和提升应用型练习，分别有67.3%和57.3%的学生能算出家庭作业当中的基础巩固型练习和提升应用型练习，说明学生对练习的结果以达到巩固知识与应用知识的效果相对较好，因此假设3不成立。

其次观察法分析，可知学生的首次的课堂基础练习的正确率只有50%左右，而提升练习只有20%，由此可知课堂练习的效果并没有很好，未能达到巩固与应用的情况，由于观察的数学课堂班级分6小组，笔者只观察班上任意两小组，因此可具代表性，假设3成立。

最后从家庭作业的文本分析当中可看出，家庭作业的完成情况比课堂练习好很多。因此，教师布置的课堂练习能达到巩固知识与应用的效果，假设3不成立。

由于以上方法只有观察法表明假设3成立，而由于观察对象人数过少，具

有局限性；师生判断基础巩固题的正确率为 70%，提升应用题的正确率大约为 50%，因此综上所述可知，假设 3 部分不成立。

五、研究结论与建议

（一）研究结论

本章主要是研究课堂练习对知识的巩固与应用的现状，以小学数学教师和小学生为调查对象。本研究调查了课堂练习对知识的巩固与应用的设计、课堂练习中巩固知识与应用知识之间的关系以及课堂练习对巩固知识与应用知识的效果。本次调查收集了 150 份有效学生问卷、40 份教师问卷，分析了课堂练习对知识的巩固与应用的现状。研究获得了以下结论。

1. 教师在理论上明确巩固知识是应用知识的基础

如表 2-16 所示，92.5% 教师讲完新内容后，经常让学生先做基础型练习，后做提升型练习，且选择只做基础型练习题的教师仅占 47.5%。课堂观察之后对两位教师的访谈表明，两位教师均认为，课堂练习的目的是巩固知识，只有实现巩固知识的情况下，才能实现应用知识。

2. 教师在实践操作中没有很好地处理巩固知识与应用知识的关系

对两位教师的课堂观察表明，师范实习生讲授新课的时间过多，留给巩固知识基础练习题的时间只有 10 分钟，没有进入应用知识的环节；三年教龄教师讲授新课时间少，设计的基础巩固课堂练习题比较容易，但是提升应用题的难度过高，达到了拓展延伸题的难度，布置的家庭作业并没有完全针对今天上课的教学内容，所布置的作业是本单元的复习题。另外，三年教龄教师没有处理好从基础题到应用题的衔接工作，例如，教师没有从同分母分数相加过渡到相加之后的和，然后再进行约分，直接加入一个质数的条件，而不是首先带领学生回顾质数定义，然后再让学生进行计算。

3. 近三分之一的学生不能正确解答巩固知识和应用知识的课堂练习题

从课堂练习巩固知识与应用知识的效果来说，大约 50% 和 70% 教师判断他们分别布置的基础课堂练习题和提升型课堂练习题能实现巩固知识与应用知识的效果，60%~70% 学生判断他们能够计算基础题和提升题，但是课堂观察的结果表明分别有 50%和 20%的学生做对了基础题和提升题，而家庭作业则达到了约 80%的正确率。

4. 教师对基础题和提升题数量和难度判断与学生不同

表 2-10 和表 2-11 显示，在预判学生完成基础型课堂练习题所需时间方面，教师（70%）的判断和学生（68%）的实际较为一致；但是提升型课堂练习题方面，教师（57.5%）预判和学生的实际（47.3%）相差较大。换言之，教师对学生完成基础巩固题的能力预估较为准确，但是高估了学生完成提升题的能力，也可以说，教师还需提高对提升应用题难度的把握能力。

表 2-16 和表 2-17 显示，在巩固知识与应用知识习题顺序呈现上，92.5%的教师认为他们是先巩固后应用，但近三分之一的学生并不认可教师的这种顺序。这既可能是学生的判断失误，也可能是教师的判断失误。

（二）研究建议

1. 加强课堂练习的巩固知识与应用知识环节的设计

通过对调查结果的分析可知，在课堂练习的设计方面，练习时间和数量设计不是很合理，针对以上结果，提出以下建议。

首先，教师要提前备好课，对课堂练习目标进行分类设计。设计与巩固知识和运用知识相应的课堂练习题，并进行记录，把握好课堂练习的时间。

其次，合理安排课堂练习与其他教学环节的时间，练习不宜过长或过短，15 分钟的练习时间最合适。

再次，课堂练习的数量要适中。基础题相对来说要多一些，课堂提升应用题相对来说要少一些。只有让学生在巩固知识的基础上，才能实现对知识的应用，这样才能使学生真正掌握新授课上的新内容。

最后，教师的评价方式要准确，评价方法要适应学生的发展特点，进行针对性的设计。评价要尽可能地准确，利用评价来鼓励学生，激发学生的上进心以及求知欲。

2. 处理课堂练习的巩固知识与应用知识环节之间的关系

对调查结果的分析得知，关于课堂练习的巩固知识与运用知识环节之间的关系，大部分教师都处理地比较好，但是仍然存在一些问题，比如说衔接不够恰当，基础题和应用题难度不对应目标的情况等。针对以上结论提出以下两点。

首先，在巩固知识与应用知识的环节，如果出现需要应用前面所学知识的情况，可以通过复习前面所学知识来达到对学生知识的回忆或提取，在帮助学生回忆知识点的基础之上，让学生自己应用知识进行知识的输出，从而建立巩固知识与应用知识之间的联系。

其次，课堂练习要由易到难，由浅入深。这就需要教师提前备好课，不能跳跃性布置练习题。教师在课堂练习方面，要明确此练习的作用是巩固知识还是应用知识，在此基础上进行对知识的巩固与知识的应用。

3. 提高课堂练习的巩固知识与应用知识环节的效果

通过对调查结果的分析得知，课堂练习的巩固知识与应用的知识之间的效果相对较好，但是仍有一些值得改进的情况。针对效果存在的情况提出以下建议。

提高课堂练习巩固与应用知识的最本质的方法是教师认真备课，师心童化，将教学建立在学生已有知识的基础之上，不仅要厘清新旧知识本身之间的逻辑关系，更要明确学生掌握新授知识所应必备的前期知识基础，将基本概念和基本原理等结构性知识作为教学重点，并从中挖掘出学生理解的难点，基于学生对重点知识掌握的基础上安排课堂练习巩固知识，尔后视学生完成情况安排应用知识的习题，并布置对应重点知识的家庭作业再次进行巩固与应用知识。

学生的课堂练习效果可以反映出学生对知识点的掌握情况，教师通过对学生课堂练习效果的了解，可以及时调整自己的教学计划，以及可以针对学生的具体掌握程度，有针对性地进行辅导，促进学生对知识点的掌握。

六、结语

（一）本研究的价值

在查阅先前文献的基础之上可知，前人对巩固知识与应用知识的研究较少。本研究采用问卷调查法、访谈法、观察法、文本分析法，针对巩固知识与应用知识的现状进行调查分析，研究课堂练习对知识巩固与应用的设计、课堂练习对知识巩固与运用之间的关系、课堂练习对知识巩固与应用上的效果。针对以上研究结果，笔者提出相关建议，旨在让教师关注到课堂练习对知识的巩固与运用，并且重视巩固知识与运用知识环节，提高教学效率与效果，促进学生对新知识的巩固与应用，为教师设计课堂练习提供理论依据，引起教师、家长以及社会各界重视家庭作业对知识的巩固与应用功能。

（二）本研究的不足

本研究参考了大量的相关文献，制定了问卷并对调查结果进行了统计和分析，但由于笔者的研究水平有限，加之时间紧迫，本研究仍然存在诸多的不足之处，主要表现为：

第一，调查对象数量或次数少，总共是 190 人，其中有 40 位教师和 150 位学生。观察课堂的次数较少，只有两次。

第二，教师问卷的效度只有 0.618，效度不够高，只是及格水平，说明教师问卷设计有待增强；造成效度不高的另一个重要原因是填写调查问卷教师在性别、教龄、职称等方面的显著性差异，特别是教龄。大部分受访教师为实习期教师，他们刚出校门，对知识巩固与应用的理论认识多，实践操作少，缺乏将先进理念落实到教学实践中的经验和能力。

第三，针对课堂练习的巩固知识与运用知识关系的研究还不够深入，本研究只是对课堂练习关于知识巩固与应用现状进行了调查，对于巩固知识与应用知识的关系方面的调查还有待加深。本研究也没有涉及学生习题正确率为 50%~70% 的原因及其改进措施，仅从知识巩固与应用现状的角度进行分析，深度不够。

第四，本研究表明，合计 40% 多的学生没有在规定的时间内完成课堂练习。那么这是能力问题还是时间不够的问题？受制于研究主题，本研究并不探究学生是否掌握了这些新知识。无论如何，学生是否掌握了新知识是学生完成相应练习题的前提，这个问题不应该被忽略。

第五，受访的教师 82.5% 都是教龄在一年以下的见习教师，不足以普及所有教师，调查对象中的资深教师很少，这也是本研究的不足之处。

第六，没有对学生进行访谈，没有按照预期观察教师的教案。

附　录

A. 课堂练习对知识巩固与应用现状的调查问卷（学生卷）

亲爱的同学：

　　您好！感谢您在百忙之中填写这份调查问卷，问卷所有内容仅作为笔者论文《课堂练习对知识的巩固与应用的现状研究——以小学数学教学为例》研究之用，问卷完全是匿名形式，答案没有对错，不会花费您太多时间，衷心感谢您的支持与配合！

说明：

本研究中的问卷都是基于新授课的基础上开展的。

新授课是指本节课是教师传授学生尚未学习过的新知识的课堂。

（一）基本信息

1. 你的性别是（　　）

A. 男　　　　　　B. 女

2. 你的数学成绩在班级中是（　　　）

A. 优秀　　　　B. 良好　　　　C. 及格　　　　D. 不及格

3. 你的年级是（　　　）

A. 一年级　　　B. 二年级　　　C. 三年级　　　D. 四年级

E. 五年级　　　F. 六年级

4. 你的民族是（　　　）

A. 汉族　　　　B. 少数民族

（二）课堂练习对知识的巩固与应用的现状

1. 数学老师上完新课后，让你们做基础的基础巩固题，你可以在老师规定的时间内完成（　　　）

A. 非常同意　　B. 同意　　　　C. 不确定　　　D. 不同意

E. 非常不同意

2. 数学老师上完新课后，让你们做较难的应用题目，你可以在老师规定的时间内完成（　　　）

A. 非常同意　　　B. 同意　　　　　C. 不确定　　　　D. 不同意

E. 非常不同意

3. 数学新授课上的简单练习题数量很多（　　　）

A. 非常同意　　　B. 同意　　　　　C. 不确定　　　　D. 不同意

E. 非常不同意

4. 数学新授课上的提升应用题数量很多（　　　）

A. 非常同意　　　B. 同意　　　　　C. 不确定　　　　D. 不同意

E. 非常不同意

5. 你对数学老师布置家庭作业的基础巩固题数量感到满意（　　　）

A. 非常同意　　　B. 同意　　　　　C. 不确定　　　　D. 不同意

E. 非常不同意

6. 你对数学老师布置家庭作业的提升应用题数量感到满意（　　　）

A. 非常同意　　　B. 同意　　　　　C. 不确定　　　　D. 不同意

E. 非常不同意

7. 做了教师课堂上布置的基础巩固题后，数学老师对你做完的练习题的口头评价，让你感到满意（　　　）

A. 非常同意　　　B. 同意　　　　　C. 不确定　　　　D. 不同意

E. 非常不同意

8. 做了教师课堂上布置的提升应用题后，数学老师对你做完的练习题的口头评价，让你感到满意（　　　）

A. 非常同意　　　B. 同意　　　　　C. 不确定　　　　D. 不同意

E. 非常不同意

9. 数学老师上完新课之后会经常按照先易后难的顺序讲解课堂练习（　　　）

A. 非常同意　　　B. 同意　　　　　C. 不确定　　　　D. 不同意

E. 非常不同意

10. 数学老师上完新课之后会布置基础巩固题（　　　）

A. 非常同意　　　B. 同意　　　　　C. 不确定　　　　D. 不同意

E. 非常不同意

11. 数学老师上完新课后之会布置提升应用题（　　　）

A. 非常同意　　　B. 同意　　　　　C. 不确定　　　　D. 不同意

E. 非常不同意

12. 数学新授课上的基础巩固题很难（　　　）

A. 非常同意　　　B. 同意　　　　　C. 不确定　　　　D. 不同意

E. 非常不同意

13. 数学新授课上的提升应用题很难（　　　）

A. 非常同意　　　B. 同意　　　　　C. 不确定　　　　D. 不同意

E. 非常不同意

14. 在数学新授课中，数学老师出的简单练习题你大部分能计算出来（　　　）

A. 非常同意　　　B. 同意　　　　　C. 不确定　　　　D. 不同意

E. 非常不同意

15. 做了教师课堂上布置的基础巩固题后，前面没有听懂的地方你也懂了（　　　）

A. 非常同意　　　B. 同意　　　　　C. 不确定　　　　D. 不同意

E. 非常不同意

16. 数学老师布置你们做基础巩固题的家庭作业，你能做得出（　　　）

A. 非常同意　　　B. 同意　　　　　C. 不确定　　　　D. 不同意

E. 非常不同意

17. 在数学新授课中，数学老师出的提升应用题你大部分能计算出来（　　　）

A. 非常同意　　　B. 同意　　　　　C. 不确定　　　　D. 不同意

E. 非常不同意

18. 做了教师课堂上布置的提升应用题后，前面没有听懂的地方你也懂了（　　　）

A. 非常同意　　　B. 同意　　　　　C. 不确定　　　　D. 不同意

E. 非常不同意

19. 数学老师布置你们做提升应用题的家庭作业，你能做得出（　　　）

A. 非常同意　　　B. 同意　　　　　C. 不确定　　　　D. 不同意

E. 非常不同

B. 课堂练习对知识巩固与应用现状的调查问卷（教师卷）

亲爱的老师：

　　您好！感谢您在百忙之中填写这份调查问卷，问卷所有内容仅作为笔者论文《课堂练习对知识的巩固与应用的现状研究——以小学数学教学为例》研究之用，问卷完全是匿名形式，答案没有对错，不会花费您太多时间，衷心感谢您的支持与配合！

说明：

本研究中的问卷都是基于新授课的基础上开展的。

新授课是指本节课是教师传授学生尚未学习过的新知识的课堂。

（一）基本信息

1. 您的性别是

A. 男　　　　　　　　B. 女

2. 您所在的学校是（　　　）

A. 城市小学　　　　B. 城市初中　　　　C. 乡镇小学　　　　D. 乡镇初中

E. 农村小学　　　　F. 农村初中

3. 您所教的年级是（　　　）

A. 一年级　　　　　B. 二年级　　　　　C. 三年级　　　　　D. 四年级

E. 五年级　　　　　F. 六年级

4. 您的学历是（　　　）

A. 数学教育本科　　　　　　　　B. 数学教育专科

C. 非师范数学教育本科　　　　　D. 非师范数学教育专科

E. 其他

5. 您的职称是（　　　）

A. 见习教师　　　　B. 三级教师　　　　C. 二级教师　　　　D. 一级教师

E. 高级教师　　　　F. 正高级教师

6. 您的数学教龄是（　　　）

A. 0~1 年　　　　　B. 2~5 年　　　　　C. 6~10 年　　　　　D. 11~20 年

E. 20 年以上

7. 您是否学习过与教学相关的理论或知识（　　　）

A. 是　　　　　　　B. 否

（二）课堂练习对知识的巩固与应用的现状

1. 学生能在规定时间内完成课堂练习的基础巩固型练习（　　　）

A. 非常同意　　　　B. 同意　　　　　　C. 不确定　　　　　D. 不同意

E. 非常不同意

2. 学生能在规定时间内完成课堂练习的提升应用型练习（　　　）

A. 非常同意　　　　B. 同意　　　　C. 不确定　　　　D. 不同意

E. 非常不同意

3. 讲完新内容后，您经常设计少量且针对新内容的基础型课堂练习（　　）

A. 非常同意　　　　B. 同意　　　　C. 不确定　　　　D. 不同意

E. 非常不同意

4. 讲完新内容后，您经常设计少量且针对新内容的提升应用型的课堂练习
（　　）

A. 非常同意　　　　B. 同意　　　　C. 不确定　　　　D. 不同意

E. 非常不同意

5. 讲完新内容后，您会让学生只做基础巩固型练习，而不做提升应用型练习（　　）

A. 非常同意　　　　B. 同意　　　　C. 不确定　　　　D. 不同意

E. 非常不同意

6. 讲完新内容后，您经常让学生先做基础巩固型练习，而后做提升应用型练习（　　）

A. 非常同意　　　　B. 同意　　　　C. 不确定　　　　D. 不同意

E. 非常不同意

7. 讲完新内容后，您经常布置基础型练习，巩固学生所学的知识（　　）

A. 非常同意　　　　B. 同意　　　　C. 不确定　　　　D. 不同意

E. 非常不同意

8. 讲完新内容后，您经常布置简单易懂的提升型练习，巩固学生所学知识
（　　）

A. 非常同意　　　　B. 同意　　　　C. 不确定　　　　D. 不同意

E. 非常不同意

9. 讲完新内容后，您经常布置难度较高的提升型练习，培养学生的能力
（　　）

A. 非常同意　　　　B. 同意　　　　C. 不确定　　　　D. 不同意

E. 非常不同意

10. 您经常将基础题进行改编，延伸为提升应用型练习，使巩固知识过渡到应用知识（　　）

A. 非常同意　　　　B. 同意　　　　C. 不确定　　　　D. 不同意

E. 非常不同意

11. 讲完新内容后，您会在家庭作业中布置相应的基础巩固题检验学生结果
（　　）

　　A. 非常同意　　　　B. 同意　　　　C. 不确定　　　　D. 不同意
　　E. 非常不同意

12. 您对学生的家庭作业的基础巩固练习的正确率感到满意（　　）

　　A. 非常同意　　　　B. 同意　　　　C. 不确定　　　　D. 不同意
　　E. 非常不同意

13. 关于基础巩固型练习，学生家庭作业的完成情况比课堂练习的完成情况
要好（　　）

　　A. 非常同意　　　　B. 同意　　　　C. 不确定　　　　D. 不同意
　　E. 非常不同意

14. 讲完新内容后，您会在家庭作业中布置相应的较难的应用题以检验学生
结果（　　）

　　A. 非常同意　　　　B. 同意　　　　C. 不确定　　　　D. 不同意
　　E. 非常不同意

15. 您对学生家庭作业的提升应用练习的正确率感到满意（　　）

　　A. 非常同意　　　　B. 同意　　　　C. 不确定　　　　D. 不同意
　　E. 非常不同意

16. 关于提升应用型练习，学生家庭作业的完成情况比课堂练习的完成情况
要好（　　）

　　A. 非常同意　　　　B. 同意　　　　C. 不确定　　　　D. 不同意
　　E. 非常不同意

C. 教师访谈提纲

1. 您会根据学生的练习效果，在下一次课堂上调整课堂练习吗？如果有，
您是如何调整的？

2. 您的新授课堂上存在课堂练习效果不好的情况吗？如果有，您认为效果
不好的原因是什么？您是如何解决的？

3. 您有对课堂练习中的基础巩固型练习和提升应用型练习进行过分类设
计吗？

4. 为实现新授课上巩固与应用知识，您分别采用哪种形式来设计基础巩固

型练习与提升应用型练习？

5. 您如何看待基础巩固型练习与提升应用型练习两者之间的关系？

6. 您认为应该如何处理基础巩固型练习与提升应用型练习之间的关系？

D. 观察表

1. 观察时间：

2. 观察地点：

3. 观察班级：

观察表

结构	观察的具体内容	记录
课堂	1. 课堂练习的总时长	
	2. 课堂练习生成的新问题	
观察教师	观察教师教案	
	基础巩固型练习	1. 数量：少量、适中、大量 2. 练习手段：口述、文字、图片 3. 评价主体：学生自评、学生相互、教师评价 4. 教师反馈：对学生练习结果有无反应和调整
	提升应用型练习	1. 数量：少量、适中、大量 2. 练习手段：口述、文字、图片 3. 评价主体：学生自评、学生相互、教师评价 4. 教师反馈：对学生练习结果的有无反应和调整
观察学生	基础巩固型练习	1. 练习题型：选择题、判断题、填空题、计算题 2. 学生练习方式：口头、书面、动手操作 3. 练习时间：5~7分钟 4. 练习结果：正确率，30%、50%、80%、100% 5. 练习反馈：再次强化练习正确率，30%、50%、80%、100%
	提升应用型练习	1. 提升应用型练习类型：计算题、应用题 2. 学生练习方式：口头、书面、动手操作 3. 练习时间：8~10分钟 4. 练习结果：正确率30%、50%、80%、100% 5. 练习反馈：再次强化练习正确率，30%、50%、80%、100%

结构	观察的具体内容	记录
基础巩固型练习与提升应用型练习之间的关系	观察教师关于两种课堂练习的板书及其关系	（1）课堂练习对于知识的巩固与应用之间的顺序错误 ①先应用后巩固 ②未巩固就应用 ③已巩固未应用 （2）巩固知识与应用知识之间相互影响，系统性不强 ①基础巩固型练习的基础性不强，造成应用困难 ②提升应用型练习过于简单，未能达到应用知识的目的 （3）两者目标混淆 ①基础巩固型练习的目标变为了应用知识，基础巩固型练习难度过高，不能达到巩固目的 ②提升应用型练习的目标变为巩固知识，提升应用型练习难度过低，不能达到应用目的 ③基础巩固型练习的目标变为了应用知识，且提升应用型练习的目标变为巩固知识 （4）课堂练习失去巩固与应用知识的功能 ①基础巩固型题目与上课内容不相符合 ②提升应用型题目与上课内容不相符合 ③两者都不符合 （5）两者之间的衔接不够自然
课堂练习的效果	基础巩固题和提升应用题	1. 观察学生课堂基础巩固题的结果 2. 观察学生应用题练习结果 3. 观察学生于教师讲解后再次练习相似内容的结果 4. 观察学生课后练习的结果

E. 访谈记录

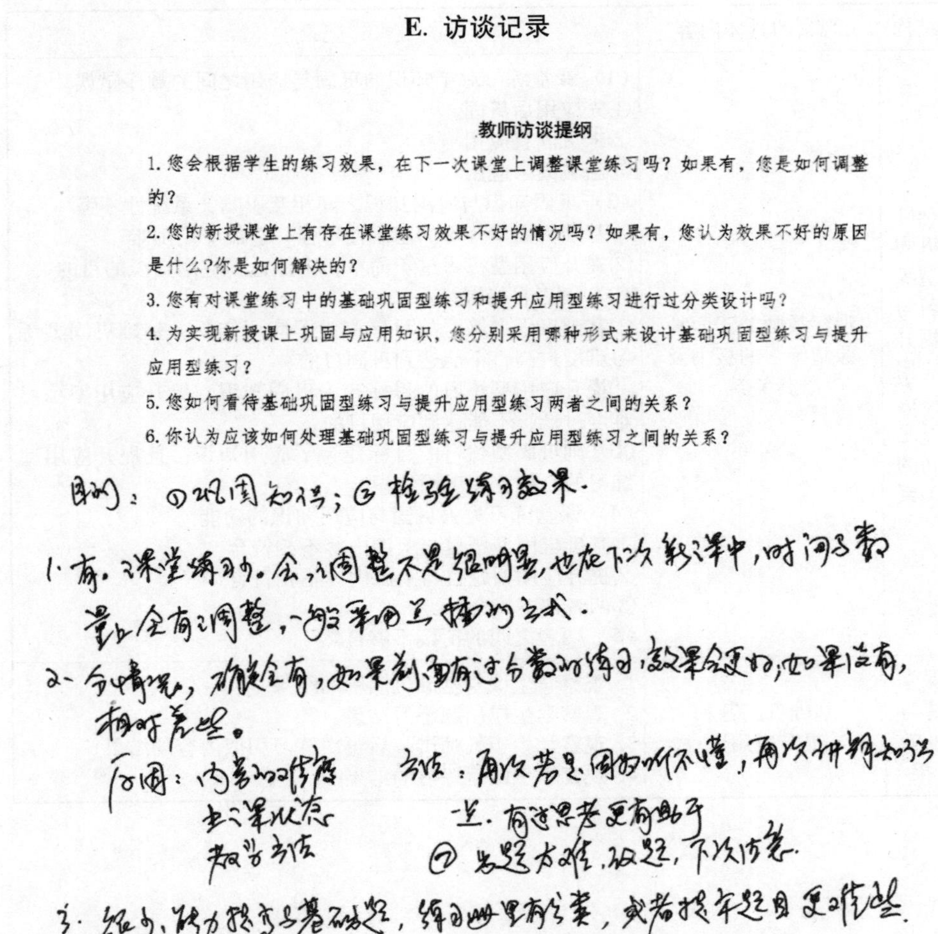

教师访谈提纲

1.您会根据学生的练习效果,在下一次课堂上调整课堂练习吗?如果有,您是如何调整的?

2.您的新授课堂上有存在课堂练习效果不好的情况吗?如果有,您认为效果不好的原因是什么?你是如何解决的?

3.您有对课堂练习中的基础巩固型练习和提升应用型练习进行过分类设计吗?

4.为实现新授课上巩固与应用知识,您分别采用哪种形式来设计基础巩固练习与提升应用型练习?

5.您如何看待基础巩固型练习与提升应用型练习两者之间的关系?

6.你认为应该如何处理基础巩固型练习与提升应用型练习之间的关系?

[手写内容]

目的: ①巩固知识; ② 检验练习效果.

1.有, 课堂练习. 会, 调整不是强调量, 也在下次教学中, 时间多数量会有调整, 一般采用多讲的方式.

2.个别说, 有些会有, 如果涉及有过多数动练习, 数果会反映, 如果没有, 相对差些.

原因: 内容的难度 学生课状态 教学方法

方法: 再次若是因为听不懂, 再次讲解加以巩固. 一些, 有兴趣点更有点子 ② 先提为难. 没过, 下次仿做.

3.很少, 能力较高多基础些, 练习那里有含美, 或者找本题目更难些.

4.或者个别辅导, 动手操作多, 但图形简单为会有, 笔算多.

5.相辅相成, 有先后顺序, 先巩固后应用, 从多方交流课课有关基础②. 巩固后有水反应用.

6.①先易后难 ② 没掌握, 加以强化训练度.

图 1　摄于 2021 年 5 月 20 日的 Y 教师访谈记录

教师访谈问卷

练习目的是什么

1. 您会根据学生的练习效果，在下一次课堂上调整课堂练习吗？如果有，您是如何调整的

2. 您的新授课堂上有存在课堂练习效果不好的情况吗？如果有，您认为效果不好的原因是什么？你是如何解决的？

3. 您有对课堂练习中的基础巩固型练习和提升应用型练习进行过分类设计吗？

4. 为实现新授课上巩固与应用知识，你分别采用哪种形式来设计基础巩固型练习与提升应用型练习？

5. 你是如何看待基础巩固型练习与提升应用型练习两者之间的关系

A老师 6. 你认为应该如何处理基础巩固型练习与提升应用型练习两者之间的关系？

∵对象是新授课

目的主要是巩固知识

1. 看情况，根据作业的掌握情况，判断是否下节课有必要，再次复习或者点拨下.

首先总结作业完成情况

2. 存在过。
原因：①预习工作不到位、②内容过难 ③学生不喜欢的练习形式或者不适宜学生
比如：图文题根据口头讲述而无实物分享

解决：①课前预习或者备课
②新课上从基础开始，循序渐进，由浅入深，由易到难的练习
③采用多媒体的丰富多样。

3. 基础题一般都是来自教材
提升题来自教辅书等。自己课前设计较少，基本上无

4. 一般来说，练习 ⟨ 基础题用口头
提升题多用书面书写的形式.

5. 顺序很重要，要先易后难，增强学生自信心，才能实现知识巩固的应用。
只有在实现前者的情况下才能实现提升应用.

6. ⟨ 课前复习是由上次的练习反馈，根据学生的学习差异成绩来布置基础题与提升一进行复习
课上：反馈 课上，新授课后练习，根据课上学生练习完成练习情况，增加基础难度或者提升题的难度

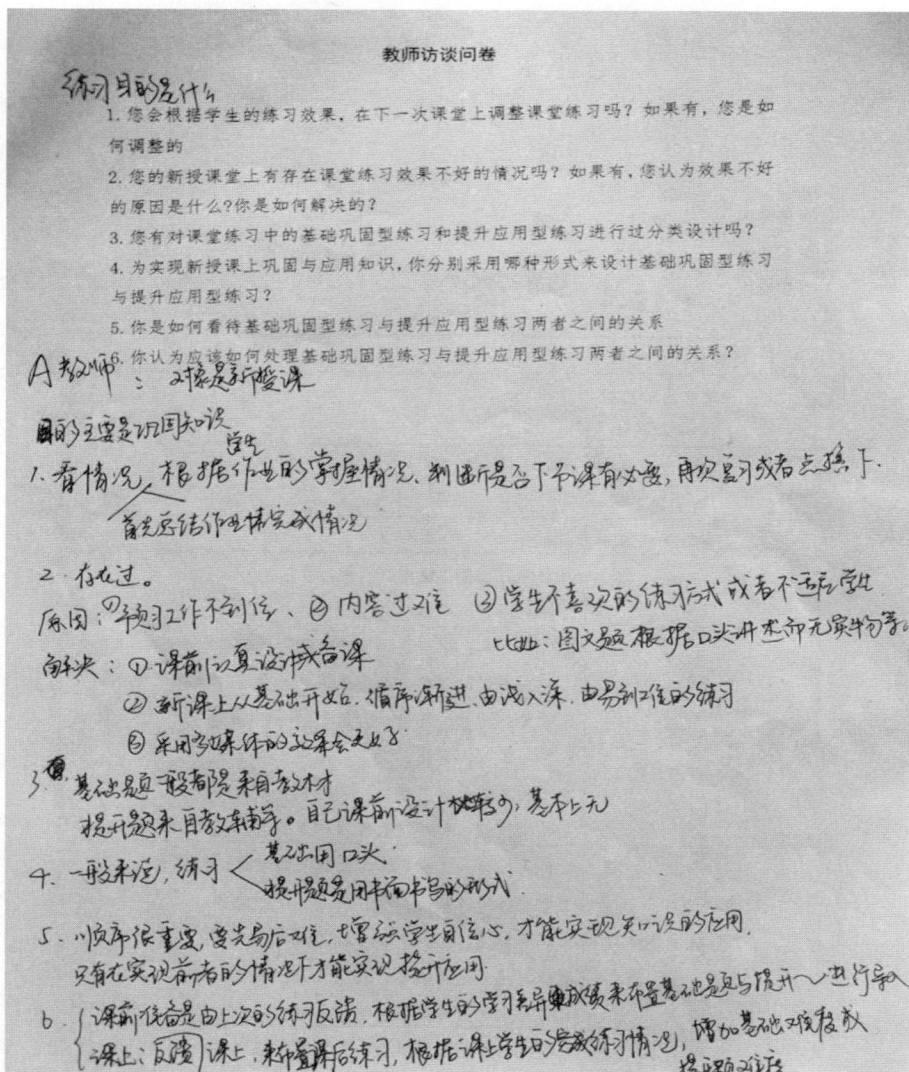

图 2 摄于 2021 年 5 月 19 日的 T 教师访谈记录

（由于前面笔者按照访谈顺序来命名教师，因此将 T 教师记录为 A 教师，此处说明 A 教师就是 T 教师）

F. 观察记录

观察表

1. 观察时间：9:23.
2. 观察地点：五(1)2班
3. 观察班级：数学复习课. 百数以0.减法. 同分母分数相加减

观察表

结构	观察的具体内容	记录
课堂	1. 课堂练习的总时长	8
	2. 课堂练习生成的新问题	无
观察教师 Y老师	观察教师教案	无
	基础巩固型练习	1. 数量：少量、适中、大量 2. 练习手段：口述、文字✓、图片 3. 评价主体：✓学生自评、学生相互、教师评价 4. 教师反馈：对学生练习结果有无反应和调整
	提升应用型练习	1. 数量✓：少量、适中、大量　口手没有 2. 练习手段：口述、✓文字、图片 3. 评价主体：学生自评、学生相互、✓教师评价 4. 教师反馈：针对学生练习结果的有无反应和调整
观察学生	基础巩固型练习	1. 练习题型：选择题、判断题✓、填空题、✓计算题 2. 学生练习方式：口头、书面、动手操作 3. 练习时间：5分钟-7分钟7分钟 4. 练习结果：正确率，30%、✓50%、80%、100% 5. 练习反馈：再次强化练习正确率，30%、50%、80%、100%
	提升应用型练习	1. 提升应用型练习类型：计算题✓、应用题 2. 学生练习方式：口头、书面、动手操作 3. 练习时间：8-10分钟　无 4. 练习结果：正确率　30%、50%、80%、100% 5. 练习反馈：再次强化练习正确率，30%、50%、80%、100%
基础巩固型练	观察教师关于两种课堂练习的板书及其关系	（1）课堂练习对于知识的巩固与应用之间的顺序错误 ①先应用后巩固 ②未巩固就应用

图3　摄于2021年5月19日的课堂观察表Y教师

Y教师

习与提升应用型练习之间的关系	*[手写内容]* 爸：我吃3块 妈：吃1块 爸 多块 妈 多块 多+多=多 ⊕ 饼分4份,每份多. 1份拿走2份,还有吗？ 1-2=多份 =多份	③已巩固未应用 √ （2）巩固知识与应用知识之间相互影响，系统性不强 ①基础巩固型练习的基础性不强，造成应用困难 ②提升应用型练习过于简单，未能达到应用知识的目的 无 （3）两者目标混淆 ①基础巩固型练习的目标变为了应用知识，基础巩固型练习难度过高，不能达到巩固目的 ②提升应用型练习的目标变为巩固知识，提升应用型练习难度过低，不能达到应用目的 无 ③基础巩固型练习的目标变为了应用知识，且提升应用型练习的目标变为巩固知识 （4）课堂练习失去巩固与应用知识的功能 ①基础巩固型题目与上课内容不相符合 ②提升应用型题目与上课内容不相符合 无 ③两者都不符合 （5）两者之间的衔接不够自然 无提升应用题
课堂练习的效果	基础巩固题和提升应用题	1.观察学生课堂基础巩固题的结果 5% 2.观察学生应用题练习结果 无 3.观察学生于教师讲解后再次练习相似内容的结果 80% 4.观察学生课后练习的结果 80%

图 4　摄于 2021 年 5 月 19 日的课堂观察表 Y 教师

观察表

观察内容-数学新授课
1. 观察时间：5月9日上午第3节课
2. 观察地点：某某学校上数学课
3. 观察班级：

记录　同分母分数相加减

结构	观察的具体内容	记录
课堂	1. 课堂练习总时长	2+20分钟中 = 22分钟
	2. 课堂上关于练习发现的新问题	
观察教师	观察教师教案	无结果
10:58-11:05　做一做2（教材）	基础巩固型练习	1. 数量：少量、适中、大量　2道 2. 练习手段：口述、文字、图片　先图片后文字 3. 评价主体：学生自评、学生相互、教师评价 4. 教师反馈：针对学生练习结果无反应、针对练习结果进行调整练习方式
① 假分数2加减 ② 约分一最简分数	提升应用型练习	1. 数量：少量、适中、大量　2道 2. 练习手段：口述、文字、图片 3. 评价主体：学生自评、学生相互、教师评价 4. 教师反馈：针对学生练习结果无反应、针对练习结果进行调整练习方式
观察学生	基础巩固型练习	1. 练习题型：选择题、判断题、填空题、计算题 2. 学生练习方式：口头、书面、动手操作 3. 练习时间：5~7分钟 4. 练习结果：正确率 30%、50%、80%、100% 5. 练习反馈：再次强化练习正确率 30%、50%、80%、100%
讲解年：11:08-11:15		
讲解年：11:14-11:20　最	提升应用型练习	1. 提升应用型练习类型：计算题、应用题 2. 学生练习方式：口头、书面、动手操作 3. 练习时间：8~10分钟 4. 练习结果：正确率 30%、50%、80%、100% 5. 练习反馈：再次强化练习正确率　无再次 30%、50%、80%、100%

图 5　摄于 2021 年 5 月 19 日的 T 教师课堂观察表

基础巩固型练习与提升应用型练习之间的关系	观察教师关于两种课堂练习的板书及其关系	（1）课堂练习对于知识的巩固与应用之间的顺序错误 ①先应用后巩固 ②未巩固就应用　**无** ） ③已巩固未应用 （2）巩固知识与应用知识之间相互影响，系统性不强 ①基础巩固型练习的基础性不强，造成应用困难 ②提升应用型练习过于简单，未能达到应用知识的目的 （3）两者目标混淆　难度过高应用题 ①基础巩固型练习其目标变为了应用知识，基础巩固型练习难度过高，不能达到巩固目的 **无** ②提升应用型练习其目标变为巩固知识，提升应用型练习难度过低，不能达到应用目的 ③基础巩固型练习其目标变为了应用知识且提升应用型练习其目标变为巩固知识 （4）课堂练习对于知识的巩固与应用之间的错误巩固或应用　家庭作业难度还存在不对应 ①基础巩固型题与上课内容不相符合　✗ ②提升应用型题与上课内容不相符合　✗ ③两者都不符合　✗ （5）两者之间的衔接不够自然　✓
基础: 板书后总结再练习 做一做 见图内 提升题: ① 填入不同的数组最简真分数 $\frac{(\ )}{24} + \frac{(\ )}{24} + \frac{(\ )}{24} = \frac{(\ )}{24}$ 2: ① 再加入一个条件,不同的质数 $\frac{(\ )}{15} + \frac{(\ )}{15} + \frac{(\ )}{15} = \frac{22}{15}$		
课堂练习的效果	1. 观察学生课堂简单题的结果 2. 观察学生应用题练习结果 3. 观察学生于教师讲解后再次练习相似内容的结果 4. 观察学生课后练习的结果	正确率：50% 左右　〈做一做〉未自务2桥 正确率：20% 左右　学生听不懂 正确率：80% 不对应家庭作业、85%

图6　摄于 2021 年 5 月 19 日的课堂观察表

G. 学生家庭作业

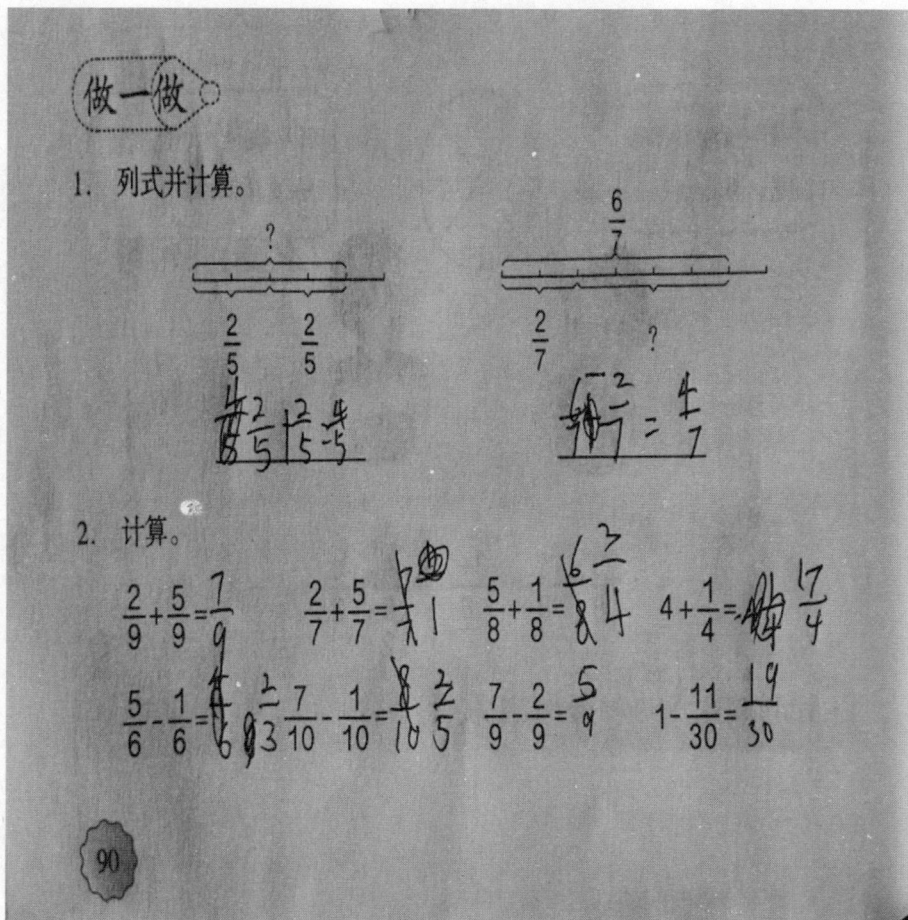

做一做

1. 列式并计算。

2. 计算。

$$\frac{2}{9}+\frac{5}{9}=\frac{7}{9} \qquad \frac{2}{7}+\frac{5}{7}=1 \qquad \frac{5}{8}+\frac{1}{8}=\frac{3}{4} \qquad 4+\frac{1}{4}=\frac{17}{4}$$

$$\frac{5}{6}-\frac{1}{6}=\frac{2}{3} \qquad \frac{7}{10}-\frac{1}{10}=\frac{2}{5} \qquad \frac{7}{9}-\frac{2}{9}=\frac{5}{9} \qquad 1-\frac{11}{30}=\frac{19}{30}$$

图 7   拍摄于 5 月 19 日的课堂练习作业

整理和复习　　　⏰ 时间：30分钟

基础训练

我会填空。

1. 把 2 m 长的绳子平均分成 8 份，3 份是这根绳子的（$\frac{3}{8}$），3 份长（0.75／$\frac{3}{4}$）m。

2. 3÷8＝（$\frac{39}{24}$）＝$\frac{15}{}$＝（0.375）（填小数）

3. 18 和 36 的最小公倍数是（36）。

4. 330 dm³＝（330）m³　64 L＝（6400）mL＝（640000 cm³）

5. 有 $\frac{9}{10}$ 吨煤，每次运 $\frac{1}{10}$ 吨，（9）次才能运完。

6. 把 $\frac{5}{12}$ 的分子增加 10，要使分数大小不变，分母应（扩大 3 倍）。

我会填表。

分数	$\frac{11}{20}$	$\frac{9}{10}$	$\frac{1}{8}$	$\frac{16}{25}$	$\frac{9}{5}$	$\frac{3}{8}$	$\frac{21}{25}$	$\frac{51}{50}$
小数	0.55	0.9	0.125	0.64	1.8	0.375	0.84	1.02

提高训练

我会求下列各数的最大公因数和最小公倍数。

1. 26 和 39　　　　　2. 20 和 35　　　　　3. 21 和 126

13）26 39　　　　5）20 35　　　　7）21 126
　　2　3　　　　　　4　7　　　　　　3）3　18
　　　　　　　　　　　　　　　　　　　　1　6

26 和 39 的最大公因数是（13），20 和 35 的最大公因数是（5），21 和 126 的最大公因数是（21）。
26 和 39 的最小公倍数是（13×2×3＝78），20 和 35 的最小公倍数是（5×4×7＝140），21 和 126 的最小公倍数是（126）。

我会解决问题。

1. 把下面两种纸条分别剪成同样长的小纸条（每条的长度为整数厘米），并且没有剩余。每小段可能是多长？每小段纸条最长是多少厘米？

　A 纸条：18 厘米
　B 纸条：12 厘米

2）18　12
3）9　6　　　18 和 12 的最大公因数是（2×3＝6）厘米（cm）
　　3　2　　　18 和 12 的公因数有（2 3 6）

答：可能长是 1、3、6，最长是 6 cm。

⑮

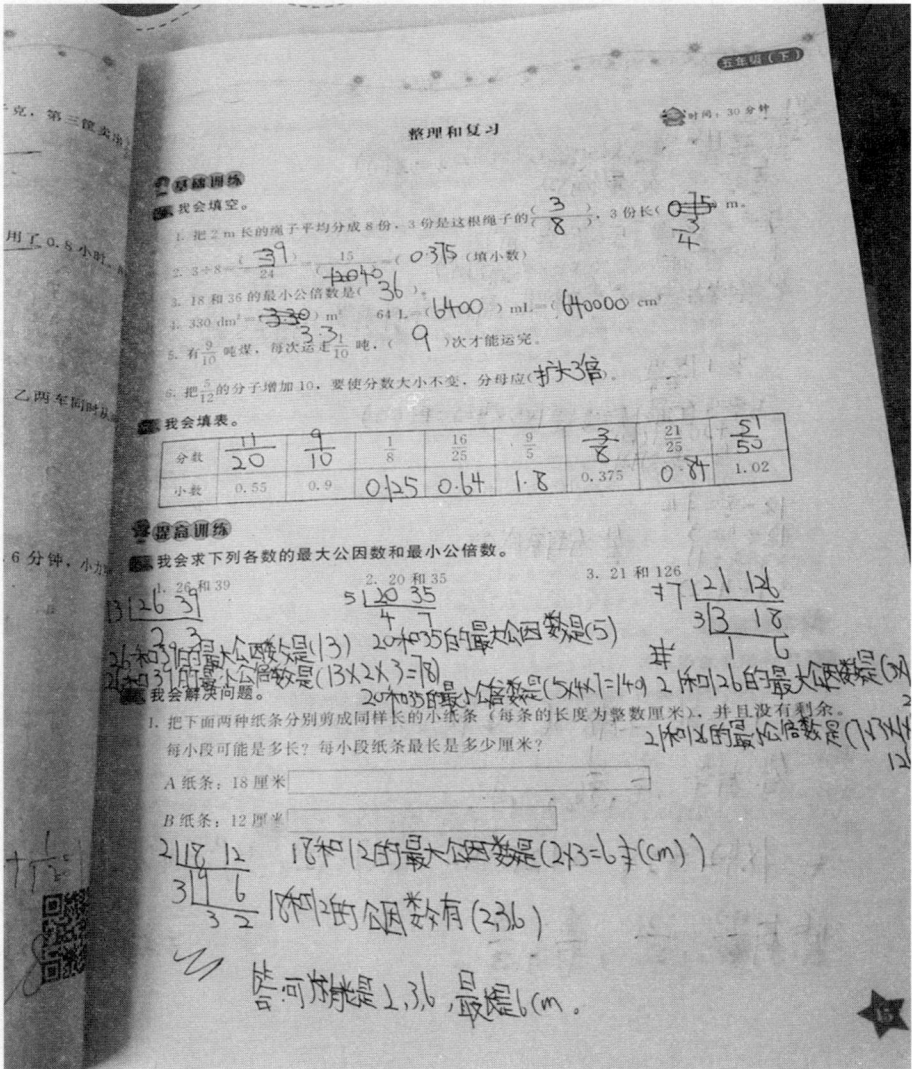

图 8　拍摄于 2021 年 5 月 20 日的家庭作业

109

提升大闯关

2. 六一儿童节幼儿园买来 64 个苹果、160 块巧克力，分别平均分给大班的小朋友，全部分完，这个班最多有多少人？

264÷160
2│32 6│0
2│16 40
2│8 20
2│4 10
2 5

64和160的最大公因数是(2×2×2×2×2=3×x()
答：最多有32人。

3. 一个 5 平方米的花坛有 7 种花，每种花平均占地多少平方米？10 种呢？

5÷7＝5/7(m²)
5÷10＝1/2(m²)
答7种花，每种占5/7；10种花，每种占1/2

4. 王梅每隔 5 天去一次图书馆，刘文每隔 4 天去一次图书馆，5 月 1 日她们同时去，她们下一次同时去是几月几日？

5和4的最小公倍数是(1×5×4=20日(天))
1+20=21(日)
答：是5月21日。

5. 12/33 的分子减去 8，要使分数的大小不变，分母应该减去多少？

12－8＝4
12÷4＝3
33÷3＝11
33－11＝22

答：分母要减22。

拓展训练

五、我会综合应用。

1. 一个真分数的分子和分母的乘积是 36，符合条件的真分数有哪些？

4×9=36 2×18=36 1×36=36 3×12=36
答：有4/9，2/18，1/36，3/12。

2. 一个假分数的分子和分母的积是 42，符合条件的假分数有哪些？

1×42=42 2×21=42 6×7=42 3×14=42
答：有42/1，21/2，7/6，14/3。

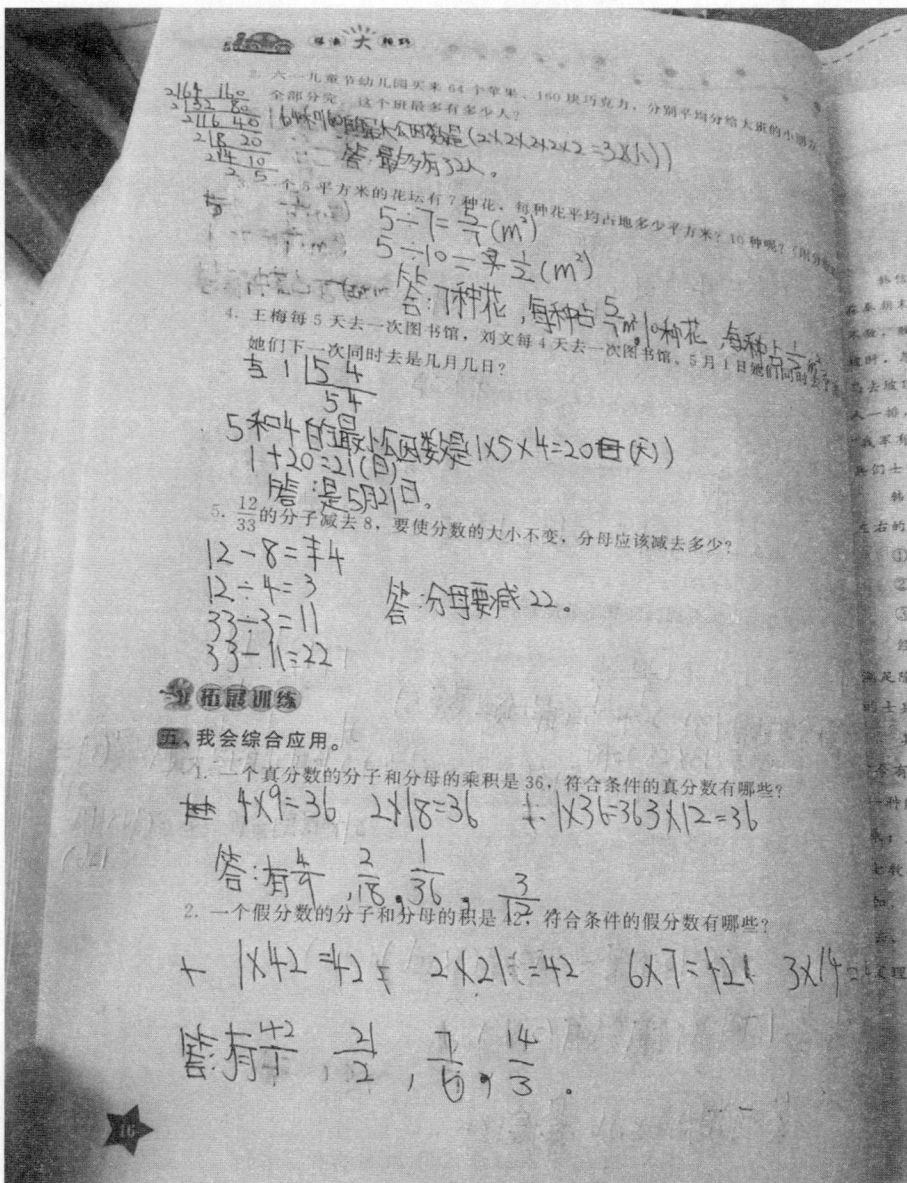

图 9 拍摄于 5 月 20 日的家庭作业

第三章

小学生数学作业与教学内容的一致性研究

——以怀化市两所小学为例

一、引言

（一）问题缘起

数学作业是学生获取、巩固、应用知识的一种有效手段，也是影响学生成绩的一个重要因素。因为数学作业越来越受到教师和学生家长的重视，所以大部分学生家长不再只满足现有的、与数学教材配套的、教育部门统一的数学作业，他们开始在数学作业市场购买他们自己所需要的数学作业辅助材料（以下简称购买的数学作业），并且购买的数学作业大都是教师推荐的。所以在小学，教师推荐、家长自己购买数学作业已经发展成了一个普遍现象。同时，由于小学数学作业市场的多样性，严重影响到学生们购买时的判断力，家长购买的数学作业与教学内容往往会存在着误差。笔者认为研究近年来关于教师推荐，然后由家长自己购买的数学作业与教学内容是否具有一致性的问题是非常具有现实意义的。

教育部的《中小学国家课程教材审定》明确规定："内容设计具有整体性和逻辑性，风格统一。内容安排详略得当，结构合理，相互照应，没有不必要的重复与交叉。注意学科内部单元之间、册次之间、学段之间的衔接，以及学科之间的联系。"那么，教师推荐，然后由家长购买的数学作业与教学内容具有一致性吗？准确回答这个问题对于帮助学生选取数学作业，提高学生数学成绩有着重要的意义。但是，当下多数研究者对于"小学数学作业"这一概念，只是笼统的归为数学教材的配套资料，并没有对教师推荐，然后由家长购买的数学作业进行系统、全面的研究。所以针对"教师推荐，然后由学生自己购买的数学作业与教学内容一致性"的研究文献较少，提出来的解决策略也并不能完全地适用于现状。

针对当前研究问题与现状，本研究提出了"小学生数学作业与教学内容具有一致性"的假设，采用调查法和观察法，从三个方面对该假设进行验证：其一，购买的数学作业与教材内容是否一致；其二，教学内容和教师布置的数学作业内容是否一致；其三，教师是否在课堂上讲解布置的数学作业。

（二）概念界定

1. 小学生数学作业

简称家庭作业或课后作业，是为了帮助学生更好地消化与吸收课堂知识内容，增强小学数学教学效果，帮助教师了解学生数学知识掌握情况的有效手段。[①] 本文所研究的小学数学作业是教师推荐的、然后由家长购买的数学作业，简称购买的数学作业。

2. 教学内容

教学内容是学校给学生传授的知识、技能，发展的智力、能力，灌输的思想、观点，培养的行为、习惯等的总和，也叫课程，它解决教师教什么和学生学什么的问题。[②] 本研究所指的教学内容是教师讲授的新知识点方面的内容。

3. 一致性

对一致性的阐述早在传统的计算机软件开发行业方面的著作，Ben Shneiderman 在 2009 年所著的 *Designing the User Interface* 一书中就提到了：一致性主要是指应用程序中的通用操作序列、术语、组件、布局、颜色、排版样式等的统一。[③] 在本研究中，一致性是从三个方面来表示的：一致性是指购买的数学作业与教材内容的匹配、教学内容和教师布置的数学作业内容的匹配、教师在课堂讲解布置的数学作业与教学内容的匹配。

（三）文献综述

1. "小学数学"和"一致性"的"篇名"研究在文献数量上的变化趋势

2018 年 12 月 18 日，在中国知识资源总库中以"小学数学"和"一致性"为"篇名"进行搜索，总共搜索到 115 篇文献，其中近十年有 58 篇。图 3-1 是

---

① 李楠楠. 小学数学作业设计存在的问题及改进策略研究［D］. 辽宁：渤海大学，2017

② 邓淑青. 浅谈小学语文有效性课堂教学策略［N］. 发展导报，2019-04-16（019）.

③ 代婧，黄智宇. 手机 APP 用户体验设计中的一致性探究［J］. 设计，2018（7）.

近10年的文献变化趋势图。

年度文献数量

图 3-1　近 10 年"小学数学"和"一致性"的"篇名"
研究在文献数量上的变化趋势

在 55 篇关于"小学数学""一致性"的中文研究文献中,"小学数学作业评价与课程标准一致性的研究"有 11 篇。关于"小学生数学思维与兴趣培养的一致性"有 19 篇。"小学数学教师提问与学生回答认知之间的一致性研究"有 2 篇。"小学生数学学业水平测试与课程标准水平的一致性"的文献 11 篇。"小学数学教与学一致性的研究"有 1 篇。

2. 小学生数学作业与教学内容一致性研究

在学者关于"小学生数学作业与教学内容"的研究中,学者们普遍支持一个观点"小学生数学作业与教学内容的不一致性"。其中,学者李莎认为,数学学科是小学教育中的重中之重,为了提高学生的成绩,教师往往采取题海战术,布置大量的作业,但是教师很少关注这些大量的作业中是否符合自己的教学内容,是否适合现阶段的小学生,这使得学生并不能很好地了解到作业与上课内容之间的关系,也不能真正掌握所学知识与技能,多数学生只是为了完成任务。① 同样,学者王艳丽也认为,在传统的布置家庭作业的情况下,小学数学作业设计存在不能突出教育内容重难点的问题,教师作业的布置很容易进入为了写作业而写作业的误区,教师应该高度重视布置作业内容的质量,不能只是突出数量,教师重视作业布置的数量而不重视内容质量,会降低学生学习的积极

---

① 刘莎. 小学数学作业布置中存在的问题及对策［J］. 基础教育研究,2017（9）.

性及主动性，甚至会让学生厌恶数学学习。① 因此，学者们认为小学生数学作业与教学内容不一致；教师对于数学作业往往重视的是一个量和任务，并没有真正地去了解数学作业与教学内容之间的内在关系以及是否匹配，从而导致了数学作业与教学内容之间的脱节，使得数学作业没有发挥其真正的作用。

（四）文献述评

通过文献综述，可以发现，学者们认为小学数学作业与教学内容不一致，主要是因为教师重视对数学作业布置的"量"，"题海战术"等，没有考虑到数学作业与教学内容是否符合，没有关注数学作业的质量。同时在笔者看文献的过程中，学者对于"小学生数学作业"这一概念，没有进行细致的区分，如区分"培训班的作业""家长布置的作业""教师推荐，然后学生自己购买的作业"等这些概念。对于"教师推荐，然后由家长购买的数学作业与教学内容的一致性研究"更是少之又少。所以，在现今，研究"教师推荐，然后家长购买的数学作业与教学内容的一致性"是一个有待完善的研究领域。

二、研究设计与过程

（一）研究意义

本研究采用调查法和观察法了解小学生数学作业与教学内容一致性的情况，其一，可以帮助学生、教师和家长在面对种类繁多的数学作业市场时能进行合理选择，对数学作业市场进行筛选；其二，还可以帮助教师利用教材和数学作业更好地开展教学活动，提高学生的数学学习成绩。

（二）研究对象

1. 调查对象

本研究的调查对象是怀化市 B 小学六年级的学生和数学教师，A 小学六年级（一）（二）（五）班的部分学生和数学教师。

---

① 王艳丽. 优化小学数学作业的几点思考［J］. 中国校外教育，2016（6）：41.

B 小学六年级由三个班级组成。六年级（一）班有 56 名学生，其中男生 34 人，女生 22 人，数学任课教师为李老师。六年级（二）班共有 54 名学生，其中男生 30 人，女生 24 人，数学任课教师为滕老师。六年级（三）班共有 55 人，其中男生 34 人，女生 21 人，数学任课教师为胡老师。

A 小学六年级共有 11 个班，选取了其中的（一）（二）（五）班作为调查对象。六年级（一）班共有 60 名学生，其中男生 34 人，女生 26 人，数学任课教师为陈老师。六年级（二）班共有 57 名学生，男生 35 名，女生 22 名，数学任课教师为李老师。六年级（五）班共有 58 名学生，男生 30 名，女生 28 名，数学任课教师为赵老师。

2. 观察对象和观察课题

本研究的观察对象是 B 小学六年级（二）班，数学滕老师的课堂。滕老师是一名有两年工作经验的年轻女老师。

笔者共观察滕老师的四节课。其中两节是"用比例解决问题"的教材讲解课堂和数学作业讲解课堂。教材讲解课堂"用比例解决问题"是教材中第四章的第八部分内容，页数为 61~62 页；数学作业讲解课堂是数学作业中的第四章，第十一部分内容，页数为 34~35 页。另外两节是"数的认识 1"的教材讲解课堂和数学作业讲解课堂，"数的认识 1"是教材第六章第一部分内容，页数为 72~73 页；数学作业讲解课堂是数学作业中的第六章第一部分内容，页数在 39~40 页。笔者设计了课堂观察表（附件 B），据此观察与记录这四节课堂的知识点讲解时间、文本比重、难易程度，进行归纳总结。

（三）研究问题

本研究采用内容分析法、调查法和观察法对小学生数学作业与教学内容的一致性进行研究，了解小学生数学作业与教学内容的相关情况。本章拟重点研究以下问题：

1. 采用内容分析法研究数学作业与教材内容的一致性；
2. 采用调查法研究教学内容与教师布置的数学作业内容的一致性；
3. 采用调查法研究教师在课堂上讲解布置的数学作业与教学内容的一致性。

（四）研究假设

笔者根据研究的问题，提出以下几点假设：

1. 数学作业与教材内容一致；

2. 教学内容与教师布置的数学作业内容一致；

3. 教师会在课堂上讲解布置的数学作业。

（五）研究方法

1. 调查法

调查法一般是在自然的过程中进行，通过访问、开调查会、发问卷、测验等方式去搜集反映研究现象的。①

本研究主要采取面对面和口头回答问题的方式，向 B 小学和 A 小学的学生询问了以下 8 个问题：

（1）你们的数学作业是怎样买的？

（2）教师有收取购买数学作业的钱吗？

（3）今天上课内容是什么？

（4）教师今天布置的作业内容是什么？

（5）以往教师是怎样布置作业的？

（6）以往布置的作业内容会与当天所学习的内容一样吗？

（7）教师在课堂上会讲解数学作业吗？

（8）数学作业是从头到尾，一个一个讲解，还是挑着讲解？

笔者在获得以上几个问题的信息后，对信息进行概括、分析，进而了解 B 小学和 A 小学的教学内容与教师布置的数学作业是否具有一致性，教师是否在课堂上讲解布置的数学作业。相关调查表见附录 A。

2. 内容分析法

通过实地调查，得知 B 小学教师推荐购买的数学作业是《同步练习》，A 小学推荐购买的是《100 分闯关》，由此本研究内容的分析对象是购买的数学作业（《同步练习》和《100 分闯关》）和 "用比例解决问题" 和 "数的认识 1" 的数学教材（人教版小学六年级下册）。

笔者首先分析数学教材和这两本数学作业的整体内容，分析的主要切入口是目录，即分析两本数学作业的整体章节是否与人教版的数学教材中的章节一致；其次，分析数学教材和这两本数学作业的具体内容，即分析这两本数学作业中每一章节下面的每一个知识点是否与人教版的数学教材一致。

---

① 杨子. 天津市南开区职专学生课外阅读调查研究 ［D］. 天津：天津师范大学，2018.

3. 观察法

以 B 小学六年级（二）班为代表，观察"用比例解决问题"和"数的认识 1"的教材讲解课堂和数学作业讲解课堂。观察时间跨度为 25 天，观察次数为 4 次，每次观察时间为一节课 45 分钟。

通过观察法研究"用比例解决问题"和"数的认识 1"在数学教材讲解课堂上和数学作业讲解课堂上，知识点的讲解时间是否一致，本研究内容比重是否一致、难易程度是否一致、以此作为进一步验证假设的依据。相关观察表见附录 B。

（六）研究工具

研究工具为笔者自编的调查表、观察表。

1. 调查表

调查的内容由多方面组成，笔者从购买的数学作业与教材内容是否一致，教学内容和教师布置的习题册内容是否一致，教师是否在课堂上讲解布置的数学作业这三个问题进行调查，来验证提出来的假设"小学生数学作业与教学内容具有一致性"。这三个问题都为笔者自编的。调查问题详见附录 A。

2. 观察表

观察表为笔者编写，一共有四项内容：

其一是知识点的讲解时间，即在一整节 40 分钟（教师留 5 分钟检查课堂笔记）的课堂上，教师讲解该知识点的时间。

其二是知识点占文本比重，即该知识点在教材文本中的行数在本节课的所有知识点的行数中的比重。例如，如本节课总共两个知识点，这两个知识点的分别占有三行，总共是六行（这个六行就是"本节课所有知识点的行数"）。

其三是知识点的难易程度。主要是通过咨询老师来判断该知识点的难易程度，共有易、中等、难三个程度。并且从教材讲解课堂和数学作业讲解课堂来观察这四个方面的内容。最后由笔者进行分析对比，为本章的编写提供事实依据。具体的观察表与观察情况已放在附录 B。

（七）研究过程

研究过程共由三个部分组成。首先是自己对教材和数学作业的研究过程；其次是对教师和学生的调查过程；最后是对 B 小学六年级（二）班的观察过程。

下面，笔者将分别阐述这三个研究过程。

1. 对教材和数学作业文本内容的分析

调查过程在 2019 年 3 月 1 日开始进行，在 3 月 6 日结束。调查对象是人教版数学教材、B 小学的数学作业《同步练习》和 A 小学的数学作业《100 分闯关》。调查的主要任务是解决第一个研究问题"数学教材与教学内容具有一致性"。

（1）获得数学教材、《同步练习》和《100 分闯关》文本

笔者首先征得 B 小学和 A 小学教务部门和小学六年级教研室的同意，利用学生的课余时间和放学后的时间进行调查。首先笔者到 B 小学进行调查，向学生借调了他们在学的数学教材和《同步练习》；尔后到 A 小学，向学生借调了他们在学的人教版数学教材和《100 分闯关》。

（2）对数学教材、《同步练习》和《100 分闯关》的目录和具体内容进行对比

数学教材一共有六章必学内容，两章选学内容。六章必学内容是负数、百分数（二）、圆柱与圆锥、比例、数学广角——鸟巢问题和整理与复习；两章选学内容是生活与百分数和自行车里的数学。

笔者随后翻看学生购买的数学作业《同步练习》和《100 分闯关》，将数学作业目录和数学教材的目录进行对比；笔者从第一章第一节开始比对，首先看数学教材、《同步练习》和《100 分闯关》的节标题，看三者是否一致，再看节标题下面的具体内容。比对结果详见表 3-1。

2. 对小学生的口头调查

调查时间是在 2019 年 3 月 8 开始，3 月 13 日结束的。调查的地点是 B 小学和 A 小学。调查对象是 B 小学六年级（一）（二）（三）班以及 A 小学（一）（二）（五）班的部分学生。本次调查的主要任务是为了解决第二个和第三个研究问题。第二个研究问题是教学内容与教师布置的数学作业是否一致，第三个研究问题是教师在课堂上是否讲解布置的数学作业。在调查过程中，主要是与学生和数学教师进行面对面、口头回答问题的方式来获得信息。

（1）对 B 小学学生的调查过程

对 B 小学的学生进行调查是在 3 月 4 日到 3 月 8 日进行的。在对 B 小学的调查过程中，笔者选择了在放学后，学生回家的路上和学生进行交流。交流的对象是 B 小学六年级的几位女学生。在面对面交流的过程中，笔者和学生进行了以下的对话（根据手机录音进行整理）：

笔者："你们今天的上课内容是什么？"

学生："比例。"

笔者："那你们今天的作业做哪里的？"

学生："圆柱与圆锥解决问题。"

笔者："为什么今天不做比例？"

学生："圆锥与圆锥是以前留下来的，要先做完以前的。"

笔者："你们老师以前也是这样布置作业的吗？"

学生："是的，会先让我们完成以前没做完的作业。"

笔者："你们老师会讲解你们的数学作业吗？"

学生："会。"

笔者："那你们老师会一个一个地讲，还是挑重点讲？"

学生："挑重点讲，遇到错得少的也不会讲。"

笔者通过以上对话，了解到 B 小学数学作业的布置和讲解情况：教师没有针对今天的教学内容布置作业，教师讲解作业时是挑重点进行讲解，错误率低的作业不讲。

（2）对 A 小学学生的调查

对 A 小学的学生调查是 3 月 10 日到 3 月 13 日。笔者在征得了 A 小学校长的同意下，进入学校进行调查。因为学生要上课，笔者就利用课间时间与学生进行面对面交流。交流对象是六年级（一）（二）（五）班的学生。在交流过程中，笔者和学生进行了以下一段对话（根据手机录音进行整理）：

笔者："你们今天学习了什么内容？"

学生："反比例。"

笔者："那你们今天的数学作业是什么？"

学生："《100 分闯关》上面的作业。"

笔者："《100 分闯关》上面的反比例吗？"

学生："是，明天就做《同步练习》的反比例。"

笔者："你们有两本作业？"

学生："是的。"

笔者："那你们做得完两本吗？"

学生："嗯，做不完，会有剩下的。"

笔者："剩下的作业怎么办，什么时候做？"

学生："周末，以后哪天作业少，就补以前没做的。"

笔者："那你们老师会讲解数学作业吗，你们有两本，讲解的任务很重吧？"

学生："会讲解。"

笔者："那你们老师会安排专门的时间进行讲解吧？"

学生："我们老师一般是在课后，或者中午的空余时间讲解。"

笔者："每个题都讲吗？"

学生："不会，数学组长看完作业后，汇报情况给老师，老师根据组长汇报的情况进行讲解。"

这段对话中的信息表明，A 小学的学生购买了两本数学作业，教师根据教学内容布置作业，遇到习题量多的时候教师会在以后插空布置没有完成的作业；班级数学组长检查作业，并将作业情况报告给老师，老师根据数学组长的汇报确定讲解内容。

3. 对 B 小学六年级（二）班的课堂观察

对 B 小学六年级（二）班数学课堂的观察时间为 2019 年 3 月 20 日到 4 月 15 日，观察对象是数学教师滕老师的课堂，观察内容是"用比例解决问题"和"数的认识 1"的数学教材讲解课堂和数学作业讲解课堂。

（1）观察"用比例解决问题"的数学教材讲解课堂和数学作业讲解课堂

首先观察的是数学教材讲解课堂，观察时间为 3 月 20 日；其次观察的是数学作业讲解课堂，观察时间 3 月 26 日。

（2）观察"数的认识 1"的数学教材讲解课堂和数学作业讲解课堂

首先观察的是数学教材讲解课堂，观察时间为 4 月 2 日；其次观察的是数学作业讲解课堂，观察时间为 4 月 15 日。

从观察时间来看，教师讲解教材时间和讲解数学作业时间的间隔较长，数学作业没有得到及时的讲解。

三、研究结果与分析

（一）文本内容分析的结果

笔者运用文本内容分析方法对数学教材、《同步练习》和《100 分闯关》的目录和具体内容进行了如下的分析。

1. 目录比对

笔者比对了数学教材、《同步练习》和《100分闯关》的目录，具体信息如表 3-1 所示。

表 3-1　数学教材、《同步练习》和《100分闯关》的目录分析结果

章节		数学教材	数学作业	
			《同步练习》（B 小学；A 小学）	《100分闯关》（A 小学）
必学内容	第一章	负数	负数	负数
	第二章	百分数（二）	百分数（二）	百分数（二）
	第三章	圆柱与圆锥	圆柱与圆锥	圆柱与圆锥
	第四章	比例	比例	比例
	第五章	数学广角	数学广角	数学广角
	第六章	整理与复习	整理与复习	整理与复习
选学内容	—	生活中的百分数	—	—
	—	自行车里面的数学	—	—
其余内容	—	—	—	毕业模拟卷期末测试卷

表 3-1 显示，数学教材与《同步练习》和《100分闯关》在章节目录上有明显差异。

其一，《同步练习》和《100分闯关》缺少了选学部分的内容（《自行车里面的数学》和《生活中的百分数》）。这两个内容虽然在数学教材中所占页数不多，《义务教育数学课程标准（2011版）》也没有提出具体要求，但也具有学习与应用价值，例如《自行车里面的数学》就包括自行车蹬一圈的路程计算公式，《生活中的百分数》补充了千分位、万分位的知识。

其二，《同步练习》和《100分闯关》增加了期末测试卷和毕业模拟卷。

总之，学生购买的数学作业和教材的章节基本对应，但学生购买的数学作业更偏向应试，缺少教材中选学部分的对应练习，增加了期末测试卷和毕业模拟卷的内容。

2. 具体内容分析

其一，数学教材与《同步练习》存在着不同。例如，在第三章《圆柱与圆锥》中，数学教材清晰地提出了圆柱的概念、组成和特征，圆锥的概念和特征

等内容；再例如，在第四章《比例》中，数学教材也用红色字体标明了比例和比例尺的概念，并且用例题进行解释。但是在《同步练习》中没有这几个方面的相应习题。

其二，数学教材与《100分闯关》在具体内容上也存在着不同。第一，关于第一章《负数》，教材的知识点是在数轴上表示正数、零和负数；而《100分闯关》该章的第三课时中，习题的难度系数有所上升，因为习题不仅仅涉及在数轴上表示正数、零和负数，并且还要求学生对比这些数的大小。第二，关于第四章，教材讲解了比例和比例尺的概念，但是《100分闯关》和《同步练习》均没有设计有关习题。第三，关于第六章《整理与复习》，数学教材中的平均数是第三节《统计与概率》下的一个小知识点，是一个大题中的第一小题；但是，在《100分闯关》中，平均数作为一个单独知识点出现，并且占了一页的篇幅。以上仅仅是三个章节的例子，其他内容不进行详述。

上述分析表明，数学教材和购买的数学作业在章节目录上基本一致。在具体内容上，购买的数学作业中的练习难度有所提升，编者对重点的理解也与教材编者的理解存在差异。

（二）数学作业与教学内容一致性的调查结果

笔者运用调查法，对B小学和A小学的数学作业、教学内容、是否讲解布置的数学作业等一系列问题进行了调查。调查结果如下。

1. B小学调查结果

（1）教学内容和教师布置的数学作业内容不一致

在B小学六年级（一）（二）（三）班为期三天的调查表明，学生数学作业的布置有的时候与当天教学内容不对应，其原因在于数学作业量超过了教材中知识点篇幅。

虽然数学作业的内容依据的是教材的知识点，但是数学作业在某些知识点的量方面往往不止一个课时，也就是数学作业的量多于教材知识点的篇幅。例如，在圆柱表面积这个知识点，数学作业就涉及了三个课时，篇幅两页半，而教材上圆柱表面积内容只占一页篇幅，教师最多用两个课时讲解这个知识点；再例如，在数的认识这个知识点，数学作业设计了三个课时，篇幅两页，而教材上数的认识内容只占一页篇幅，教师一般只用一个课时讲解这个知识点。在这种情况下，学生一次家庭作业容量难以全面覆盖购买的数学作业量，由此就不可避免地造成了数学作业的遗留和堆积。经笔者调查得知,如果前面有遗留的习题,教师往往先布置这些前面剩下的习题,由此数学作业并不总是与今天所学知识点相对应,换言之,教学内容和家庭作业内容有的时候不一致。

(2)教师不一定在课堂上讲解布置的数学作业

对于这个结论"教师不会在课堂上讲解布置的数学作业",准确的意思是"教师不会在课堂上讲解全部的数学作业"。经笔者与六年级学生交流得知,教师对于数学作业内容的讲解,并不是从第一个习题开始,讲解也不是一字一句地,往往是依据班级数学组长的汇报,挑选其中的重点和错误率较高的进行讲解;临近考试时,教师本着复习的意愿,会返回讲解平时所学知识点对应的所有习题。教师的这种讲解安排不可避免地忽略了有些数学作业和部分学生,没有完全发挥作业巩固与应用知识的功能。

从上述可以看出,B 小学教师布置的数学作业与教学内容不一致,教师不一定在课堂上讲解布置的数学作业,导致数学作业与教学内容不一致,由此原本的假设"小学生数学作业与教学内容具有一致性"被推翻。

2. A 小学调查结果

(1)教学内容和教师布置的数学作业内容不一致

根据笔者的调查,A 小学六年级的数学作业是《100 分闯关》和《同步练习》,每一节的习题量加起来至少有 2~3 页。这个习题量对于一名六年级的学生来说相对有点繁重。但是,笔者在翻看他们的《100 分闯关》和《同步练习》以及教材中的习题时,发现学生完成了两本数学作业中对应所学教材知识点的内容。通过与师生交谈和观察教师布置作业的情况,笔者发现原因如下:

第一,教师的教学进度比较缓慢。通过与 B 小学对比,笔者发现 A 小学的教学进度比 B 小学的教学进度大概慢了一个星期左右。例如,当 B 小学结束《比例》这一章内容时,A 小学才刚刚开始讲解相关的知识。当 A 小学教师讲解到教材知识点较为容易、教材习题较少的内容时,他们就插空布置以往遗留下来的数学作业,使学生每天都需要完成一定量的数学作业。这种布置作业的方式解决了教学进度慢导致学生无作业可做的现象,但也导致数学作业与教学内容的不一致,也没有完全解决数学作业遗留与堆积的问题。

第二,A 小学六年级学生周末数学作业较为繁重。他们的周末作业不仅包括周五上课内容的习题,对于前面堆积的也要完成。这是 A 小学六年级学生能够完成两本习题册的又一重要原因。因此,教学内容和教师布置的数学作业内容不一致。虽然教师插空布置前面没有完成的数学作业可以起到复习的作用,但此举加重了学生负担。

（2）教师没有在课堂上讲解布置的数学作业

对于这个结论，笔者主要是通过与 A 小学六年级学生面对面交谈得知的。在 A 小学，数学教师首先安排班级数学组长批改数学作业，听取数学组长关于批改情况的报告，如错误率较高的习题等，然后教师根据数学组长的批改符号对学生的数学作业进行等级评定，写下等级符号和批改日期。

从积极的方面来说，该批改方法毫无疑问减轻了数学教师的工作负担，加强了数学组长的责任心以及对班上同学作业情况的了解。但是，学生代批使得教师失去了全面了解学生数学作业真实情况的机会。教师没有经历批改这一环节，没有在批改中思考学生的作业情况，这对于教师接下来开展教学活动是十分不利的，作业的意义和功能没有得到充分体现。

教师对数学作业讲解的内容往往依据的是学生组长批改结果，也就是挑错误率较高的进行讲解，忽视其他错误率较低的习题，但显然，错误率较低的习题并不代表学生全部真正掌握了。另外，教师对于数学作业的讲解时间并不是课表上的课堂时间，而是见缝插针似的，比较随意，例如在放学后、课余时间或中午时间进行。由于讲解时间的不正式和时间的紧凑，教师的讲解并不系统，知识点的零散势必会造成讲解内容的减少和讲解质量的下降。

基于上述信息，笔者基本可以推断，教师不会在课堂上讲解布置的数学作业，教师布置的数学作业与教学内容不一致，由此原本的假设"小学生数学作业与教学内容具有一致性"被推翻。

总之，经过对 B 小学和 A 小学六年级学生的两次调查，调查结果都是"小学生数学作业与教学内容不一致"，由此调查结果不能验证先前的假设"小学生数学作业与教学内容具有一致性"。

（三）B 小学课堂观察结果

笔者运用观察法对 B 小学的课堂进行了四次观察，每次观察 45 分钟，观察表如附录 B 所示。观察结果如下。

1. "用比例解决问题"的课堂教学观察结果

对 B 小学六年级（二）班的观察时间为 2019 年 3 月 20 日到 2019 年 3 月 26 日，观察目的是比对教师讲解教材的课堂和教师讲解数学作业的课堂在讲解内容上是否具有一致性。观察课题为"用比例解决问题"，观察视点为知识点的讲解时间、文本内容比重和知识点的难易程度。换言之，从讲解时间、文本比重、难易程度三个方面了解教师在教材讲解课堂和数学作业讲解课堂上对知识点的讲解是否一致。

表 3-2 小学生数学作业与教学内容一致性研究的听课观察记录（用比例解决问题）

知识点	讲解教材			讲解数学作业		
	1. 知识点讲解时间	2. 文本内容比重	3. 知识点难易程度	1. 知识点讲解时间	2. 文本内容比重	3. 知识点难易程度
1. 列比例等式	11 分钟	0%	中等	0 分钟	0%	—
2. 解比例方程	29 分钟	100%	易	40 分钟	100%	中等

注：

1. 观察时间：2019 年 3 月 20 日至 2019 年 3 月 26 日

2. 观察对象：B 小学六（二）班滕老师

3. "知识点的讲解时间"以一节课 45 分钟为标准，教师会留 5 分钟检查课堂笔记，实际授课时间是 40 分钟。

4. "文本内容比重"的计算方法：知识点所占文本的行数在整节课的所有知识点行数中的比重。

5. "知识点的难易程度"分为"难、中等、易"；判断标准：通过咨询老师。

（1）教材知识点讲解时间与数学作业知识点讲解时间存在明显差异

在教材内容讲解课堂上，教师一共讲解了两个知识点，分别是"列比例等式"和"解比例方程"。这两个知识点在整节课堂的时间中分别占了 11 分钟和 29 分钟；而在讲解数学作业课堂上，"列比例等式"知识点在数学作业上没有相关的习题内容，且教师在讲解过程中也并未涉及，占 0 分钟，形成明显的差异。

课后，笔者向老师提出了疑问，即"为什么在数学作业讲解的课堂上没有讲列比例等式这个知识"，老师给笔者的回复是：其一，学生购买的数学作业上没有这方面的习题；其二，列比例等式是为解比例方程服务的，并不是上课和考试的重点，所以在数学作业内容的讲解课堂上不会讲解。由此，"解比例方程"的数学作业讲解几乎占据了整节课堂，共 40 分钟，从中可以推断老师讲解的教材内容及其时间分配和数学作业的讲解有着明显的不同。

（2）教材讲解与教材内容和数学作业不一致

教材上并没有"列比例等式"的相关内容，数学作业上缺乏这方面的练习也就不足为奇；换言之，"列比例等式"和"解比例方程"在教材和数学作业文本中所占的比重是一样的，前者是0%，后者是100%。

数学教师在教材讲解课堂上没有遵循教材内容，增加讲解了"列比例等式"的内容，花费11分钟，造成教材讲解与教材内容不一致，然而教师并没有在数学作业讲解课堂上补充相应的习题，又造成教材讲解与数学作业的不一致。

（3）教材知识点讲解与数学作业知识点讲解在难易程度上存在明显差异

这里的难易程度主要是通过咨询教师来确定的。笔者认为，教师看待知识点的难易程度是比较客观的，排除了主观感情因素。

在新知识点的讲解课堂中，"列比例等式"的难度为中等，"解比例方程"的难度为低，原因如下：

首先，在"列比例等式"讲解中，教师不仅列出一些较为简单的比例等式让学生练习，而且还展示一些错误的等式条件，让学生进行更正。根据布卢姆认知领域目标的层次分类（知识、理解、应用、分析、综合和评价），前者属于"知识"认知领域层次，后者属于"分析"层次，是一个中上层次能力的要求；其次，在"解比例方程"讲解中，学生已经掌握了教师先前讲授的"列比例等式"，为"解比例方程"中的计算打下了基础，所以"解比例方程"相对较为简单。

在数学作业讲解课堂中，教师并不涉及"列比例等式"这一个知识点的练习，所以对"列比例等式"的难易程度不做评价。"解比例方程"的难易程度则为中等，因为在数学作业中，这个知识涉及了各个方面的应用题，如驾驶问题、浓度问题、距离问题和工程问题等。

综上所知，笔者从知识点的讲解时间、文本内容比重、知识点的难易程度这三个方面观察"用比例解决问题"的两节课堂，一节课是教材内容的讲解课堂，一节是数学作业的讲解课堂，从两节课的讲解内容、讲解时间和知识点的难易程度等方面推断"教学内容与教师布置的数学作业不一致"，由此推翻假设2。

2. "数的认识1"的课堂教学观察结果

观察的目的是将教师讲解教材的课堂和教师讲解数学作业的课堂进行对比，以验证研究假设2"教学内容与教师布置的数学作业内容一致"。

表 3-3　小学生数学作业与教学内容一致性研究的听课观察记录（数的认识 1）

知识点	讲解教材			讲解数学作业		
	1. 知识点讲解时间	2. 文本内容比重	3. 知识点难易程度	1. 知识点讲解时间	2. 文本容比重	3. 知识点难易程度
1. 数的理解	2 分钟	20%	易	0 分钟	0%	—
2. 数的分类	20 分钟	30%	易	23 分钟	45%	中等
3. 十进制计数法	18 分钟	50%	中等	17 分钟	55%	易

注：

1. 观察时间：2019 年 3 月 27 日至 2019 年 4 月 12 日

2. 观察对象：B 小学六（二）班滕老师

3. "知识点的讲解时间"以一节课 45 分钟为标准，教师会留 5 分钟检查课堂笔记，实际授课时间是 40 分钟。

4. "文本内容比重"的计算方法：知识点所占文本的行数在整节课的所有知识点行数中的比重。

5. "知识点的难易程度"分为"难，中等，易"；判断标准：通过咨询老师。

　　观察时间为 2019 年 4 月 2 日到 2019 年 4 月 15 日，观察课堂是 B 小学六年级（二）的"数的认识（1）"的两节课堂，一节课堂是教师利用教材讲解新的知识点，另外一节是教师讲解学生的数学作业习题册"数的认识（1）"。这节课堂共有三个知识点，分别是"数的理解"、"数的分类"、"十进制计数法"，笔者的观察视角是知识点的讲解时间、文本内容比重和难易程度。

　　（1）教材知识点讲解时间与数学作业知识点讲解时间存在明显差异

　　其一，教师在教材内容讲解课堂上大约花了 2 分钟讲解"数的理解"，在数学作业内容的讲解课堂上教师讲解 0 分钟。教师解释其主要原因是：本节课所学的"数"主要是小数、分数、百分数和整数等主要内容，这些内容学生都在以前陆续学过，本节课的"数的理解"主要是复习，学习的目标是让学生在大量的文字信息中将"数"找出来，是一个很简单的知识点，所以教师在教材的讲解课上花 2 分钟进行复习。另外，数学作业上也没有相关习题，教师也没有额外补充相应的习题。

　　其二，"数的分类"在教材内容的讲解课堂上讲解了 20 分钟，在数学作业的讲解课堂上讲解了 23 分钟。

　　其三，"十进制计数法"在教材内容的讲解课堂上讲解了 18 分钟，在数学作业讲解课堂上讲解了 17 分钟；

由上可知，在讲解教材内容的课堂上和讲解数学作业的课堂上，老师讲解的内容及其时间分配基本一致。

（2）知识点在教材中的文本比重与在数学作业上的文本比重不同

其一，"数的理解"在教材上占文本的20%，在数学作业上占文本的0%。出现这么大的误差是因为在教材上"数的理解"这个知识点主要通过一段文字和图片表现出来，占很大篇幅，要求学生在文字中寻找"数"。综合起来看，这一段文字和图片占了本节篇幅的20%，但由于这是一个简单复习点，因而在习题册中并未出现。

其二，"数的分类"占教材的文本比重30%，占数学作业文本比重45%。

其三，"十进制计数法"占教材文本比重的50%，占数学作业文本比重的55%。

上述分析可知，知识点在教材中的文本比重与在数学作业上文本比重有差异，但是差异不大。

（3）教材内容讲解与数学作业讲解在难易程度上不一致

其一，"数的理解"在教材内容的讲解课堂上为易。主要是学生在文字信息中找出具体的"数"出来，这一要求对六年级的学生来说是没有难度的。而在数学作业课堂的讲解课上，由于没有相关的习题内容以及教师的讲解内容，所以不做评判。

其二，"数的分类"难易程度在教材内容的讲解课堂中为易，在数学作业的讲解课堂上为中等。在教材讲解课堂上，这个知识点是对数进行分类，如整数、分数、自然数和小数等，而对于这些"数"，六年级的学生在一至五年级是学过的，只是还没有进行一个系统的归纳。所以当教师在讲解这个知识点时，学生们能够快速地回答并举例，最后教师进行树状图的归纳，学生把教师的归纳记下来；在数学作业习题的讲解课堂上，习题不仅仅是对"数"进行分类，知识点还扩展到真分数和假分数以及满足双条件计算，例如，某道题目是：要使是真分数，同时使是假分数，X应该是何值。数学作业中这一类习题的难度较大，属于"分析"认知领域层次，需要学生熟练地掌握知识点并进行区分、计算，要求学生进行逻辑推理。由此，"数的分类"在数学作业中的难易程度为中等。

其三，"十进制计数法"难易程度在教材内容的讲解课堂上为中等，在数学作业的讲解课堂上为易。在教材内容讲解课堂上，"十进制计数法"的内容涉及"十进制"表，并且教材上的四个习题还分别包括了因数和倍数的含义以及关系、分数和小数的基本性质、小数点的移动和一亿有多大这四个知识点，共五个知识点。教师没有向学生直接灌输这些知识点，而是要求学生展开讨论和进行举例，要求学生自己总结归纳结果，其对学生认知能力的要求达到"综合"的认知领域层次；在数学作业内容的讲解课上，"十进制计数法"的相关习题主要集中在"十进制计数法"的四舍五入约分和小数点的移动这两个知识点，且以选择题为主，这就进一步降低了难度，属于"知识"认知领域层次，且是"再认"记忆。所以，"十进制计数法"难易程度在数学作业讲解课堂上为易。这就要求教师根据教材讲解内容补充相应难度的习题。

综上所知，课堂观察结果表明，教学内容与教师布置的数学作业内容不一致，主要体现在教学内容难度和数学作业难度上的不一致，例如"数的分类"难度在教材内容上为易，在数学作业上为中等；"十进制计数法"在教材内容上为中等，在数学作业上为易。

四、假设验证

（一）对假设 1 的验证

假设 1：数学作业与教材内容一致

笔者通过文本内容分析的方法发现，数学作业（教师推荐、家长购买的数学作业）与教学内容在章节目录和具体内容上大部分一致。

其一，在必学的章节目录上，数学作业与数学教材一致；数学作业缺少了作为选学部分的"生活与百分数"和"自行车里面的数学"，并且 A 小学的数学作业《100 分闯关》还增加了期末测试卷和毕业模拟卷。

其二，在具体内容上，数学教材与 B 小学《同步练习》存在不同。例如在第三章"圆柱与圆锥"中，数学教材清晰地提出了圆柱的概念等内容，但是在《同步练习》中没有设计这几个方面的习题。

数学教材与 A 小学的《100 分闯关》在具体内容上也存在不同。例如在第一章"负数"中，教材的知识点包括在数轴上表示正数、零和负数，而在《100 分闯关》的第一章第三课时中，习题不仅仅涉及在数轴上表示正数、零和负数，并且还要求学生比较这些数的大小；再例如，在数学教材的第六章"整理与复习"中，平均数是第三节"统计与概率"中的一个小知识点，出现在一个大题中的第一小题，但是，在《100 分闯关》中，平均数是作为一个单独的知识点出现在数学作业之中，并且占了一页的篇幅。

由此可以看出，数学教材和 B 小学、A 小学的数学作业内容不一致，主要体现在内容的篇幅和难度不同，由此推断假设 1 不完全成立。

（二） 对假设 2 的验证

假设 2：教学内容与教师布置的数学作业内容一致

首先，对该假设的验证途径是通过与 B 小学和 A 小学的学生进行面对面交流。在交流过程中，笔者向两所学校的学生提出了一系列问题，如"你们今天的上课内容是什么？""你们今天的作业做哪里的？""你们老师以前是怎样布置数学作业的？"等。B 小学的学生给笔者的答复是"今天学习了比例，但是作业是圆柱与圆锥，教师会先布置以前剩下的作业"。A 小学的学生给笔者的答复是"今天的作业是今天学习的内容，有时候的数学作业是以前学习的内容"。

其次，笔者通过观察和比较 B 小学滕老师讲解教材的课堂和讲解数学作业的课堂，对假设 2 进行验证。滕老师的课堂教学主题是"用比例解决问题"和"数的认识 1"。以"用比例解决问题"为例，首先，教师增加讲解了教材没有的内容——"列比例等式"，用时 11 分钟，但是并没有在数学作业中补充"列比例等式"的作业；其次，在讲解"列比例等式"时，教师所设计的课堂练习属于中等难度，作为"解比例方程"的基础，但并没有布置相应的数学作业，而布置的"解比例方程"的数学作业较为容易。

上述分析可以推断假设 2 不成立，即滕老师的教材讲解与数学作业讲解不完全一致，学生反映教师有的时候布置的数学作业与教材讲解不一致。

（三） 对假设 3 的验证

假设 3：教师会在课堂上讲解布置的数学作业

笔者主要是通过与 B 小学和 A 小学的学生进行交流对假设 3 进行验证的。笔者向学生提出以下问题，"你们老师会讲解你们的数学作业吗？""那你们老师会一个一个地讲，还是挑重点讲？"B 小学学生给笔者的答复是"教师会讲，但是是挑重点讲"，而 A 小学给笔者的答复是"教师会讲，教师是根据数学组长汇报的情况进行讲解，讲解时间是在课间、中午等"。

通过对话内容，我们可以得知，教师不一定会在课堂上讲解布置的数学作业，教师对数学作业的讲解内容取决于（B 小学）学生对错情况和教师对题目难易判断以及（A 小学）数学组长批改作业之后的汇报。假设 3 不完全成立。

五、研究结论与建议

（一）研究结论

1. 购买的数学作业与教材内容基本一致

从章节名称上看，购买的数学作业缺少了教材中的选学部分，增加了期末测试卷和毕业模拟卷。

在内容上，教材上的部分内容在购买的数学作业上缺乏对应，例如数学教材清晰地提出了圆柱的概念等内容，但是在《同步练习》中没有设计这几个方面的习题。

在难度上，购买的数学在部分内容上增加了难度，例如，《100 分闯关》习题不仅仅涉及教材中的在数轴上表示正数、零和负数，并且还要求学生比较这些数的大小。

2. 教学内容与教师布置的数学作业内容有的时候不一致

教师有的时候会布置以前剩下的作业，例如学生反映"今天学习了比例，但是作业是圆柱与圆锥，教师会先布置以前剩下的作业""今天的作业是今天学习的内容，有时候的数学作业是以前学习的内容"。

教师在用教材教学的过程中，增加了教材没有的内容，但是没有布置相应的作业。例如，滕老师增加讲解了教材没有的内容——"列比例等式"，用时11 分钟，但是并没有在数学作业中补充"列比例等式"的作业。

3. 教师不一定会在课堂上讲解布置的作业

由于教师不一定根据教学内容布置作业，而第二天上课的时候又想着跟上前一天的教学进度和内容，因此教师不一定在课堂上讲解布置的作业就成为常见的现象。

A. 学校教师首先安排数学小组长检查作业，听小组长关于作业对错的整体情况，挑选错误率较高的题进行讲解，但一般是利用课后或者中午的空余时间进行讲解。

B. 学校教师讲解作业时是挑重点进行讲解，错误率低的作业不讲。

由此，教师即使讲解布置的作业，也是根据自己对难易程度的判断和对学生作业对错情况进行讲解，没有顾及每一个学生的完成情况和每一道作业完成情况。

（二）研究建议

研究者建议数学教师应做到教学内容与数学作业相一致，数学教师的教学内容讲解与数学作业布置要与教材内容相一致，教材中的知识点文本比重与数学作业上知识点的文本比重一致，应根据教学内容增加、选择与调整数学作业的难度，发挥数学作业巩固与应用知识，以及提高学生学习成绩的效果。

六、结语

（一）研究价值

本研究采用文本内容分析法、调查法、观察法，以怀化市 B 小学和 A 小学师生为对象，研究"小学生数学作业与教学内容一致性"问题，并提出了三个假设：第一，购买的数学作业与教材内容一致；第二，教学内容和教师布置的数学作业内容一致；第三，教师在课堂上讲解布置的数学作业与教学内容的一致。笔者通过验证这三个假设研究"小学生数学作业与教学内容一致性"问题。研究发现，购买的数学作业与教材内容并不完全一致，教学内容和教师布置的数学作业内容基本不一致，教师仅根据班级数学小组长的反馈，见缝插针似的利用课余和中午时间讲解部分数学作业，反映了教师对数学作业的重视程度不够。本研究的结论是，小学生数学作业与教学内容大部分情况是不一致的。

希望笔者的研究能对家长在市场上选择数学作业、教师推荐数学作业和布置数学作业有所帮助，能够让学生的数学作业与教学内容一致，也希望在今后的研究中，能够有效地解决这些问题，并能够提出更加合理有效的建议。

（二）本研究的不足之处

本文的不足之处主要有以下四个方面：

其一，在对教材和数学作业研究的过程中，研究对象是《100 闯关》和《同步练习》，但是，在数学作业市场中远远不止这两本习题册。所以，本文所研究的两本数学作业并不能代表市场上所有的数学作业，研究结果也不能普遍地适应所有学校，具有一定的区域性。

其二，在对教师和学生的调查过程中，与笔者进行面对面交流的学生样本较少。例如，A 小学六年级共有 11 个班级，但是笔者仅与三个班级中的部分学生进行了交流，每个班级的教师都有自己特有的教学方式和风格，因此这三个班级并不能代表 A 小学其余的班级。

其三，在对 B 小学六年级（二）班的数学课堂进行观察时，笔者从讲解时间、文本内容比重和难易程度这三个方面仅观察了一位教师的两节课堂，因此，存在观察角度不够、观察对象有限、观察次数较少的局限性。

其四，观察的内容不够。本研究观察的内容为"用比例解决问题"和"数的认识1"，这两个内容在教材和数学作业中只占了其中的一小部分，不能窥见课堂内容的全貌。

（三）今后的研究建议

首先，划分区域进行研究。在研究过程中笔者发现，每一个地区都有比较受欢迎的数学作业。如在怀化市，较为受欢迎的习题册是《同步练习》，B 小学和 A 小学均把它作为习题册。而笔者家乡的浏阳市道吾小学和浏阳河小学则是以《53 天天练》作为数学习题册。可见，并不是一本数学作业就可以覆盖所有学校，故建议分地区研究。

其次，调查与观察都应该更加具体全面，对学生和教师的调查要增大样本量，对课堂的观察要增加角度和次数。

最后，当教材内容与数学作业在难度和数量上不匹配的时候，教师应思考如何建立自己的作业题库，而非完全借助教辅材料和教材上的习题。

附　录

A. 小学生数学作业与教学内容一致性调查表

学校		年级		调查时间	
习题册名称			教材		
一、购买的数学作业与教材内容是否一致					
二、教学内容和教师布置的数学作业内容是否一致					
三、教师是否在课堂上讲解布置的数学作业					

B. 小学生数学作业与教学内容一致性研究的课堂观察表

学校		班级		任课老师			
课题				观察时间			
知识点	教材讲解课堂			数学作业讲解课堂			
	1. 知识点的讲解时间	2. 文本内容比重	3. 知识点的难易程度	1. 知识点的讲解时间	2. 文本内容比重	3. 知识点的难易程度	

注：

1. "知识点的讲解时间"以一节课 45 分钟为标准，教师会留 5 分钟检查课堂笔记，实际授课时间是 40 分钟。

2. "文本内容比重"的计算方法：知识点所占篇幅在整节课的所有知识点篇幅中的比重。

3. "知识点的难易程度"分为"难、中等、易"。判断标准：咨询老师。

第四章

小学生家长对不同类型家庭作业的指导与参与行为研究
——基于长沙和怀化三百余份数据的分析

一、引言

（一）问题缘起

当前，在教育孩子方面，家长与学校的联系越来越密切，多数时候，家长与老师交流沟通的点就在于家庭作业。家庭作业作为补充和巩固课堂学习的重要内容，自然受到老师的重视，并且很多家长主动或者在老师的要求下被动地督促孩子完成作业。随着素质教育的不断深入和教材内容的不断丰富，为了全面地培养学生，老师布置的作业更趋于多元化，不再仅仅局限于书面作业，针对不同的课题内容，老师偶尔会布置一些需要学生动手操作的实践型作业，有时候，这些家庭作业就需要家长配合完成。家长在对待书面类家庭作业时可能会出现多种行为，那么，对于实践类的家庭作业，家长的行为会是一样的吗？

对于家庭作业，教育部也推出了许多的政策。2014 年教育部公布了"小学生减负新十条"，要求减轻学生课业负担。2018 年 8 月 30 日，教育部等相关部门关于印发《综合防控儿童青少年近视实施方案》的通知，其中在减轻学生课业负担中明确规定：小学一、二年级不布置书面家庭作业，三至六年级书面家庭作业完成时间不得超过 60 分钟；方案还要求老师科学布置作业，促进学生完成好基础性作业，强化实践性作业，减少机械、重复训练，不得使学生作业演变为家长作业。根据这些硬性要求，小学教师可能会有意识地减少书面作业的作业量，却无意识地增加了不少小学生难以独立完成的实践和探究类型的家庭作业，如下载打印资料、研究调查做 PPT、写小论文、做手抄报等。处于小学阶段的学生认知能力、实践操作能力都不强，缺乏学习的主动性，在这样的情况下，家庭作业就需要家长协助完成，甚至有些作业只能由家长完成。

近几年有学者对家长参与家庭作业的现状进行了研究，部分学者研究了家长的行为、动机及对学生成绩的影响。在他们的研究中，家庭作业并没有细分，只是一个笼统的内容，而现在的家庭作业内容以及类型都十分丰富，作业可以分为书面作业与实践类作业等类型，但对这两类作业的研究，学者们的着重点在于书面作业教师的批改现状以及实践作业的设计方式等。针对家长对待这些书面作业与实践类作业等不同类型作业行为，相应文献中的内容有提及，但并未有专题研究，也没有十分详细的研究结论。那么，面对不同类型的家庭作业，家长们对此的不同行为具体又是怎样的呢？这值得我们探索和分析。

研究小学生家长对不同类型家庭作业的行为，对家校之间合作育人有积极指导意义。对家长而言，在填写调查问卷过程中家长可能会反思自己平时对孩子作业的不妥行为，继而改正。笔者通过该研究认识到家长在学生家庭作业方面的相应行为，充实理论知识，能较好地进行教学反思，有利于建立多元的作业布置和作业评价机制，及时与家长沟通，与家长建立良好的合作关系。任课教师阅读了本研究，可能会更新自己的作业观念，提高作业设计能力，科学布置作业。

基于以上分析，本研究将主要采用问卷调查法，在文献阅读的基础上自编调查问卷，以家长为调查对象，搜集数据，整理分析，了解小学生家长在书面类和实践类家庭作业上的指导与参与行为，为家长指导与参与孩子家庭作业提供对策。

（二）概念界定

1. 作业

（1）家庭作业

"家庭作业"一词来源于英文"homework"，原指工业化初期人们在家庭中从事的以计件工资为基础的有偿加工。当"家庭作业"被引入教育领域之后，其本质含义随之发生了根本性改变。19世纪，德国教育家赫尔巴特①提倡学生能在课下实践和运用所学知识，这样工作就被推广到在家中完成，而留出更多

---

① 赫尔巴特．普通教育学、教育学讲授纲要［M］．李其龙，译．杭州：浙江教育出版社，2002.

时间在课堂进行教学，因而家庭作业成为课内学习的延续行为。同时，在 Paul R. Burton 的《有效教学法》① 一书中提到作业是指学生在没有老师监督的情况下认真学习的一种学习活动。顾明远②的观点是家庭作业是老师给学生留的需要学生自己写完的，他认为留这类作业的目的是帮助学生加强对先前在学校所学的知识的巩固，是为了帮助学生养成独立自主的能力。任宝贵③认为家庭作业是学生在课外时间所从事的，旨在促进其身心完满发展的一切活动。

综上可知，有关学者基本上是从两个方面对家庭作业进行定义的。其一，将完成作业的地方定义为学校之外，学生基本都是在家里完成家庭作业。其二，家庭作业是教学的重要组成部分，是运用和巩固所学知识的基本方式，作业形式不局限于书面作业，可以是多样的活动。通过分析以上学者对家庭作业的概念阐述，本研究认为，家庭作业是学校教师根据课程目标和教学内容布置的，并非教师指导的，要求学生在学校之外的课余时间里完成的作业，包括书面作业和实践探究型作业。

（2）书面类作业

有关家庭作业的分类，徐彤④依据家庭作业具有较强的实践性和自主性，将家庭作业分为联系生活实际类、动手操作类、趣味类三种类型。吕艾颖⑤按形式将语文课外作业分为书面、实践、阅读等作业。其中书面作业包含问答题、生字词练习、作文等。韩晓旭⑥将作业分为口头作业和书面作业，将书面作业定义为学生通过大脑思考以手写在本子上的形式完成的课外作业，主要包括作业本、课后练习试卷、作文本、练字本（书）、配套练习册。

根据学者们的分类和定义，本研究中将书面作业定义为：学校老师根据教学要求，为巩固课堂教学效果而布置的写在纸上的作业，主要包括抄写生字词、做配套练习册和写作文。

---

① 刘茜．小学生"家庭作业家长化"现象的研究——以常德市武陵区的两所小学为例［D］．湘潭：湖南科技大学，2017.
② 教育大辞典编纂委员会．教育大辞典［Z］．上海：上海教育出版社，1990.
③ 任宝贵．家庭作业观之反思与重构［J］．教育科学研究，2010（7）.
④ 徐彤．初中语文家庭作业有效策略研究——以青海师范大学附属中学为例［D］．西宁：青海师范大学，2016.
⑤ 吕艾颖．核心素养背景下小学高年级语文课外作业设计的现状及对策研究［D］．烟台：鲁东大学，2020.
⑥ 韩晓旭．小学高年级书面作业批改现状及对策研究——以语文学科为例［D］．大连：辽宁师范大学，2020.

（3）实践类作业

《现代汉语词典》中对于"实践"的解释有两点：①实行，履行，付诸实践。②人们改造自然和改造社会的有意识的活动。吕艾颖[①]将实践作业定义为：以观察、走访调查等途径完成的语文类活动。刘晶[②]结合多方面对于实践类作业的定义，将实践性作业定义为：学生需要通过操作、探究、收集整理数据等体验活动来完成教师所布置的功课。如：学生写调查报告、制作思维导图来完成复习整理等。

杨雄[③]在小学语文实践性作业设计方式中列举了实践类作业的设计方式，可以将课本内容改编成实践活动，如：改编课本剧、创编故事、调查实践、设计广告语等，也包括搜集资料、做手抄报。

叶金福在《莫让暑假作业变成"家长作业"》[④] 一文中提到教育部对暑期作业的要求是鼓励教师多布置活动性、实践性、探究性作业。他表示教师会布置书面作业和实践性的动手作业。那么实践类的作业应该是具有活动性、实践性、探究性的。

本研究定义的实践类作业是指需要学生通过操作、探究、收集整理数据等体验活动来完成作业，包含活动性和探究性这两类特征。活动性实践类作业包括设计制作手工、手抄报这类；探究性实践类作业包括学生实践体验，然后写调查报告。学生可以借助家长等外在力量辅助完成。

2. 家长

《现代汉语词典》中关于家长的解释有两种：第一，家长制之下在一家中为首的人；第二，父母或者其他监护人。学者顾应凤[⑤]将学生家长定义为：一般是指学生的父母，但却并不仅仅是指学生的父母，还有可能是学生的（外）祖父母等其他充当学生监护人看护人的家属。本研究中的家长是指学生的父母或者生活中充当学生监护人的其他家属。

① 吕艾颖. 核心素养背景下小学高年级语文课外作业设计的现状及对策研究［D］. 烟台：鲁东大学，2020.
② 刘晶. 小学数学实践性作业设计研究［D］. 上海：上海师范大学，2020.
③ 杨雄. 小学语文实践性作业初探［J］. 铜仁职业技术学院学报，2017（3）.
④ 叶金福. "暑假作业"莫成"家长作业"［N］. 湛江日报，2017-07-15（A07）.
⑤ 顾应凤. 中小学生家长参与家庭作业的调查研究［D］. 宁波：宁波大学，2015.

3. 家长对家庭作业的行为

行为即举止行动，指受思想支配而表现出来的外表活动。蒲阳[1]对美国家庭作业的研究历史进行了概述：19 世纪 90 年代以来，国外已经开始对家庭作业进行研究，并在随后 100 年里，呈现出不同的特点。通过学者们划分的家长对待家庭作业的行为这一内容，我们可以发现家长的行为并不是单一的，而是具有多维性的，在指导作业过程中会出现一系列的行为方式，而学者们对此也有着各自不同的划分标准。

学者顾应凤[2]将将家长对学生家庭作业的行为定义为：孩子的父母围绕孩子的家庭作业在校内外开展的一系列参与活动；作者在对有关文献进行综述后指出，在有关家长参与家庭作业方式和内容方面，目前尚无统一的分析维度，其根据自己的研究需要将家长的行为分为直接参与和间接参与这两大维度，再往下分八个不同的指标，分别是：提供支持、教师交流、常规检查、直接辅导、作业归类、参与互动、作业反馈、培养自主性。根据这些自编问卷，调查家长参与学生家庭作业方式和内容的频率。

结合学者们的研究与总结，本研究将家长对家庭作业的行为界定为家长在指导作业过程中所表现出来的活动，具体指父母围绕孩子的家庭作业在校内外进行的一系列指导与参与活动。根据文献综述中现有的家长对书面作业和实践作业的行为现状，并且根据本研究的需要，笔者选取了学者顾应凤拟定的几个指标并在此基础上做了相应更改，由此，本研究界定的家长对家庭作业的指导与参与行为的分类为：资源提供、常规监督、作业内容辅导、代为完成、作业反馈。对这五种行为指标的解释如下。

资源提供指给孩子提供做作业所需的环境和所有材料，具体包括文具、资料、实践所需工具等，也包括请家教或辅导老师指导孩子完成作业。

常规监督即家长不具体指导孩子做作业，只对孩子做作业的过程进行督促和管理，如提醒孩子端正坐姿，集中精神做作业，不开小差等，主要是为了使孩子养成良好的习惯。

作业内容辅导即在孩子做作业过程中亲自给孩子讲解或者帮助孩子解决疑难问题。[3]

① 蒲阳. 美国家庭作业研究的历史分析及启示［J］. 外国中小学教育，2014（2）.
② 顾应凤. 中小学生家长参与家庭作业的调查研究［D］. 宁波：宁波大学，2015.
③ 张克旭，郑东辉. 家长参与家庭作业行为及效果的调查研究——基于 Z 省 1402 份数据［J］. 上海教育科研，2019（1）.

代为完成是指家长认为孩子作业难以自行完成时主动代其完成作业，或在孩子提出请求的情况下被动代替孩子完成作业。

作业反馈是指家长检查完成情况后，对孩子或者老师进行反馈，如对孩子的表现进行相应的批评或表扬，或者家长在当天就将孩子做作业的情况反馈给老师。

（三）文献综述

1. "家长""家庭作业"的篇名研究在文献数量上的变化趋势

2021 年 1 月 8 日，在中国知识资源总库中通过篇名来搜索"家长""家庭作业"这些词条，总共搜索到 68 篇文献，近 10 年来的研究趋势见图 4-1。

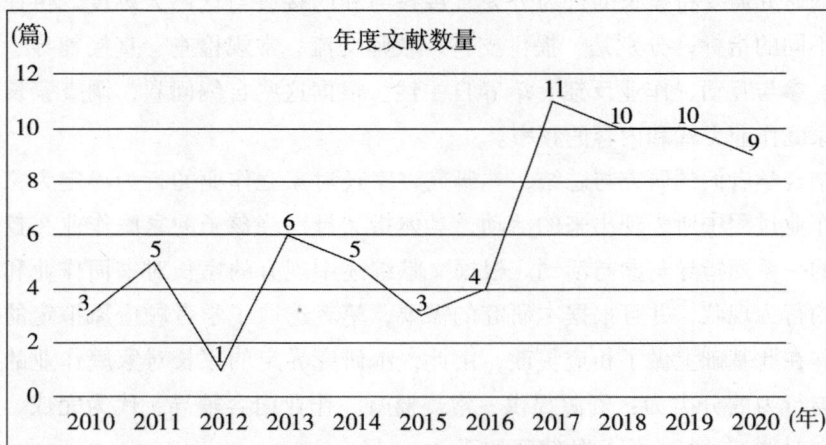

图 4-1　2010 年以来以"家长"和"家庭作业"为篇名的文献研究数量趋势

这表明自 2010 年以来，关于家长与家庭作业的相关内容的研究数量总体呈稳步上升趋势，2017 年研究的数量最多，而后逐步下降，但依旧保留一定的研究数量。

笔者接着以"小学生家长""作业"和"行为"这些词条为主题进行检索，共有文献 6 篇；再以"实践作业""小学"这些词条为篇名，并以"家长"这一词条为全文进行检索，共有文献 297 篇，这些文献研究的主要是各类学科的实践类作业的设计问题，并没有详细的家长对实践类作业行为的专题研究。

同样的，在中国知识资源总库中检索书面作业的有关内容，以"书面作业"为篇名，并且以"家长"和"行为"为全文进行检索，共有 24 篇文献，浏览文献标题发现，对于书面作业，学者们的研究主要着重于教师的批改现状以及书面作业优化策略的探讨，部分文献的少量内容会涉及家长对这些作业的态度与行为，不过，同实践作业的研究现状一样，针对小学生家长对书面作业行为这一主题并没有专题研究。

2. 家长对家庭作业的指导与参与行为分类的研究

国外学者们对家长对待家庭作业的行为进行了分类，其中最有代表性的有以下分类方式。

三分法：以哈里斯·库帕（Cooper, H.）教授及其团队①为代表，包括自主支持、直接参与和排除干扰。自主支持指的是家长并不经常参与家庭作业，只为了让孩子能够迅速完成作业；直接参与指的是家长应教师或孩子的要求，参与家庭作业增进孩子对作业的理解；排除干扰指的是家长在孩子写作业时营造一个好的学习环境。

爱普斯坦（Epstein, J. L.）②关于家长参与家庭作业六分法：①在家创设支持孩子学习的环境；②学校与家长的沟通；③在家参与孩子学习活动；④家长作为志愿者参与学校活动；⑤家长参与学校决策；⑥家长与社区进行合作。

美国学者胡佛·邓普西（Hoover Dempsey）③等人的八分法，是在爱普斯坦的分类法基础上将其细分的：①为儿童提供家庭作业的生理和心理支持；②教师家长沟通；③监督孩子的家庭作业；④回应孩子家庭作业积极表现，提高孩子作业自我效能感；⑤直接参与孩子家庭作业；⑥设计与孩子的认知水平和任务相匹配的元策略（转换为孩子可以理解和完成的任务）；⑦家长孩子间关于作业理解的交流；⑧设计关于学习成就的元策略（如对学习的自我管理和调控能力）。

除此之外，我国学者在国外学者的基础上进行研究，也得出了相应研究

---

① COOPER, H., LINDSAY, J. J. & NYE, B. Homework in the home：How student family and parenting-style differences relate to the homework process [J]. *Contemporary Educational Psychology*, 2000, 25 (4)：464-487. 转引自：汪微微. 家长参与小学生家庭作业的调查研究 [D]. 黄石：湖北师范大学, 2019.

② EPSTEIN, J. L. School/family/community partnerships：Caring for the children we share [J]. *PhiDelta Kappan*, 1995, 76 (9)：701-712. 转引自：汪微微. 家长参与小学生家庭作业的调查研究 [D]. 黄石，湖北师范大学, 2019.

③ Hoover-Dempsey, K. V., Battiato, A. C., Walker, J. M. T., Reed, R. P. Dejong, J. M. and Jones. K. P. Parental involvement in homework [J]. *Educational Psychologist*, 2001, 36 (3)：195-209. 转引自：汪微微. 家长参与小学生家庭作业的调查研究[D]. 黄石：湖北师范大学, 2019.

结论。

我国香港学者 Tam 和 Chan① 在哈里斯·库帕的分类基础上将"排除干扰"维度替换为"提供条件",也分类为三种:提供条件、直接参与和自主支持,但含义有所不同。例如,排除干扰是在孩子作业过程中创造学习不被打扰的良好氛围,提供条件是为制定作业规则引导孩子专心作业。

张克旭、郑东辉②的研究将胡佛-登普西(Hoover-Dempsey, K. V.)的八分法分别简化为:提供支持、教师沟通、常规监督、作业反馈、直接指导、作业归类、参与互动、培养自主性。

李云、桑青松、凌晨③基于国外学者对家长参与家庭作业的行为方式的研究,编制了一套家长参与小学生家庭作业行为方式问卷,通过分析调查问卷的结果,将家长参与小学生家庭作业的行为方式总结为五个维度:家校沟通、作业行为督促、学习方法辅导、作业内容辅导、提供支持。

顾应凤④自编《家长参与家庭作业问卷》,将直接参与和间接参与作为划分的维度,再往下分八个不同的指标,分别是:提供支持、教师交流、常规检查、直接辅导、作业归类、参与互动、作业反馈、培养自主性,这是在张克旭与郑东辉的"八分法"的基础上稍做修改而进行的分类,整体较全面地包括了当下中小学生家长在作业中出现的行为类型。

3. 书面类作业的相关研究

(1)教师对书面类作业的布置

郭莎莎⑤对初中语文书面作业布置现状的教师调查表明,七成教师会精心设计与课堂联系紧密的任务,两成教师布置的作业是统一订阅资料中的练习题,少部分教师会布置语文教材上的课后习题;在布置作业是否适量方面,八成教师表示他们布置的书面作业是适量的。

---

① TAM,V. C.,CHAN,R. M. Parental involvement in primary children's homework in Hong Kong [J]. *School Community Journal*,2009,19(2):81-100. 转引自:汪微微. 家长参与小学生家庭作业的调查研究 [D]. 黄石:湖北师范大学,2019.
② 张克旭,郑东辉. 家长参与家庭作业行为及效果的调查研究——基于 Z 省 1402 份数据 [J]. 上海教育科研,2019(1).
③ 李云,桑青松,凌晨. 家长参与小学生家庭作业行为方式的研究 [J]. 宁波教育学院学报,2012,14(5).
④ 顾应凤. 中小学生家长参与家庭作业的调查研究 [D]. 宁波:宁波大学,2015.
⑤ 郭莎莎. 初中语文课堂阅读教学书面作业现状调查研究 [D]. 太原:山西师范大学,2017.

（2）学生对书面类作业的完成情况

王静饴①对小学高年级语文家庭作业完成情况进行了调查，其定义的家庭作业是指学生在家独立完成的作业。王静饴的调查结果显示：四成学生认为语文作业既有趣又有用，每次都愿意主动完成，换言之，近六成学生不愿意积极主动完成作业，却又不得不去完成，也存在个别学生完不成作业情况。王静饴指出，学生即便有不满情绪，但在老师和家长监督之下，多数学生还是能按要求完成家庭作业的。

王灿②研究了小学语文家庭作业完成的现状，其界定的语文家庭作业是由小学语文教师布置的，由学生在课外时间完成的，有助于巩固学生的知识和技能，并培养学生学习能力和学习习惯的一类活动。王灿的统计分析发现，由于语文作业的类型和内容日益丰富，半数以上的学生对语文家庭作业慢慢失去兴趣，虽然作业总体能按要求完成，不过作业完成质量参差不齐。王灿认为小学生缺乏自觉性，但是他们学习能力强，并且有家长的敦促，小学生能更好地按时完成语文家庭作业。

从以上研究内容来看，小学生的书面类作业基本能按要求完成，完成的质量则受小学生个人的学习习惯以及老师和家长管教方式的影响。

（3）家长对书面类作业的认识

王静饴③通过问卷调查和访谈发现，绝大部分家长非常重视孩子的成绩，觉得成绩会受作业的影响，他们特别重视孩子书面作业的完成情况，有部分家长会给孩子报补习班，额外也会让孩子做一些练习题和测试卷。

张鸣圣与夏斐④研究了小学生家长参与家庭作业的问题，他们界定的家庭作业是指教师指派给学生的、在课后完成的学习任务，所以包括所有的作业类型，其中就有抄写生字、做练习册等的书面类作业。他们指出，有的家长只要孩子放学一回到家，就迫不及待地要求孩子赶紧做作业，这些家长过度重视孩子的家庭作业，已经变成了一种错误的管教姿态。他们同时也指出还有一些家长从不关心孩子的作业，认为孩子的成人成才是学校的事，与家长无关。

① 王静饴．小学高年级语文家庭作业现状的调查研究［D］．长春：长春师范大学，2020．
② 王灿．小学语文家庭作业现状调查及对策研究——以曲阜市为例［D］．曲阜：曲阜师范大学，2018．
③ 王静饴．小学高年级语文家庭作业现状的调查研究［D］．长春：长春师范大学，2020．
④ 张鸣圣，夏斐．小学生家庭作业环节家长参与问题浅议［J］．黄冈师范学院学报，2015（5）．

（4）家长对书面类作业的行为

本研究对家长的行为界定分为四个维度：代为完成、作业内容辅导、常规监督、作业反馈。资源提供是家长的基本责任和常见行为，由此本研究在此从四个维度简要综述家长对书面类作业的行为。

代为完成：张鸣圣与夏斐①表示有部分家长在辅导子女写作业时失去耐心，遇到不会的直接给子女答案，对于家庭作业并不那么重视。吴国英②同样在研究中表示低年级家长对于孩子不会的书面作业，会直接帮助孩子完成。

作业内容辅导：吴国英③对家长参与小学生家庭作业的现状进行了调查，其中有关家长参与作业类型的调查数据显示，低年级（1~2年级）家长参与书面类作业为主，中高年级（4~6年级）的家长对于此作业也有不同程度的辅导，当孩子遇到难以自主完成的作业时，家长会选择指导孩子合作完成。

常规监督：王静饴④研究了小学高年级语文家庭作业的现状，研究结果表明，绝大部分家长相当重视孩子的学习成绩，自己会监督孩子完成书面家庭作业，除此之外，部分家长还给孩子报补习班，额外增加不少其他书面练习作业。

作业反馈：吴国英⑤的研究结果显示，当孩子遇到难以自主完成的作业时，少部分家长会主动和老师说明情况；年段越低，家长向老师反馈和咨询的频率越高。

4. 实践类作业的相关研究

（1）教师对实践类作业的设计

杨雄在小学语文实践性作业设计方式⑥中提到，在阅读教学过程中，可以将文本内容与实践相结合，比如学习古诗时，可以让学生以自己喜欢的方式展示自己喜欢的那句诗词，如书法、书签和配画等；还可以将课本内容改编成实践活动，例如，改编课本剧、创编故事、调查实践、设计广告语等。杨雄在实践类语文作业布置中，要求每个学生每月完成一期手抄报。学生在办报的过程中，

① 张鸣圣，夏斐. 小学生家庭作业环节家长参与问题浅议 [J]. 黄冈师范学院学报，2015（5）.
② 吴国英. 家长参与小学生家庭作业现状调查与对策研究 [D]. 福州：福建师范大学，2018.
③ 吴国英. 家长参与小学生家庭作业现状调查与对策研究 [D]. 福州：福建师范大学，2018.
④ 王静饴. 小学高年级语文家庭作业现状的调查研究——以C市三所小学为例 [D]. 长春：长春师范大学，2020.
⑤ 吴国英. 家长参与小学生家庭作业现状调查与对策研究 [D]. 福州：福建师范大学，2018.
⑥ 杨雄. 小学语文实践性作业初探 [J]. 铜仁职业技术学院学报，2017（3）.

首先要广泛阅读书籍，收集资料，深入实际生活中去调查采访，对于手抄报的制作不仅要内容真实，排版也要符合要求，由此能提高学生的综合素质。

李维珍[①]在语文课外实践作业的探索中指出，实践类作业设计重要的是要立足于文本的内容，要关注课外、走进生活，实践的形式可以多样化；例如，学完《石榴》这一课，教师可以布置学生观察家乡的石榴树，或者品尝石榴，然后以自己喜欢的方式完成老师布置的实践作业，可以拍照题字、写诗作画等等，这样的作业有助于学生对课文内容有进一步理解，又在奇妙的大自然中，通过实践亲身经历开阔了视野。

刘晶[②]对小学数学实践性作业设计的现状进行了研究，其表示当前小学数学作业现状存在诸多问题，教师很难建立创新的意识，作业内容单一，实践性作业的布置很少。刘晶的调查发现，半数的教师认为实践性作业重要，半数以上教师在设计这类作业时会考虑作业目标，但有些教师在设计实践性作业时，并不能很好地与数学思想相融合渗透。这说明数学实践类作业的设计存在些许难度。

（2）学生对实践类作业的完成情况

王岩[③]在对家庭作业完成情况调查中明确表示家庭作业包含实践类作业，其对几位家长进行了访谈，家长均表示孩子能积极按时按要求完成作业。

钱嘉雯和丁楠[④]调查了小学生家庭作业的完成现状，他们根据学生问卷和教师访谈反馈总结出，超过半数的学生对举办活动时所布置的动手类作业都表现出较大兴趣，且较之于书面作业，在学生完成过程中家长也更加乐于参与，此类作业需要动脑，具有趣味性，完成后有成就感。学生乐于动手实践，也能按照老师的积极要求完成。

（3）家长对实践类作业的认识

王静饴[⑤]的调查结果显示，部分家长不重视书面作业以外的作业，认为做那些作业是浪费时间，只顾着不停地让孩子做练习册或试卷，只在乎孩子的成绩，并不在意孩子动手或实践能力的培养。张鸣圣与夏斐[⑥]同样指出，家长只觉得孩

①　李维珍 . 语文课外实践作业的探索［J］. 学生之友（小学版）（下），2010（12）.
②　刘晶 . 小学数学实践性作业设计研究［D］. 上海：上海师范大学，2020.
③　王岩 . 小学高年级语文家庭作业设计与实施调查研究——以 A 市 B 小学为例［D］. 漳州：闽南师范大学，2020.
④　钱嘉雯，丁楠 . 小学生家庭作业完成现状研究：问题与对策——聚焦家长参与视角［J］. 现代职业教育，2019（18）.
⑤　王静饴 . 小学高年级语文家庭作业现状的调查研究［D］. 长春：长春师范大学，2020.
⑥　张鸣圣，夏斐 . 小学生家庭作业环节家长参与问题浅议［J］. 黄冈师范学院学报，2015（5）.

子的成绩最重要，而忽视孩子素质的提高和身心健康发展，忽视教育部提出要强化实践作业的要求。

王岩①调查研究了小学高年级语文家庭作业的设计与实施，对家庭作业的基本内涵进行了补充说明。在他的研究中，家庭作业不仅包括学生个人独立完成的学习任务，还包括小组合作等实践性学习任务。王岩对学生进行了问卷调查，调查结果显示，近六成学生的家长比较重视学习，能够督促检查小孩家庭作业的完成情况，近三成学生家长可能因为某些原因无法顾及小孩的学习。

（4）家长对实践类作业的行为

本研究将家长对作业的行为界定为这五个维度：资源提供、常规监督、作业内容辅导、代为完成和作业反馈。

家长对实践类作业出现的行为最多的是代为完成。

常育晶②列举了家长代替孩子完成暑期实践作业的几个事例，结合一些研究数据说明，面对非常难的假期实践作业，很多家长直接代劳孩子完成作业，同时她也指出，这一现象的出现值得家长和老师反思。

叶金福③结合教育部鼓励暑期布置活动性、实践性、探究性作业这一内容进行拓展说明，表示有的老师给学生布置的手工制作作业，家长也希望孩子独立完成，但靠学生自己根本无法较好地完成，所以家长只好代为制作。

吴国英④对重点小学的家庭作业现状进行调查发现，低年级家长不仅要辅导孩子大量书面作业，同时还要参与孩子的实践作业，但由于低年级学生能力不够，所以实践作业完全是低年级家长的"家长作业"，说明低年级实践类作业几乎是家长完成的。同时，中高年级家长参与实践类作业的频率相似，这类作业都需要家长不同程度的帮助，也就是家长对这类作业的行为主要是代为完成。

5. 文献述评

笔者在中国知识资源总库中查阅相关文献，以"家长"和"家庭作业"为篇名进行检索，共有文献 68 篇。在研读文献时发现，国外对此研究起步较早，20 世纪末就已经有相当多的学者对家长与家庭作业的有关内容进行了研究，研究的层次和结果都是丰富多样的，并且作为重要的研究课题，内容还在不断地补

---

① 王岩. 小学高年级语文家庭作业设计与实施调查研究——以 A 市 B 小学为例 [D]. 漳州：闽南师范大学，2020.

② 常育晶. 家长代劳实践类假期作业，仅仅因为太难吗？[J]. 妇女生活，2016（1）.

③ 叶金福. 莫让暑假作业变成"家长作业"[N]. 嘉兴日报，2019-07-03（2）.

④ 吴国英. 家长参与小学生家庭作业现状调查与对策研究 [D]. 福州：福建师范大学，2018.

充。我国对该课题的研究起步较晚，许多研究也是在引进国外研究成果的基础上进行的；另外，将家庭作业分类为书面作业和实践类作业，并研究家长对这些作业行为的专题研究几乎没有。所以笔者根据自己所学专业，以小学阶段学生家长为调查对象，研究小学生家长对待书面类家庭作业与实践类家庭作业的不同行为。

二、研究设计与过程

（一）研究方法

1. 文献研究法

笔者在研究的过程中，在中国知网查阅相关文献，将所查的文献资料进行总结分析，并根据研究的内容对"家庭作业""家长""书面类作业""实践类作业"和"行为"这些概念进行了界定。国内外学者对于家长与家庭作业的研究是从家长对待家庭作业类型、内容、原因和影响等方面进行分类的，笔者依据这些研究结果分析并分类出家长对家庭作业行为的研究内容，根据自己的研究目的，确定研究对象、研究方法和研究思路。

2. 问卷调查法

通过查阅相关文献资料和借鉴其他学者的相关数据材料，同时根据本研究的实际需要设计了调查问卷。问卷设计引用了顾应凤等学者调查研究中的题目，并结合自己的研究目的组织编写了调查问卷《小学生家长对书面类和实践类家庭作业的行为》，将问卷发给笔者所在实习学校的小学生，由小学生带回家请家长填写，之后带回上交；笔者也通过问卷星在家长群中发放电子问卷。通过对问卷回收、整理和分析，获取小学生家长对不同类型家庭作业行为的有关信息，验证提出的研究假设。

（二）调查对象

由于教育部关于减轻中小学生过重负担的意见中明确提到"小学一、二年级不留书面作业"，因此本研究以三至六年级家长为调查对象，研究家长对小学生两类家庭作业的行为。

（三）研究问题

本研究采用调查问卷的方法，研究小学生家长对书面类和实践类家庭作业的行为，其中书面类家庭作业主要包括抄写生字词、做配套练习册和作文；实践类家庭作业包含活动性和探究性这两类特征。活动性实践类作业包括设计制作手工、手抄报等活动；探究性实践类作业包括学生实践体验然后写调查报告。根据以上定义，试探讨以下 4 个问题。

1. 小学生家长对抄写生字词这类书面家庭作业的主要行为。

2. 小学生家长对做练习册和写作文这类书面家庭作业的主要行为。

3. 小学生家长对活动性实践类家庭作业的主要行为。

4. 小学生家长对探究性实践类家庭作业的主要行为。

（四）研究假设

1. 根据行为维度划分的假设

将家长对作业的行为划分为五个维度，分别为：资源提供、常规监督、作业内容辅导、代为完成和作业反馈。根据研究的问题，提出以下 12 点假设。

假设 1. 小学生家长对练习册类书面作业的主要行为是资源提供。

假设 2. 小学生家长对抄写生字词类书面作业的主要行为是常规监督。

假设 3. 小学生家长对练习册类书面作业的主要行为是作业内容辅导。

假设 4. 小学生家长对练习册类书面作业的主要行为是代为完成。

假设 5. 小学生家长对作文类书面作业的主要行为是作业反馈。

假设 6. 小学生家长对手工类实践作业的主要行为是资源提供。

假设 7. 小学生家长对手抄报类实践作业的主要行为是常规监督。

假设 8. 小学生家长对手工类实践作业的主要行为是作业内容辅导。

假设 9. 小学生家长对探究并写调查报告类实践作业的主要行为是作业内容辅导。

假设 10. 小学生家长对探究并写调查报告类实践作业的主要行为是作业反馈。

假设 11. 小学生家长对探究并写调查报告类实践作业的主要行为是代为完成。

假设 12. 小学生家长对手工类实践作业的主要行为是代为完成。

2. 不同作业类型对应假设的归类

（1）书面类作业对应假设归类

书面类作业有三个维度：练习册类作业、抄写类作业和作文类作业。上述

12 类假设中与书面类作业有关的假设可以进行如下归类。

①练习册类作业对应的假设

假设 1、假设 3 和假设 4

②抄写生字词类作业对应的假设

假设 2

③作文类作业对应的假设

假设 5

（2）实践类作业对应假设归类

实践类作业的维度是手工类作业、手抄报类作业和调查类作业。上述 12 类假设中与实践类作业有关的假设可以进行如下归类。

①手工类作业的假设

假设 6、假设 8、假设 12

②手抄报类作业对应的假设

假设 7

③调查类作业对应的假设

假设 9、假设 10、假设 11

（五）研究工具

通过查阅相关文献资料和借鉴其他学者的相关数据材料，同时根据本研究的实际需要设计了调查问卷表。笔者主要以学者顾应凤的行为指标题项为基准，为能有效验证自己的假设而设置的题目。主要题目以行为的类别进行分开设计，每个指标设计三个左右的题目，之后统计每个行为指标下题目的被试回答的频次。行为量表的题目是考察家长的表现行为，对应家长行为的选项设计分为五级，分别是非常符合、符合、不确定、不符合、非常不符合，最后比较五个行为中频率均值大小，从而验证自己的假设。

本研究中的问卷主要分为三个部分，第一个部分是背景信息，主要包括学生性别、年级、学生在班级中的成绩、父亲母亲的职业、父母与学生生活在一起的时间等；第二个部分是家长对书面作业的指导与参与行为的调查，总共 18 道题目；第三个部分是家长对实践作业的指导与参与行为的调查，总共 21 道题目。

详细内容见表 4-1 研究内容的问卷设计题项，调查问卷是在此设计框架的基础上根据研究需要而制定的。具体题项对应的行为维度与假设见表 4-2。

表4-1　小学生家长对不同类型家庭作业行为的问卷调查设计框架

验证假设	家长行为	题项	来源
1. 小学生家长对练习册类书面作业的主要行为是资源提供 2. 小学生家长对抄写生字词这类书面作业的主要行为是常规监督 3. 小学生家长对练习册类书面作业的主要行为是作业内容辅导 4. 小学生家长对练习册类书面作业的主要行为是代为完成 5. 小学生家长对作文类书面作业的主要行为是作业反馈	资源提供	1. 当孩子做任何书面类作业时，我会给孩子提供良好的做作业环境（如安静的房间、舒适的桌椅）	顾应凤. 中小学生家长参与家庭作业的调查研究［D］. 宁波大学，2015.（本表中下称顾应凤）
		2. 当孩子提出购买文具或参考书要求时，我会无条件满足	根据定义自编
		3. 我会请家教给孩子辅导作业	根据定义自编
	常规监督	1. 当孩子抄写生字词时，我会监督并提醒孩子专心	自编
		2. 我会查看孩子完成作业的情况	
		3. 我会关注孩子做作业过程中的情绪变化	
		4. 为防止孩子做作业三心二意，我会针对性采取一些措施	
	作业内容辅导	1. 当孩子做练习册遇到不会做的题目时，我会进行辅导 2. 当孩子写作文写不出话时，我会教孩子如何写 3. 我会检查并帮助孩子按题目要求完成练习册上的题目 4. 我会与孩子讨论解决习题中具体问题的方法	顾应凤
	代为完成	1. 当孩子的练习册出现难题时，我会代替孩子完成 2. 当孩子对题目提出疑问时，我觉得难以解释，我会直接代替孩子做题目 3. 当孩子写作文无法独立完成时，我会口头教授，然后指导孩子照抄	自编
	作业反馈	1. 我会主动通过微信、电话等向任课老师提供孩子作业完成情况	顾应凤
		2. 当孩子作业表现不好时，我会对孩子进行训斥和批评	自编
		3. 我会对孩子在作业中表现出的努力和进步进行表扬 4. 当孩子保质保量完成作业时，我会给予一定奖励	顾应凤

验证假设	家长行为	题项	来源
验证假设： 6. 小学生家长对手工类实践作业的主要行为是资源提供 7. 小学生家长对手抄报类实践作业的主要行为是常规监督 8. 小学生家长对手工类实践作业的主要行为是作业内容辅导 9. 小学生家长对探究并写调查报告类实践作业的主要行为是作业内容辅导 10. 小学生家长对探究并写调查报告类实践作业的主要行为是作业反馈 11. 小学生家长对探究并写调查报告类实践作业的主要行为是代为完成 12. 小学生家长对手工类实践作业的主要行为是代为完成	资源提供	1. 我会给孩子提供良好的做作业环境，如安静的房间、舒适的桌椅	顾应凤
		2. 当孩子提出购买实践作业所需的材料或工具时，我会无条件满足	根据定义自编
		3. 当孩子在实践过程中遇到困难时，我会通过自己的渠道帮助孩子获得实践性作业所需材料	
	常规监督	1. 我会监督并提醒孩子专心做手工、手抄报等作业	顾应凤
		2. 我会查看孩子完成实践作业的情况	
		3. 我会关注孩子做作业过程中的情绪变化	
		4. 为防止孩子做作业三心二意，我会针对性采取一些措施	
	作业内容辅导	1. 当孩子做手工或手抄报遇到难点时，我会指导孩子完成	自编（根据书面类作业题项以及实践类作业的研究需求更改）
		2. 当孩子在搜集资料实地探究过程中遇到困难时，我会想办法告诉孩子该如何解决	
		3. 当孩子做手工或手抄报过程中遇到问题时，我会与孩子讨论问题的具体解决方法	
	代为完成	1. 当孩子在搜集资料完成调查报告过程中出现自己难以完成的任务时，我会直接代替孩子完成	来源同书面作业，自编做相应的更改
		2. 当孩子表示自己不会做实践调查报告类作业时，我会用自己的方式直接帮助孩子完成	
		3. 当我觉得孩子难以完成实地探究写调查报告这类实践作业时，我会直接帮助他完成	
	作业反馈	1. 我会主动通过微信、电话等向任课老师提供孩子手工或手抄报这类作业的完成情况	来源同书面作业，自编做相应的更改
		2. 我会及时与任课老师交流孩子在搜集资料完成调查报告过程中出现的问题	
		3. 当孩子作业表现不好时，我会对孩子进行训斥和批评	
		4. 当孩子按照老师要求完成实践类作业时，我会表扬和奖励	

表 4-2 调查问卷题项与行为维度的对应

作业类型	题项	行为维度和编码	对应假设
书面类作业	第 1~3 题	资源提供 Q1~Q3	假设 1
	第 4~7 题	常规监督 Q1~Q4	假设 2
	第 8~11 题	作业内容辅导 Q1~Q4	假设 3
	第 12~14 题	代为完成 Q1~Q3	假设 4
	第 15~18 题	作业反馈 Q1~Q4	假设 5
实践类作业	第 1~3 题	资源提供 V1~V3	假设 6
	第 4~7 题	常规监督 V1~V4	假设 7
	第 8~13 题	作业内容辅导 V1~V3	假设 8
		作业内容辅导 V4~V6	假设 9
	第 14~17 题	作业反馈 V1~V4	假设 10
	第 18~21 题	代为完成 V1~V2	假设 11
		代为完成 V3~V4	假设 12

（六）研究过程

问卷于 2021 年 4 月 30 日在问卷星网站发放，问卷的调查对象主要是三至六年级小学生家长。笔者联系了大四上学期实习学校的老师以及多位从事教师职业的亲朋好友，问卷以链接的方式由他们转发至家长群，让家长填写问卷。家长主要源自长沙市的两所学校和怀化市的一所学校。原定数据收集三年级到六年级这四个年级分别至少回收 50 份，总共回收不少于 200 份，实际回收有效问卷 289 份，问卷有效率 100%，其中三年级 50 份，四年级 68 份，五年级 53 份，六年级 102 份，二年级及以下 16 份，三年级到六年级的问卷回收份数满足了原定的要求。虽然有关部门发布了相关的减负通知，不过为了保证教学效果，低年级也会布置少量作业，所以二年级统计的 16 份数据同样包括在整体的数据分析当中。

问卷回收后，将所有的数据导入 Excel 中，然后将其导入 SPSS 软件中进行分析。

三、研究结果与分析

（一）选项的赋值

问卷中的基本信息部分包括学生的性别、数学成绩、年级、民族、父亲职业、母亲职业、问卷填写人、家庭、未与父亲居住时长、未与母亲居住时长，共 10 个题。SPSS 处理数据赋值情况如下。

表 4-3　学生问卷选项的赋值方法

类型	选项	赋值	类型	选项	赋值
性别	男	1	年级	一年级	1
	女	2		二年级	2
问卷填写人	父亲	1		三年级	3
	母亲	2		四年级	4
	祖辈	3		五年级	5
	其他	4		六年级	6
学生的成绩	优秀	1	与父母在一起的时间长度	你和父亲/母亲没有住一起达半年以上	1
	中等偏上	2		你和父亲/母亲没有住一起有半年的时间	2
	中等	3			
	中等偏下	4		你和父亲/母亲没有住一起有 1~5 个月时间	3
	偏下	5		你和你的父亲/母亲一直住一起	4
家庭作业行为选项	非常符合	1	父亲与母亲的职业阶层	其他职业	1
	符合	2		私营企业主阶层	2
	不确定	3		经理人员阶层	3
	不符合	4		专业技术人员阶层	4
	非常不符合	5		国家与社会管理阶层	5
民族	汉族	1			
	其他民族	2			

（二）问卷的信效度分析

吴明隆在《SPSS 统计应用实务》中表示，根据 Cronbach's α 系数的取值范围，α 系数在 0.9 及以上表示信度优秀；α 系数在 0.8~0.89 之间表明信度好；α 系数在 0.7~0.79 之间表明信度一般；α 系数在 0.6~0.69 之间，处于信度可接受的边缘[①]；根据 Kaiser 的观点，KMO 值大于 0.9 其效度是最好的，大于 0.8 是比较好的，大于 0.7 是中等水平，大于 0.6 被认为可接受[②]。

1. 行为维度的信度和效度分析

首先根据划分的 5 个行为维度，对试题进行信度和效度分析。具体的行为维度和对应信度效度见表 4-4。由表 4-4 可知，各项行为维度的 α 系数均在有效信度内，α 总系数为 0.947，在 0.9 以上，说明试题信度非常好。各项 KMO 值都在效度可接受范围内，总体的 KMO 值为 0.913，大于 0.9，说明试题效度非常好。

表 4-4　各行为维度的信度和效度

行为维度	题项个数	Cronbach's Alpha 值	KMO 值
资源提供	6	0.730	0.732
常规监督	8	0.892	0.827
作业内容辅导	8	0.909	0.872
代为完成	7	0.888	0.829
作业反馈	10	0.836	0.758
总体	39	0.947	0.913

2. 作业类型的信度和效度分析

如表 4-5 所示，书面作业共 18 道题，α 系数为 0.858，在 0.8~0.89 之间，说明试题信度较好可接受；实践作业共有 21 道题，α 系数为 0.948，大于 0.9，说明试题信度优秀。书面作业 KMO 值为 0.857，大于 0.8，说明试题效度是比较好的；实践作业 KMO 值为 0.916，大于 0.9，说明试题效度非常好。

---

① 吴明隆．SPSS 统计应用实务——问卷分析与应用统计 [M]．北京：科学出版社，2003：109.

② 吴明隆．SPSS 统计应用实务——问卷分析与应用统计 [M]．北京：科学出版社，2003：67.

表4-5 各作业类型维度信度和效度

作业类型	题项个数	Cronbach's Alpha 值	KMO 值
书面作业	18	0.858	0.857
实践作业	21	0.948	0.916

（三）背景信息分析

参与此次家长问卷调查的共有289名家长，他们所填写的关于孩子和自己的背景信息如下。

1. 学生性别、年级、民族和成绩

表4-6显示，男女生所占比例分别为50.9%和49.1%，男生与女生数量总体均衡。六年级的同学有102位，占总人数的35.3%，占比最大；二年级及以下学生有16位，占总人数的5.5%，占比最小；53.7%的学生来自五年级和六年级。报告汉族成分的家长有245位，占总人数的84.8%；其他民族的有44位，占总人数的15.2%，两者在数量上具有显著性差异。家长认为其孩子成绩优秀的有61人，占总人数的21.1%；认为成绩中等偏上的有75人，占总人数的25.9%；认为成绩中等的有91人，占总人数的31.5%；认为中等偏下的有39人，占总人数的13.5%；合计78.5%的家长认为其孩子的成绩在中等以上。

表4-6 学生性别、年级、民族和成绩频率（百分比）分布（n=289）

性别	频率（%）	年级	频率（%）	民族	频率（%）	成绩	频率（%）
男	147（50.9）	一、二年级	16（5.5）	汉族	245（84.8）	优秀	61（21.1）
女	142（49.1）	三年级	50（17.3）	其他民族	44（15.2）	中等偏上	75（25.9）
—	—	四年级	68（23.5）	—	—	中等	91（31.5）
—	—	五年级	53（18.4）	—	—	中等偏下	39（13.5）
—	—	六年级	102（35.3）	—	—	偏下	23（8.0）

2. 父母亲的职业阶层和与小孩住在一起的情况

由表4-7可看出，父亲职业是其他阶层的学生共183位，占总人数的63.3%；占比最小的是经理人员阶层的，仅20位，占总人数的6.9%。母亲职业是其他阶层的学生共 193 位，占总人数的 66.8%；占比最小的是经理人员阶层的学生，仅 10 位，占总人数的 3.5%；占比最多和占比最少的与父亲职业阶层一致，母亲的职业是专业技术人员阶层的学生有 48 位，占总人数的 16.6%，高于父亲的职业阶层。

由表 4-7 可看出，未与父母住在一起有半年以上的学生有 13 人，占总人数的 4.5%；与父母未住在一起有半年的学生有 2 人，占总人数的 1.3%；与父母一直住在一起的学生有 226 人，占总人数的 78.2%。根据留守儿童的定义①，留守儿童是指儿童父母双方或单方外出务工而形成的亲子离散生活持续时间超过 6 个月的状态，由此可以推断至少 4.5% 的学生为留守儿童。

表 4-7　父母亲职业阶层和与小孩住在一起的频率（百分比）分布（n=289）

没有和父母住在一起		职业阶层	频率（百分比）	
时间长度	频率（百分比）		父亲	母亲
半年以上	13（4.5）	其他	183（63.3）	193（66.8）
半年	26（9.0）	私营企业主阶层	24（8.3）	17（5.9）
1~5 个月	24（8.3）	经理人员阶层	20（6.9）	10（3.5）
不，他们一直和我在一起	226（78.2）	专业技术人员阶层	25（8.7）	48（16.6）
—	—	国家与社会管理者阶层	37（12.8）	21（7.3）

（四）家长指导与参与不同类型家庭作业行为的频率分析和差异性检验

本部分将分析小学生家长对书面类作业和实践类作业指导与参与行为的频率。

1. 书面类家庭作业的指导与参与

书面类作业分为"资源提供""常规监督""作业内容辅导""代为完成"和"作业反馈"五个维度，本部分将逐一分析。

（1）资源提供的频率分析和差异性检验

①频率分析

书面类作业中资源提供维度的题目对应附录中问卷第二部分的第 1~3 题。

从表 4-8 可知，对于"1. 当孩子做任何书面类作业时，我会给孩子提供良

---

① 胡建国，鄢雨. 留守经历与高等教育地位获得［J］. 青年研究，2020（4）.

好的作业环境（如安静的房间、舒适的桌椅）"，累计 90.66% 的受调查家长选择 "非常符合" 和 "符合"；对于 "2. 当孩子提出需要购买文具或参考书的要求时，我会无条件提供"，累计 94.43% 的受调查家长选择 "非常符合" 和 "符合"；对于 "3. 我会请家教给孩子辅导作业"，累计 30.11% 的受调查家长选择 "非常符合" 和 "符合"，累计 60.9% 的受调查家长选择 "不确定" 和 "不符合"，大致可以说，请家教辅导孩子作业、不请家教和不确定的家长各占三分之一。

表 4-8　小学生家长在书面类家庭作业资源提供维度的频率分析

题目	非常符合	符合	不确定	不符合	非常不符合
1. 当孩子做任何书面类作业时，我会给孩子提供良好的作业环境	34.95	55.71	6.92	1.73	0.69
2. 当孩子提出需要购买文具或参考书的要求时，我会无条件提供	52.22	42.21	4.50	0.69	0.35
3. 我会请家教给孩子辅导作业	11.42	18.69	28.03	32.87	9.00
均值	32.86	38.87	13.15	11.76	3.35

总体来说，在 "小学生家长在书面类家庭作业资源提供" 维度中，32.86% 的家长选择了 "完全符合"，38.87% 的家长选择了 "符合"，13.15% 的家长选择了 "不确定"，11.76% 的家长选择了 "不符合"，3.35% 的家长选择了 "完全不符合"。这些数据说明，71.73% 的家长在孩子书面类家庭作业资源提供方面是做得不错的。

②差异性检验

表 4-9 是不同背景家长对书面类家庭作业资源提供维度的差异性检验。

数据显示，不同背景家长在 "2. 当孩子提出购买文具或参考书要求时，我会无条件满足" 选项上无显著性差异，换言之，任何一位家长都会满足小孩购买学习用品的需求。另外，无论自家小孩是男生还是女生，无论他们所处的年级，家长在 "1. 当孩子做练习册时，我会给孩子提供良好的作业环境" "2. 当孩子提出购买文具或参考书要求时，我会无条件满足" "3. 我会请家教辅导孩子作业" 选项上均无显著性差异。

表4-9　不同背景家长对书面类家庭作业资源提供维度的差异性检验

家长背景	检验量	1. 当孩子做练习册时，我会给孩子提供良好的作业环境	2. 当孩子提出购买文具或参考书要求时，我会无条件满足	3. 我会请家教辅导孩子作业
性别	F	0.707	1.784	0.111
	P	0.401	0.183	0.739
年级	F	1.454	0.759	1.077
	P	0.216	0.553	0.368
成绩	F	11.102	1.708	1.958
	P	0.000	0.148	0.101
民族	F	2.715	1.044	3.934
	P	0.101	0.308	0.048
父亲职业	F	5.014	1.654	1.95
	P	0.001	0.161	0.102
母亲职业	F	4.008	0.814	2.691
	P	0.004	0.517	0.031
时间	F	5.098	1.873	2.395
	P	0.002	0.134	0.068

注：性别、年级与成绩指向小学生，而非家长；时间指的是小学生与父母居住在一起的时间。

数据显示，学生成绩不同，家长在"1. 当孩子做练习册时，我会给孩子提供良好的作业环境"选项上具有显著性差异，学生成绩优秀和中等偏上的家长得分位列第一和第二，其三是学生成绩偏下的家长，学生成绩中等和中等偏下的家长认同度相对最低；不同职业阶层的父亲与母亲对该选项的认同也具有显著性差异，父亲和母亲的得分从低到高位列前三的职业阶层是农民与蓝领等社会较低阶层、经理人员阶层、私营企业主阶层；与小孩合居时间长度不同的家长对该选项的认同也具有显著性差异，一直和小孩住在一起的家长得分最高。简言之，学生成绩优秀和中等偏上、家长职业阶层高、与小孩一直合居的家长，他们对小孩提供良好家庭作业环境的可能性更大。

在"3. 我会请家教辅导孩子作业"选项上，汉族家长的得分高于少数民族家长，两者之间具有显著性差异；另外，不同职业阶层的母亲对该选项的认同也具有显著性差异，职业阶层是经理人员、农民与蓝领等其他阶层母亲的得分分别位列第一和第二，专业技术阶层和国家与社会管理者阶层的认同度相对最低。显然，家长的职业收入和自身的文化水平与请家教的关系更密切。

（2）常规监督的频率分析和差异性检验

①频率分析

书面类作业中常规监督维度的题目对应附录中问卷第二部分的第4~7题。

从表4-10可知，对于"4.当孩子抄写生字词时，我会监督并提醒他专心做作业"，累计73.7%的受调查家长选择"非常符合"和"符合"；对于"5.我会查看孩子完成作业的情况"，累计67.13%的受调查家长选择"非常符合"和"符合"；对于"6.我会关注孩子做作业过程中的情绪变化"，累计59.86%的受调查家长选择"非常符合"和"符合"；对于"7.为防止孩子做作业三心二意，我会针对性地采取一些措施"，累计62.28%的受调查家长选择"非常符合"和"符合"。

表4-10　小学生家长在书面类家庭作业常规监督的维度频率分析

题目	非常符合	符合	不确定	不符合	非常不符合
4. 当孩子抄写生字词时，我会监督并提醒他专心做作业	25.95	47.75	17.65	7.61	1.04
5. 我会查看孩子完成作业的情况	23.53	43.60	27.34	4.84	0.69
6. 我会关注孩子做作业过程中的情绪变化	16.26	43.60	26.64	11.42	2.08
7. 为防止孩子做作业三心二意，我会针对性采取一些措施	16.61	45.67	25.61	10.73	1.38
均值	20.59	45.16	24.31	8.65	1.30

总体来说，在"小学生家长在书面类家庭作业常规监督"维度中，20.59%的家长选择了"完全符合"，有45.16%的家长选择了"符合"，有24.31%的家长选择了"不确定"，有8.65%的家长选择了"不符合"，有1.30%的家长选择了"完全符合"。这些数据说明，65.75%的家长在孩子书面类家庭作业常规监督方面做得很好，但24.31%的家长做得不是特别强，9.95%的家长做得不好。

②差异性检验

表4-11是不同背景家长对书面类家庭作业常规监督维度的差异性检验。

数据显示，自家孩子不同性别、自身不同民族和职业的家长，他们在"4.当孩子抄写生字词时，我会监督并提醒他专心做作业""5.我会查看孩子完成作业的情况""6.我会关注孩子做作业过程中的情绪变化""7.为防止孩子做作业三心二意，我会针对性地采取一些措施"选项上没有显著性差异。

表4-11 不同背景家长对书面类家庭作业常规监督维度的差异性检验

家长背景	检验量	4.当孩子抄写生字词时，我会监督并提醒他专心做作业	5.我会查看孩子完成作业的情况	6.我会关注孩子做作业过程中的情绪变化	7.为防止孩子做作业三心二意，我会针对性地采取一些措施
性别	F	0.653	0.884	2.170	0.240
	P	0.420	0.348	0.142	0.624
年级	F	1.800	2.229	1.479	2.505
	P	0.129	0.066	0.208	0.042
成绩	F	3.326	3.939	3.448	3.496
	P	0.011	0.004	0.009	0.008
民族	F	1.408	.026	.386	.047
	P	0.236	0.872	0.535	0.829
父亲职业	F	.300	2.247	.547	.689
	P	0.878	0.064	0.702	0.600
母亲职业	F	0.345	0.345	1.690	0.571
	P	0.847	0.847	0.152	0.684
时间	F	1.880	1.959	1.597	2.679
	P	0.133	0.120	0.190	0.047

注：性别、年级与成绩指向小学生，而非家长；时间指的是小学生与父母居住在一起的时间。

数据显示，学生成绩不同，家长在"4.当孩子抄写生字词时，我会监督并提醒他专心做作业""5.我会查看孩子完成作业的情况""6.我会关注孩子做作业过程中的情绪变化""7.为防止孩子做作业三心二意，我会针对性地采取一些措施"的选项上具有显著性差异，孩子成绩优秀的家长在这些选项上的得分最高，成绩中等的家长的得分最低。

在"7.为防止孩子做作业三心二意，我会针对性地采取一些措施"题项，自家小孩所处不同年级和他们自身与自家小孩合居时间不同，家长得分之间具有显著性差异，与小孩分开半年以上的家长的得分最低；在年级方面，家长得分从低到高依次是五年级、六年级、四年级和三年级学生家长，显然，低年级家长更倾向于采取措施培养学生完成作业的好习惯。

（3）作业内容辅导的频率分析和差异性检验

书面类作业中内容辅导维度的题目对应附录中问卷第二部分的第8~11题。

①频率分析

从表4-12可知，对于"8. 当孩子做练习册时遇到不会做的题目时，我会进行辅导"，累计77.85%的受调查家长选择"非常符合"和"符合"；对于"9. 我会和孩子一起讨论练习册中的难题"，累计70.59%的受调查家长选择"非常符合"和"符合"；对于"10. 我会帮助孩子按题目要求完成练习册上的题目"，累计63.67%的受调查家长选择"非常符合"和"符合"；对于"11. 我会引导孩子思考解决练习册中的难题"，累计70.94%的受调查家长选择"非常符合"和"符合"。

表4-12　小学生家长在书面类家庭作业内容辅导维度的频率分析

题目	非常符合	符合	不确定	不符合	非常不符合
8. 当孩子做练习册遇到不会做的题目时，我会进行辅导	25.95	51.90	13.15	7.61	1.38
9. 我会和孩子一起讨论练习册中的难题	23.53	47.06	17.99	9.34	2.08
10. 我会帮助孩子按题目要求完成练习册上的题目	20.42	43.25	21.80	10.73	3.81
11. 我会引导孩子思考解决练习册中的难题	21.11	49.83	19.38	6.92	2.77
均值	22.75	48.01	18.08	8.65	2.51

总体来说，在"小学生家长在书面类家庭作业中作业内容辅导"维度中，22.75%的家长选择了"非常符合"，48.01%的家长选择了"符合"，18.08%的家长选择了"不确定"，8.65%的家长选择了"不符合"，2.51%的家长选择了"非常不符合"。这些数据说明，70.76%的家长在孩子书面类家庭作业内容辅导方面做得很好，但18.08%的家长做得还不够，11.16%的家长做得不好。

②差异性检验

表4-13是不同背景家长对书面类家庭作业内容辅导维度的差异性检验。

数据显示，无论自家孩子是男生或女生，家长们在"8. 当孩子遇到不会做的练习题时，我会进行辅导""9. 我会和孩子一起讨论练习册中的难题""10. 我会帮助孩子按题目要求完成练习册上的题目"和"11. 我会引导孩子思考解决练习册中的难题"选项上没有显著性差异。

表4-13　不同背景家长对书面类作业内容辅导维度的差异性检验

家长背景	检验量	8. 当孩子遇到不会做的练习题时，我会进行辅导	9. 我会和孩子一起讨论练习册中的难题	10. 我会帮助孩子按题目要求完成练习册上的题目	11. 我会引导孩子思考解决练习册中的难题
性别	F	0.542	0.004	2.765	0.138
	P	0.462	0.950	0.097	0.710
年级	F	2.264	3.082	3.892	4.038
	P	0.062	0.017	0.004	0.003
成绩	F	5.542	10.524	4.518	8.237
	P	0.000	0.000	0.001	0.000
民族	F	1.138	6.115	0.000	3.658
	P	0.287	0.014	0.991	0.057
父亲职业	F	4.667	5.484	2.373	3.337
	P	0.001	0.000	0.053	0.011
母亲职业	F	6.264	5.158	4.019	3.520
	P	0.000	0.001	0.003	0.008
时间	F	3.037	5.460	3.949	5.214
	P	0.029	0.001	0.009	0.002

注：性别、年级与成绩指向小学生，而非家长；时间指的是小学生与父母居住在一起的时间。

数据显示，对于"8. 当孩子遇到不会做的练习题时，我会进行辅导"，学生年级和民族不同，家长在该选项上没有显著性差异，换言之，无论自家小孩在哪个年级，无论来自哪个民族，家长在辅导孩子做题的问题上不会区别对待；但是自家小孩成绩不同、父亲与母亲的职业不同、家长与小孩合居时间长度不同，家长在选项上具有显著性差异；成绩优秀和成绩偏上的学生家长辅导的可能性更高；在父亲职业阶层方面，辅导孩子做题的倾向性从高到低排序依次是：专业技术人员、国家与社会管理者、经理人员、私营企业主和其他阶层，母亲职业阶层方面的排序则是：专业技术人员、经理人员、私营企业主、国家与社会管理者和其他阶层。换言之，专业技术人员的父母辅导孩子作业的可能性最高，高分学生家长辅导的可能性最高。

对于"9. 我会和孩子一起讨论练习册中的难题"二、三年级家长辅导可能性最高，最低的是五年级，四年级和六年级基本持平；成绩越好的学生，家长辅导的可能性越高；少数民族家长辅导的可能性高于汉族家长；在父亲职业阶层方面，其倾向性从高到低排序依次是：专业技术人员、国家与社会管理者、经理人员、私营企业主和其他阶层，母亲职业阶层方面的排序则是：专业技术人员、经理人员、国家与社会管理者、私营企业主和其他阶层。

对于"10. 我会帮助孩子按题目要求完成练习册上的题目"，民族和父亲职业阶层不同，家长在该选项上没有显著性差异，换言之，无论来自哪个民族，无论父亲的职业阶层，家长在帮助孩子完成练习册作业问题上没有区别；但是自家小孩所处年级不同、成绩不同、母亲职业阶层不同、家长与小孩合居时间长度不同，家长对该问题的认可度上具有显著性差异。具体而言，家长得分由高到低在年级上的排序是三年级、二年级、四年级、五年级和六年级，大致可以说孩子年级越低，家长得分越高；小孩成绩越好，家长认可度越高；家长得分由高到低在母亲职业阶层上的排序是专业技术人员、私营企业主阶层、经理人员、其他阶层、国家与社会管理者阶层。

对于"11. 我会引导孩子思考解决练习册中的难题"得分方面，汉族和少数民族家长没有显著性差异。孩子的年级和成绩不同、其自身的职业和与小孩合居时长不同，家长的得分具有显著性差异，但其由高到低排序和"9. 我会和孩子一起讨论练习册中的难题"一致。

总体上而言，以下特点的家长辅导子女作业内容上的得分最高：子女成绩好的家长，二、三年级的家长，专业技术人员的父亲和母亲，与子女分开居住时间达到5个月的家长。

（4）代为完成的频率分析和差异性检验

代为完成维度的题目对应附录中问卷第二部分的第12~14题。

①频率分析

从表4-14可知，对于"12. 当孩子做练习册出现难题时我会代替孩子完成"，累计7.7%的受调查家长选择"非常符合"和"符合"；对于"13. 当孩子对题目提出疑问时，我觉得难以解释，我会直接代替孩子做题目"，累计8%的受调查家长选择"非常符合"和"符合"；对于"14. 当孩子做习题无法独立完成时，我会口头教授，然后指导孩子照写"，累计有33.6%的受调查家长选择"非常符合"和"符合"。

表4-14　小学生家长在书面类家庭作业代为完成维度的频率分析

题目	非常符合	符合	不确定	不符合	非常不符合
12. 当孩子做练习册出现难题时我会代替孩子完成	3.5	4.2	8.7	59.5	24.2
13. 当孩子对题目提出疑问时，我觉得难以解释，我会直接代替孩子做题目	2.8	5.2	6.9	56.7	28.4
14. 当孩子做习题无法独立完成时，我会口头教授，然后指导孩子照写	5.2	28.4	17.6	33.6	15.2
均值	3.83	12.6	11.07	49.93	22.6

总体来说，在"小学生家长在书面类家庭作业代为完成"维度中，3.83%的家长选择了"完全符合"，12.6%的家长选择了"符合"，11.07%的家长选择了"不确定"，49.93的家长选择了"不符合"，22.6%的家长选择了"完全不符合"。这些数据说明，72.53%的家长没有代孩子完成书面类作业，16.43%的家长有代为完成的行为。

②差异性检验

表4-15是不同背景家长代为完成书面类作业维度的差异性检验。

数据显示，无论自家小孩性别、年级和成绩，无论自己的民族和职业，家长在"12. 当孩子做练习册出现难题时我会代孩子完成""13. 当孩子对题目提出疑问时，我觉得难以解释，会直接代孩子做题目""14. 当孩子做习题无法独立完成时，我会口头教授，然后指导孩子照写"的认同度上没有显著性差异。但是，家长与子女合居时间长度不同，他们在"12. 当孩子做练习册出现难题时我会代孩子完成""13. 当孩子对题目提出疑问时，我觉得难以解释，会直接代孩子做题目"认同度上具有显著差异，和孩子分居半年的家长，其代为完成的可能性最高，其他合居时长的家长整体上不认同这两种行为。

表 4-15　不同背景家长对书面类作业代为完成维度的差异性检验

家长背景	检验量	12. 当孩子做练习册出现难题时我会代孩子完成	13. 当孩子对题目提出疑问时，我觉得难以解释，会直接代孩子做题目	14. 当孩子做习题无法独立完成时，我会口头教授，然后指导孩子照写
性别	F	0.043	0.160	0.000
	P	0.837	0.689	0.990
年级	F	1.034	1.146	0.327
	P	0.390	0.335	0.859
成绩	F	1.813	1.874	1.373
	P	0.126	0.115	0.243
民族	F	2.933	2.561	0.024
	P	0.088	0.111	0.877
父亲职业	F	0.386	1.493	0.445
	P	0.818	0.204	0.776
母亲职业	F	0.876	1.135	0.225
	P	0.479	0.340	0.924
时间	F	6.142	7.375	2.252
	P	0.000	0.000	0.082

注：性别、年级与成绩指向小学生，而非家长；时间指的是小学生与父母居住在一起的时间。

（5）作业反馈的频率分析和差异性检验

反馈孩子完成作业情况维度的题目对应附录中问卷第二部分的第 15~18 题，包括向教师反馈，也包括和孩子自身沟通其作业写作与完成情况。

①频率分析

从表 4-16 可知，对于"15. 我会主动通过微信、电话等向老师提供孩子作文完成情况"，累计 30.5% 的受调查家长选择"非常符合"和"符合"；对于"16. 当孩子不好好写作文时，我会进行训斥和批评"，累计 39.8% 的受调查家长选择"非常符合"和"符合"；对于"17. 我会表扬孩子作文写作中的努力和进步"，累计 89.6% 的受调查家长选择"非常符合"和"符合"；对于"18. 当孩子按时按量完成作文时，我会进行奖励"，累计 61.6% 的受调查家长选择"非常符合"和"符合"。

表4-16 小学生家长在书面类家庭作业中作业反馈维度的频率分析

题目	非常符合	符合	不确定	不符合	非常不符合
15. 我会主动通过微信、电话等向老师提供孩子作文完成情况	8.0	22.5	36.7	28.4	4.5
16. 当孩子不好好写作文时，我会进行训斥和批评	5.5	34.3	29.1	27.3	3.8
17. 我会表扬孩子作文写作中的努力和进步	23.2	66.4	6.6	2.1	1.7
18. 当孩子按时按量完成作文时，我会进行奖励	14.5	47.1	28.0	8.7	1.7
均值	12.8	42.58	25.1	16.63	2.93

总体来说，在"小学生家长在书面类家庭作业中作业反馈"维度中，12.8%的家长选择了"非常符合"，42.58%的家长选择了"符合"，25.1%的家长选择了"不确定"，16.63%的家长选择了"不符合"，2.92%的家长选择了"非常不符合"。这些数据说明，55.38%的家长在孩子书面类家庭作业反馈方面做得很好，但25.1%的家长做得还不够，19.56%的家长做得不好。

②差异性检验

表4-17是不同背景家长反馈书面类作业维度的差异性检验。

数据显示，无论自家小孩成绩如何，无论自己来自哪个民族，无论与孩子合居时间的长短，家长对"15. 我会主动通过微信、电话等向老师提供孩子作文完成情况""16. 当孩子不好好写作文时，我会进行训斥和批评""17. 我会表扬孩子作文写作中的努力和进步""18. 当孩子按时按量完成作文时，我会进行奖励"的得分上没有显著性差异。换言之，上述这些背景的家长对孩子写作文作业的反馈实质是一样的。

表4-17 不同背景家长对书面作业反馈作文类维度的差异性检验

家长背景	检验量	15. 我会主动通过微信、电话等向老师提供孩子作文完成情况	16. 当孩子不好好写作文时，我会进行训斥和批评	17. 我会表扬孩子作文写作中的努力和进步	18. 当孩子按时按量完成作文时，我会进行奖励
性别	F	0.410	5.580	1.803	0.643
	P	0.523	0.019	0.180	0.423
年级	F	2.585	2.857	0.904	2.866
	P	0.037	0.024	0.462	0.024

续表

家长背景	检验量	15. 我会主动通过微信、电话等向老师提供孩子作文完成情况	16. 当孩子不好好写作文时，我会进行训斥和批评	17. 我会表扬孩子作文写作中的努力和进步	18. 当孩子按时按量完成作文时，我会进行奖励
成绩	F	2.296	1.767	2.068	1.466
	P	0.059	0.135	0.085	0.213
民族	F	0.160	0.056	10.698	0.001
	P	0.690	0.813	0.194	0.976
父亲职业	F	1.550	0.717	2.534	0.962
	P	0.188	0.581	0.041	0.429
母亲职业	F	4.447	0.298	1.567	1.286
	P	0.002	0.879	0.183	0.276
时间	F	1.754	1.967	0.971	0.751
	P	0.156	0.119	0.407	0.523

在显著性差异方面，男生家长对"16. 当孩子不好好写作文时，我会进行训斥和批评"的认同度显著高于女生家长，似乎表明男生写作文的态度不如女生；二、三年级家长更倾向于向老师反馈孩子作业完成情况，二年级、四年级和五年级的家长比三年级和六年级家长更倾向于批评和训斥孩子写作业的不好表现，二、三年级家长更倾向于奖励孩子按时按量完成作业；在表扬孩子的努力和进步方面，其他职业阶层的父亲的得分低于专业技术阶层、国家与社会管理者阶层、经理人员阶层和私营企业主阶层的父亲；在主动与教师进行作业沟通方面，私营企业主阶层的母亲得分最高，其次是专业技术阶层，得分最低的是经理人员阶层。

（6）小结

书面类作业分为"资源提供""常规监督""作业内容辅导""代为完成"和"作业反馈"五个维度。"资源提供"维度的分析显示，近三分之一的家长请了家教，家长的职业收入和自身的文化水平与请家教的关系更密切。家长在提供物质条件方面没有显著性差异，但在保障良好作业环境方面，成绩好的家长、专业技术阶层和国家与社会管理者阶层的父母得分更高。

"常规监督"维度的分析显示，相比于对作业的监督、提醒和查看，在关注孩子情绪变化和防止孩子心不在焉方面，家长的得分整体更低；学生成绩优秀的家长整体得分最高，学生成绩中等的家长整体得分最低；低年级家长更倾向于采取措施培养学生完成作业的好习惯。

"作业内容辅导"维度的分析显示，整体而言，70.76%的家长认为他们辅导了孩子的作业内容，11.16%的家长明确表示没有辅导。总体上而言，辅导孩子作业内容的家长是那些子女成绩好的家长，二、三年级的家长和专业技术阶层的家长。

"代为完成"维度的分析显示，整体上而言，16.43%的家长明确自己有代写作业行为，72.53%的家长明确自己没有作业代写行为。家长代写作业的行为和自家小孩性别、年级和成绩无关，也与父母的职业阶层和民族身份无关。

"作业反馈"包括向教师反馈和向子女反馈，家长的所有反馈行为与小孩成绩之间没有显著性关系。39.8%的家长会训斥小孩作业完成不认真，男生家长多于女生，但三年级和六年级家长的训斥行为比其他年级的家长少；61.6%的家长会进行奖励，二、三年级家长奖励行为更多；私营企业主阶层的母亲主动与教师进行作业沟通的行为更多；除"其他"阶层外，专业技术阶层、国家与社会管理者阶层、经理人员阶层和私营企业主阶层的父亲都会表扬孩子的努力和进步。

2. 实践类家庭作业的指导与参与

实践类作业也分为"资源提供""常规监督""作业内容辅导""代为完成"和"作业反馈"五个维度，本部分将逐一分析。

（1）资源提供的频率分析和差异性检验

①频率分析

实践类作业中资源提供维度的题目对应附录中问卷第三部分的第1~3题。

从表4-18可知，对于"1. 我会给孩子提供良好的做手工环境，如安静的房间、宽大的桌椅"，累计74%的受调查家长选择"非常符合"和"符合"；对于"2. 我已经在家里备好了孩子做手工可能用到的材料"，累计50.6%的受调查家长选择"非常符合"和"符合"；对于"3. 当孩子提出购买手工作业材料或工具时，我会无条件答应"，累计78.2%的受调查家长选择"非常符合"和"符合"。

表 4-18　小学生家长在实践类家庭作业资源提供维度的频率分析

题目	非常符合	符合	不确定	不符合	非常不符合	没有这类作业
1. 我会给孩子提供良好的做手工环境，如安静的房间、宽大的桌椅	21.8	52.2	12.8	3.8	1	8.3
2. 我已经在家里备好了孩子做手工可能用到的材料	11.8	38.8	25.3	13.1	1	10
3. 当孩子提出购买手工作业材料或工具时，我会无条件答应	26.3	51.9	13.1	3.5	0.4	4.8
均值	19.97	47.63	17.07	6.8	0.8	7.7

　　总体来说，在"小学生家长在实践类家庭作业资源提供"维度中，19.97%的家长选择了"非常符合"，47.63%的家长选择了"符合"，17.07%的家长选择了"不确定"，6.8%的家长选择了"不符合"，0.8%的家长选择了"非常不符合"，7.7%的家长选择了"没有这类作业"。这些数据说明，67.6%的家长在孩子实践类家庭作业资源提供方面做得不错。

　　②差异性检验

　　表 4-19 是不同背景家长对实践类家庭作业资源提供维度的差异性检验。

　　数据显示，不同背景家长在"3. 当孩子提出购买手工作业材料或工具时，我会无条件答应"选项上无显著性差异，换言之，任何一位家长都会满足小孩购买实践类作业用品的需求。另外，无论自家小孩是男生还是女生，无论家长的民族、职业和与子女合居时间长短，家长在"1. 我会给孩子提供良好的做手工环境，如安静的房间、宽大的桌椅""2. 我已经在家里备好了孩子做手工可能用到的材料"得分上均无显著性差异。

表 4-19　不同背景家长对实践类家庭作业资源提供维度的差异性检验

家长背景	检验量	1. 我会给孩子提供良好的做手工环境，如安静的房间、宽大的桌椅	2. 我已经在家里备好了孩子做手工可能用到的材料	3. 当孩子提出购买手工作业材料或工具时，我会无条件答应
性别	F	0.101	0.111	0.085
	P	0.751	0.739	0.771

续表

家长背景	检验量	1. 我会给孩子提供良好的做手工环境，如安静的房间、宽大的桌椅	2. 我已经在家里备好了孩子做手工可能用到的材料	3. 当孩子提出购买手工作业材料或工具时，我会无条件答应
年级	F	2.383	3.145	1.875
	P	0.052	0.015	0.115
成绩	F	4.440	1.742	0.788
	P	0.002	0.141	0.534
民族	F	0.429	0.175	1.063
	P	0.513	0.676	0.303
父亲职业	F	1.412	0.892	1.002
	P	0.230	0.469	0.407
母亲职业	F	1.867	1.225	1.126
	P	0.116	0.300	0.345
时间	F	1.393	0.670	0.204
	P	0.245	0.571	0.893

注：性别、年级与成绩指向小学生，而非家长；时间指的是小学生与父母居住在一起的时间。

在"1. 我会给孩子提供良好的做手工环境，如安静的房间，宽大的桌椅"选项上，成绩优秀和成绩中上的家长得分显著高于其他成绩的学生；在"2. 我已经在家里备好了孩子做手工可能用到的材料"选项上，五、六年级家长的得分显著低于低年级和中段年级的家长。

（2）常规监督的频率分析和差异性检验

①频率分析

实践类作业中常规监督维度的题目对应附录中问卷第三部分的第4~7题。

从表4-20可知，对于"4. 我会监督并提醒孩子专心做手抄报等作业"，累计73.3%的受调查家长选择"非常符合"和"符合"；对于"5. 我会查看孩子完成手抄报的情况"，累计72%的受调查家长选择"非常符合"和"符合"；对于"6. 我会关注孩子做手抄报过程中的情绪变化"，累计57.1%的受调查家长选择"非常符合"和"符合"；对于"7. 为防止孩子做手抄报三心二意，我会针对性地采取一些措施"，累计56.4%的受调查家长选择"非常符合"和"符合"。

表4-20 小学生家长在实践类家庭作业常规监督维度的频率分析

题目	非常符合	符合	不确定	不符合	非常不符合	没有这类作业
4. 我会监督并提醒孩子专心做手抄报等作业	18.3	55	15.6	6.6	1	3.5
5. 我会查看孩子完成手抄报的情况	18.7	53.3	17.3	6.6	1	3.1
6. 我会关注孩子做手抄报过程中的情绪变化	11.4	45.7	23.5	13.8	2.1	3.5
7. 为防止孩子做手抄报三心二意，我会针对性地采取一些措施	11.1	45.3	27	11.1	2.1	3.5
均值	14.88	49.83	20.85	9.53	1.55	3.4

总体来说，在"小学生家长在实践类家庭作业常规监督"维度中，14.88%的家长选择了"非常符合"，49.83%的家长选择了"符合"，20.85%的家长选择了"不确定"，9.53%的家长选择了"不符合"，1.55%的家长选择了"非常不符合"，3.4%的家长选择了"没有这类作业"。这些数据说明，64.71%的家长在孩子实践类家庭作业常规监督方面做得很好，但20.85%的家长还需要加强，11.08%的家长做得不好，极少数家长没有实践类家庭作业常规监督行为。

②差异性检验

表4-21是不同背景家长对实践类家庭作业常规监督维度的差异性检验。

数据显示，自身与孩子合居时长不同、孩子性别不同，自身不同民族和不同职业的家长，他们在"4. 我会监督并提醒孩子专心做手抄报等作业""5. 我会查看孩子完成手抄报的情况""6. 我会关注孩子做手抄报过程中的情绪变化""7. 为防止孩子做手抄报三心二意，我会针对性地采取一些措施"选项上没有显著性差异，换言之，他们对实践类家庭作业常规监督的做法上是一样的。

表4-21 不同背景家长对实践类家庭作业常规监督维度的差异性检验

家长背景	检验量	4. 我会监督并提醒孩子专心做手抄报等作业	5. 我会查看孩子完成手抄报的情况	6. 我会关注孩子做手抄报过程中的情绪变化	7. 为防止孩子做手抄报三心二意，我会针对性地采取一些措施
性别	F	0.717	0.409	0.011	0.223
	P	0.398	0.523	0.917	0.637
年级	F	1.959	2.750	2.402	4.067
	P	0.101	0.029	0.050	0.003

续表

家长背景	检验量	4. 我会监督并提醒孩子专心做手抄报等作业	5. 我会查看孩子完成手抄报的情况	6. 我会关注孩子做手抄报过程中的情绪变化	7. 为防止孩子做手抄报三心二意，我会针对性地采取一些措施
成绩	F	3.091	2.485	2.825	1.862
	P	0.016	0.044	0.025	0.117
民族	F	0.088	0.207	0.451	0.044
	P	0.767	0.650	0.503	0.834
父亲职业	F	1.525	0.706	0.280	0.767
	P	0.195	0.588	0.891	0.547
母亲职业	F	1.442	1.027	0.576	0.243
	P	0.220	0.394	0.680	0.914
时间	F	0.289	0.175	0.521	0.530
	P	0.833	0.913	0.668	0.662

注：性别、年级与成绩指向小学生，而非家长；时间指的是小学生与父母居住在一起的时间。

数据显示，三、四年级学生家长在"5. 我会查看孩子完成手抄报的情况"和"7. 为防止孩子做手抄报三心二意，我会针对性地采取一些措施"的得分显著性高于五、六年级；孩子成绩不同的家长，他们在"4. 我会监督并提醒孩子专心做手抄报等作业""5. 我会查看孩子完成手抄报的情况""6. 我会关注孩子做手抄报过程中的情绪变化"的得分上具有显著性差异，小孩成绩优秀和中上的家长在这些选项上的得分高于其他家长。

（3）作业内容辅导的频率分析和差异性检验

实践类作业中内容辅导维度的题目对应附录中问卷第三部分的第8~13题。

①频率分析

从表4-22可知，对于"8. 当孩子做手工遇到困难时，我会给孩子做出示范"，累计67.5%的受调查家长选择"非常符合"和"符合"；对于"9. 当孩子做手工遇到困难时，我会引导孩子思考如何解决"，累计70.9%的受调查家长选择"非常符合"和"符合"；对于"10. 当孩子做手工遇到困难时，我会直接告诉孩子如何解决"，累计69.5%的受调查家长选择"非常符合"和"符合"；对于"11. 当孩子在搜集调查报告类资料遇到困难时，我会指导进行"，累计76.4%的受调查家长选择"非常符合"和"符合"；对于"12. 当孩子表示不会写调查报告时，我会进行指导"，累计70.5%的受调查家长选择"非常符合"和"符合"；对于"13. 当老师要求家长带孩子外出参观完成实践作业时，我会按要求指导孩子完成"，累计73%的受调查家长选择"非常符合"和"符合"。

表4-22 小学生家长在实践类家庭作业中作业内容辅导维度的频率分析

题目	非常符合	符合	不确定	不符合	非常不符合	没有这类作业
8. 当孩子做手工遇到困难时，我会给孩子做示范	11.8	55.7	17.6	8.3	0.7	5.9
9. 当孩子做手工遇到困难时，我会引导孩子思考如何解决	13.8	57.1	15.9	6.2	1	5.9
10. 当孩子做手工遇到困难时，我会直接告诉孩子如何解决	12.8	56.7	15.9	7.3	0.7	6.6
11. 当孩子搜集调查报告类资料遇到困难时，我会进行指导	14.5	61.9	9.3	5.9	1	7.3
12. 当孩子表示不会写调查报告时，我会进行指导	13.8	56.7	11.8	6.6	1	10
13. 当老师要求家长带孩子外出参观完成实践作业时，我会按要求指导孩子完成	15.6	57.4	12.8	3.1	1.7	9.3
均值	13.72	57.58	13.88	6.23	1.02	7.5

总体来说，在"小学生家长在实践类家庭作业中作业内容辅导"维度中，13.72%的家长选择了"非常符合"，57.58%的家长选择了"符合"，13.88%的家长选择了"不确定"，6.23%的家长选择了"不符合"，1.02%的家长选择了"非常不符合"，7.5%的家长选择了"没有这类作业"。这些数据说明，71.3%的家长在孩子实践类家庭作业内容辅导方面做得很好，13.88%的家长还需要改进，8.52%的家长做得不好。

②差异性检验

表4-23是不同背景家长对实践类家庭作业内容辅导维度的差异性检验。由于各类背景信息家长的得分在第11题和第12题上没有显著性差异，因此表4-23没有显示这两道题目。

数据显示，无论自家孩子是男生或女生，自家孩子与家长合居时长、自身不同民族和不同职业，家长们在表 4-23 中四道题目的得分上没有显著性差异。换言之，这些背景信息家长在辅导小孩实践类作业的做法上是一样的。

表 4-23　不同背景家长对实践类作业内容辅导维度的差异性检验

家长背景	检验量	8. 当孩子做手工遇到困难时，我会给孩子做示范	9. 当孩子做手工遇到困难时，我会引导孩子思考如何解决	10. 当孩子做手工遇到困难时，我会直接告诉孩子如何解决	13. 当老师要求家长带孩子外出参观完成实践作业时，我会按要求指导孩子完成
性别	F	0.005	0.002	0.025	0.052
	P	0.94	0.963	0.874	0.819
年级	F	6.866	5.604	4.369	1.433
	P	0.000	0.000	0.002	0.223
成绩	F	3.755	2.863	1.226	0.853
	P	0.005	0.024	0.300	0.493
民族	F	0.001	0.183	1.902	0.564
	P	0.982	0.669	0.169	0.453
父亲职业	F	1.328	1.052	1.227	2.166
	P	0.260	0.381	0.300	0.073
母亲职业	F	0.859	0.638	0.555	0.384
	P	0.489	0.636	0.696	0.820
时间	F	1.613	0.521	1.010	2.683
	P	0.187	0.668	0.389	0.047

注：性别、年级与成绩指向小学生，而非家长；时间指的是小学生与父母居住在一起的时间。

数据显示，对于"8. 当孩子做手工遇到困难时，我会给孩子做示范""9. 当孩子做手工遇到困难时，我会引导孩子思考如何解决""10. 当孩子做手工遇到困难时，我会直接告诉孩子如何解决"，不同年级家长的得分具有显著性差异，二、三、四年级家长的得分高于五、六年级的，他们更倾向于辅导孩子完成手工作业；另外，其子女成绩优秀的家长在做手工示范和引导孩子解决手工作业困难方面的得分高于其他成绩的家长；与子女分居半年的家长按教师要求带孩子外出参观完成实践作业的得分最高，其次是没有和孩子分居过的家长。

（4）代为完成的频率分析和差异性检验

实践类作业代为完成维度的题目对应附录中问卷第三部分的第14~17题。

①频率分析

从表4-24可知，对于"14. 当孩子为写调查报告搜集资料遇到困难时，我会直接代孩子搜集资料"，累计22.8%的受调查家长选择"非常符合"和"符合"；对于"15. 当孩子表示不会写调查报告时，我会直接代孩子完成"，累计13.1%的受调查家长选择"非常符合"和"符合"；对于"16. 当孩子做手工遇到不会做的地方，我会直接代孩子完成"，累计15.6%的受调查家长选择"非常符合"和"符合"；对于"17. 当孩子说不会做手工作业时，我会代孩子完成"，累计12.5%的受调查家长选择"非常符合"和"符合"。

表4-24　小学生家长在实践类家庭作业代为完成维度的频率分析

题目	非常符合	符合	不确定	不符合	非常不符合	没有这类作业
14. 当孩子为写调查报告搜集资料遇到困难时，我会直接代孩子搜集资料	3.8	19	17	38.1	9.3	12.8
15. 当孩子表示不会写调查报告时，我会直接代孩子完成	3.1	10	11.8	48.4	13.8	12.8
16. 当孩子做手工遇到不会做的地方，我会直接代孩子完成	3.5	12.1	14.2	48.4	14.2	7.6
17. 当孩子说不会做手工作业时，我会代孩子完成	2.8	9.7	12.5	53.3	14.9	6.9
均值	3.3	12.7	13.88	47.05	13.05	10.03

总体来说，在"小学生家长在实践类家庭作业代为完成"维度中，3.3%的家长选择了"非常符合"，12.7%的家长选择了"符合"，13.88%的家长选择了"不确定"，47.05%的家长选择了"不符合"，13.05%的家长选择了"非常不符合"，10.03%的家长选择了"没有这类作业"。这些数据说明，60.1%的家长代为完成孩子实践类家庭作业，但16%的家长没有代为完成的行为。

②差异性检验

数据显示，无论自家小孩性别、年级和成绩，无论自己的民族和职业，家长在"14. 当孩子为写调查报告搜集资料遇到困难时，我会直接代孩子搜集资料""15. 当孩子表示不会写调查报告时，我会直接代孩子完成""16. 当孩子做手工遇到不会做的地方，我会直接代孩子完成""17. 当孩子说不会做手工作业时，我会代孩子完成"的得分上没有显著性差异。但是，家长与子女合居时间长度不同，他们在"15. 当孩子表示不会写调查报告时，我会直接代孩子完成""16. 当孩子做手工遇到不会做的地方，我会直接代孩子完成""17. 当孩子说不会做手工作业时，我会代孩子完成"得分上具有显著差异，和孩子分居半年的家长，其代为完成的得分最高，但其他合居时长的家长整体上不认同这种行为。

（5）作业反馈的频率分析和差异性检验

反馈孩子实践类完成作业情况维度的题目对应附录中问卷第二部分的第18~21题，包括向教师反馈，也包括和孩子自身沟通其作业写作与完成情况。

①频率分析

从表4-25可知，对于"18. 我会主动通过微信、电话等向任课老师提供孩子写调查报告这类作业的完成情况"，累计39.1%的受调查家长选择"非常符合"和"符合"；对于"19. 我会及时告知任课老师孩子在搜集资料完成调查报告过程中出现的问题"，累计42.6%的受调查家长选择"非常符合"和"符合"；对于"20. 当孩子不认真写调查报告时，我会对孩子进行训斥和批评"，累计49.5%的受调查家长选择"非常符合"和"符合"；对于"21. 当孩子按照老师要求完成实地探究和调查报告时，我会表扬和奖励"，累计70.9%的受调查家长选择"非常符合"和"符合"。

表4-25　小学生家长在实践类家庭作业中作业反馈维度的频率分析

题目	非常符合	符合	不确定	不符合	非常不符合	没有这类作业
18. 我会主动通过微信、电话等向任课老师提供孩子写调查报告这类作业的完成情况	10	29.1	28.4	18.7	1.7	12.1
19. 我会及时告知任课老师孩子在搜集资料完成调查报告过程中出现的问题	10.4	32.2	26.3	15.6	2.4	13.1
20. 当孩子不认真写调查报告时，我会对孩子进行训斥和批评	8.3	41.2	21.5	13.1	2.4	13.5
21. 当孩子按照老师要求完成实地探究和调查报告时，我会表扬和奖励	14.5	56.4	10.4	3.8	1	13.8
均值	10.8	39.73	21.65	12.8	1.88	13.13

总体来说，在"小学生家长在实践类家庭作业中作业反馈"维度中，10.8%的家长选择了"非常符合"，39.73%的家长选择了"符合"，21.65%的家长选择了"不确定"，12.8%的家长选择了"不符合"，1.88%的家长选择了"非常不符合"，13.13%的家长选择了"没有这类作业"。这些数据说明，50.53%的家长在孩子实践类家庭作业反馈方面做得很好，21.65%的家长有待加强，14.68%的家长做得不好，13.13%的家长没有这类行为。

②差异性检验

数据显示，无论自家小孩性别、年级和成绩，无论自己的民族和职业，家长在"18. 我会主动通过微信、电话等向任课老师提供孩子写调查报告这类作业的完成情况""19. 我会及时告知任课老师孩子在搜集资料完成调查报告过程中出现的问题""20. 当孩子不认真写调查报告时，我会对孩子进行训斥和批评""21. 当孩子按照老师要求完成实地探究和调查报告时，我会表扬和奖励"的得分上没有显著性差异。但是，家长与子女合居时间长度不同，他们在"19. 我会及时告知任课老师孩子在搜集资料完成调查报告过程中出现的问题""20. 当孩子不认真写调查报告时，我会对孩子进行训斥和批评"得分上具有显著差异，和孩子分居半年的家长，其代为完成的可能性最高，其他合居时长的家长整体上不认同这三种行为。

（6）小结

实践类作业分为"资源提供""常规监督""作业内容辅导""代为完成"和"作业反馈"五个维度。反映教师不会布置实践类作业的家长几乎都是六年级家长。

"资源提供"维度的分析显示，近70%的家长为孩子的实践类作业提供了资源条件，家长在购买手工材料和工具上的做法没有差异；然而，成绩优秀和中上的家长更倾向于提供良好而安静的环境。

"常规监督"维度中的"非常符合"和"符合"的合计显示，家长对作业的监督、提醒（73.3%）和查看（72.0%）高于关注孩子情绪变化（57.1%）和防止孩子心不在焉（56.4%）。13.2%~15.9%的家长明确表示不关注作业过程中的情绪变化，也不采取措施防止学生三心二意，其百分比高于那些对作业不监督提醒和查看的家长（7.6%）。小孩成绩越好，家长对情绪关注的得分整体更高，意味着成绩好的学生家长会监督小孩手工作业，换言之，学生成绩好和家长的监督分不开；另外，三四年级家长的得分高于五六年级，而高年级的家长或许更关心学生的书面作业。

"作业内容辅导"维度的分析显示，整体而言，71.3%的家长认为他们辅导了孩子手工作业内容，辅导孩子作业内容的家长是那些子女成绩好的家长，处于低学段的二、三年级家长。

"代为完成"维度的分析显示，整体上而言，16%的家长明确自己有代写作业行为，家长代写作业的行为和自家小孩性别、年级和成绩无关，也与父母的职业阶层和民族身份无关。

"作业反馈"包括向教师反馈和向子女反馈，不同类型家长的做法没有显著的差别。

3. 不同背景家长指导与参与书面类作业和实践类作业的差异

书面类作业和实践类作业均包括"资源提供""常规监督""作业内容辅导""代为完成"和"作业反馈"五个维度。部分家长反馈没有实践类作业，绝大部分家长来自六年级，极少部分来自五年级。

（1）资源提供

71.73%的家长明确表示提供书面类作业的资源，实践类则为67.6%。

①对两类作业做法相同之处

其一，不同类型家长在物质资源保障方面的做法类似。

其二，学习成绩优秀的家长提供了安静的学习环境。

②对两类作业做法不同之处

其一，在提供安静的书面作业环境方面，专业技术阶层和国家与社会管理者阶层家长做得更好；在实践类作业方面，不同职业阶层的父母在提供安静学习环境方面没有显著差异。

其二，请家教辅导孩子书面作业的家长与其职业收入和自身文化水平紧密相关；实践类作业没有调查该方面的内容。

由此，可以推测，父母更重视孩子做书面作业时的安静学习环境，职业阶层高的家长做得更好，而学生成绩优秀的一个重要原因也许是父母提供的安静学习环境。

（2）常规监督

65.75%的家长明确表示会监督孩子做书面类作业，实践类则为64.7%。

①对两类作业做法相同之处

其一，小孩成绩优秀的家长在监督行为上的得分最高。

其二，家长的监督行为和他们的职业阶层没有显著的关系。

其三，低年级家长更倾向于采取措施防止学生做作业时三心二意。

②对两类作业做法不同之处

无论什么成绩的家长，他们并不在意学生是否全神贯注地完成实践类作业，但在书面类作业方面，成绩好的家长会采取措施防止学生三心二意。

由此，可以推测，家长更关注学生书面类作业，注重从小培养学生做作业时的良好习惯。

（3）作业内容辅导

70.76%的家长明确表示会辅导孩子做书面类作业，实践类则为71.3%。

①对两类作业做法相同之处

其一，小孩成绩优秀的家长在书面作业内容和手工作业辅导上的得分最高。

其二，低年级家长得分高于五、六年级家长。

②对两类作业做法不同之处

在书面类作业方面，专业技术阶层的家长得分最高。

在实践类作业方面，不同职业阶层的父母没有显著性差异。

由此，可以推测，家长倾向于辅导低年级学生作业，职业阶层高的家长在书面作业辅导上的得分更高。

（4）代为完成

16.43%的家长明确表示会代为完成小孩书面类作业，实践类则为60.1%。

各类家长代为完成实践作业的行为无显著性差异。可以推测，教师有的时候布置的某些作业可能超过了学生的完成能力。

（5）作业反馈

作业反馈包括向教师反馈和与子女沟通其作业完成过程与结果。40%~50%家长不会主动向教师反馈学生作业完成情况。

①对两类作业做法相同之处

家长的反馈与自家小孩的成绩没有关系。

②对两类作业做法不同之处

其一，在书面类作业方面，家长对男生的管教更多；在实践类作业方面，则无性别差异。

其二，在书面类作业方面，二、三年级家长更倾向于向老师反馈孩子作业完成情况和奖励孩子按时按量完成作业，二年级、四年级和五年级的家长比三年级和六年级家长更倾向于批评和训斥孩子写作业的不好表现；在实践类作业方面，则无年级差异。

其三，对于表扬孩子在书面类作业方面的努力和进步，高职业阶层的父亲的得分相对更高；私营企业主阶层的母亲更倾向于向教师反馈孩子书面类作业的完成情况；在实践类作业方面，则无父母职业阶层的差异。

可以推测，家长更重视小孩做书面类作业的习惯。

四、假设验证

（一）对书面类作业假设的验证

1. 练习册类作业对应的假设

假设 1、假设 3 和假设 4

（1）假设 1. 小学生家长对练习册类书面作业的主要行为是资源提供

直接验证该假设的题目是调查问卷第二部分的第 1 题。

由表 4-8 可知，对于"1. 当孩子做任何书面类作业时，我会给孩子提供良好的作业环境（如安静的房间、舒适的桌椅）"，累计 90.66% 的受调查小学生家长选择"非常符合"和"符合"，对练习册这类书面家庭作业的主要行为是资源提供这一假设是成立的。差异性检验显示，学生成绩优秀的家长、专业技术阶层和国家与社会管理者阶层的家长，其得分更高。

由此推断假设 1 成立。

（2）假设 3：小学生家长对练习册类书面作业的主要行为是作业内容辅导

直接验证该假设的题目是调查问卷第二部分的第 8 题。

由表 4-12 可知，对于"8. 当孩子做练习册时遇到不会做的题目时，我会进行辅导"，累计 77.85% 的受调查家长选择"非常符合"和"符合"，因此假设成立。差异性检验显示，成绩优秀和成绩偏上的学生家长选择"符合"和"非常符合"的更多，专业技术阶层的家长和国家与社会管理者阶层的父亲选择"符合"和"非常符合"的更多。

（3）假设 4. 小学生家长对练习册类书面作业的主要行为是代为完成

直接验证该假设的是调查问卷第二部分的第 12 题。

由表 4-14 可知，对于"12. 当孩子做练习册出现难题时我会代替孩子完成"，7.7% 的受调查小学生家长选择"非常符合"和"符合"，因此假设不成立。

2. 抄写生字词类作业对应的假设

假设 2：小学生家长对抄写生字词书面作业的主要行为是常规监督

直接验证该假设的题目是调查问卷第二部分的第 4 题。

由表 4-10 可知，对于"4. 当孩子抄写生字词时，我会监督并提醒他专心做作业，"累计 73.7% 的受调查小学生家长选择"非常符合"和"符合"，因此推断假设成立。差异性检验显示，学生成绩优秀的家长得分更高。

3. 作文类作业对应的假设

假设 5. 小学生家长对作文类书面作业的主要行为是作业反馈

直接验证该假设的题目是调查问卷第二部分的第 15~18 题。

从表 4-16 可知，对于"15. 我会主动通过微信、电话等向老师提供孩子作文完成情况"，累计 30.5% 的受调查家长选择"非常符合"和"符合"。由此，向教师反馈的假设不成立。

对于"16. 当孩子不好好写作文时，我会进行训斥和批评"，累计 39.8% 的受调查家长选择"非常符合"和"符合"。由此，批评和训斥的假设不成立。

对于"17. 我会表扬孩子作文写作中的努力和进步"和"18. 当孩子按时按量完成作文时，我会进行奖励"，分别有 89.6% 和 61.6% 的受调查家长选择"非常符合"和"符合"，因此，表扬和鼓励的假设成立。

由此，向教师反馈的假设不成立，近 90% 的家长会表扬孩子写作文的努力和进步，但是 40% 的家长将孩子按时按量完成作文看作理所当然的，不会进行奖励。

（二）对实践类作业的假设验证

1. 手工类实践作业对应的假设

（1）假设 6. 小学生家长对手工类实践作业的主要行为是资源提供

从表 4-20 可知，64.7% 的家长具有资源提供的行为，因此假设成立。差异性检验显示，学生成绩好的家长在提供安静学习环境方面的得分更高。

（2）假设 7. 小学生家长对手抄报类实践作业的主要行为是常规监督

直接验证该假设的题目是调查问卷第三部分的第 4~7 题。

从表 4-18 可知，累计 67.6% 的家长具有常规监督的行为，因此假设成立，从各题百分比来看，家长更关心此类作业完成的结果，而非过程，例如孩子的情绪变化和行为动态，但是小孩成绩优秀和中上的家长在这些选项上的得分高于其他家长。

（3）假设8. 小学生家长对手工类实践作业的主要行为是作业内容辅导

直接验证实践类作业内容辅导假设的题目是调查问卷第三部分的8~10题。

从表4-22可知，71.3%的家长具有实践类作业内容辅导的行为，因此推断这一假设成立。差异性检验显示，二、三、四年级家长的得分高于五、六年级的，子女成绩优秀的家长在做手工示范和引导孩子解决手工作业困难方面的得分更高。

（4）假设12. 小学生家长对手工类实践作业的主要行为是代为完成

表4-24所示，累计16%的受调查家长明确表示他们有代为完成的行为。由此该假设不成立。

2. 探究并写调查报告类实践作业对应的假设

（1）假设9. 小学生家长对探究并写调查报告类实践作业的主要行为是作业内容辅导

验证该假设的题目是第11~13题。

合计73.3%的家长明确表示，当孩子搜集调查报告类资料遇到困难，当孩子表示自己不会写调查报告，当老师要求家长带孩子外出参观完成实践作业时，家长都会给予实质性支持和指导。由此，该假设成立。

（2）假设10. 小学生家长对探究并写调查报告这类实践家庭作业的主要行为是作业反馈

从表4-25可知，累计40.9%的受调查家长在向教师反馈方面（第18和19题）选择"非常符合"和"符合"。由此，向教师反馈的假设不成立。

对于"20. 当孩子不认真写调查报告时，我会对孩子进行训斥和批评"，累计有49.5%的受调查家长选择"非常符合"和"符合"。由此，批评和训斥的假设不成立。

对于"21. 当孩子按照老师要求完成实地探究和调查报告时，我会表扬和奖励"，累计有70.9%的受调查家长选择"非常符合"和"符合"。因此，表扬和鼓励的假设成立。

由此，本假设部分成立。

（3）假设11. 小学生家长对探究并写调查报告类实践作业的主要行为是代为完成

从表4-24可知，合计13.1%的家长明确会代为完成，62.2%明确表示不会代为完成。故该假设不成立。

五、研究结论与建议

(一) 研究结论

本研究将家庭作业划分为书面类和实践类，在文献综述的基础上将家长的指导与参与行为划分为资源提供、常规监督、作业内容辅导、代为完成和作业反馈，对家长行为进行相应假设，自编调查问卷，以长沙市和怀化市 3 所小学家长为调查对象，主要通过问卷星发放问卷链接，共 289 位家长参与调查。笔者采用 SPSS 软件分析数据，验证假设，主要结论如下所示。

1. 小学生家长对书面类作业指导与参与行为的主要研究结论

本文对此的相关假设是：小学生家长对抄写生字词作业的主要行为是常规监督，对练习册作业的主要行为是资源提供、作业内容辅导和代为完成，对作文的主要行为是作业反馈。数据分析表明两类假设没有通过检验，其一是家长代为完成练习册作业，其二是家长向教师反馈子女的作文完成情况。差异性检验显示，子女成绩好的家长和职业阶层高的家长在提供安静的学习环境和进行作业内容辅导方面的得分更高，低年级家长在常规监督方面的得分更高。另外，33.6%的家长明确表示会口头讲解难题（表4-12），70.8%的家长明确表示会进行内容辅导（表4-10）。

2. 小学生家长对实践类作业指导与参与行为的主要研究结论

本研究对此的相关假设是：小学生家长对手抄报类实践作业的主要行为是常规监督，对手工类实践作业的主要行为是资源提供、作业内容辅导和代为完成，对探究性实践类家庭作业的主要行为是作业内容辅导、代为完成和作业反馈。数据分析表明，两类假设没有通过检验，其一是家长代为完成手工类实践作业和探究性实践作业，其二是家长反馈子女探究类家庭作业完成情况。差异性检验显示，子女成绩好的家长在提供安静学习环境方面的得分更高，低年级家长在常规监督方面的得分更高。13.7%的家长明确表示会代为撰写调查报告和完成手工作业（表4-22），其比例高于代写书面类作业的 7.9%（表4-12）。另外，家长对实践类作业的重视程度远低于书面类作业，各类型家长之间的指导与参与行为差异很大。

(二) 研究建议

第一，家长应当反思自己对书面类和实践类作业的不同重视程度。研究表明，父母更重视孩子做书面作业时的安静学习环境，家长并不在意学生是否全神贯注地完成实践类作业，但在书面类作业方面，家长之间有差异，子女成绩好的家长会采取措施防止学生三心二意。

第二，家长应当为学生提供安静的学习环境。研究表明，不同背景的家长都能够为学生提供学习的物质条件，例如购买学习用品和做手工的工具等，然而，子女成绩优秀和中上的家长、专业技术阶层和国家与社会管理者阶层父母在提供"安静的房间、宽大的桌椅"方面的得分更高。

第三，家长应当关注孩子做作业时的情绪变化和习惯。研究表明，家长更关注孩子的作业是否完成，约40%的家长不留意和不关心作业过程中孩子的情绪变化，也不记得是否采取措施以防止学生三心二意（表4-8和表4-18）；家长对这些变化和习惯关注的得分随着成绩的下降而下降，换言之，越是成绩好的家长，越关注孩子的作业过程。

第四，家长应该始终关注孩子在小学整个学段的作业完成情况。研究表明，低年级的家长在常规监督、内容辅导和作业反馈方面的得分更高，五、六年级家长的得分最低。例如，二、三年级家长更倾向于向老师反馈孩子作业完成情况，二、三年级家长更倾向于奖励孩子按时按量完成作业；再例如，四年级和五年级的家长比三年级和六年级家长更倾向于批评和训斥孩子写作业的不好表现。

第五，家长应该加强与教师的联系，及时向教师反馈学生作业完成情况和作业难度情况。研究表明，对于书面类作业和实践类作业，家长选择"反馈"的百分比分别是30%（表4-14）和40%（表4-23）左右，这种选择倾向和家长的背景信息没有直接的关系。同时，家长代写作业的占比为16%左右（表4-12和表4-22），这很可能与作业难度超过了小孩的完成能力有关。

六、结语

(一) 本研究的研究结论及价值

本研究采用文献研究法和问卷调查法，在前人的研究基础上确定了作业以及行为的分类，对小学生家长指导与参与孩子作业的行为进行了调查，分析了小学生家长对书面类作业和实践类作业的主要行为。研究表明，16.43%的家长明确表示会代为完成作业；不同类型家长在物质资源保障方面的做法类似，但学习成绩优秀的家长提供了安静的学习环境；成绩优秀的学生家长在监督行为上的得分更高，但家长的监督行为和他们的职业阶层没有显著的关系，低年级家长更倾向于采取措施防止学生做作业时三心二意；小孩成绩优秀的家长在书面作业内容和手工作业辅导上的得分最高，低年级家长得分高于五、六年级家长；家长更重视书面类作业的反馈，例如，在书面类作业方面，家长对男生的管教更多，而在实践类作业方面，则无性别差异；再例如，二、三年级家长更倾向于向老师反馈孩子作业完成情况和奖励孩子按时按量完成作业，而在实践类作业方面，则无这种年级差异。

针对以上研究结果，笔者提出了相关建议，旨在让家长更好地以合适的行为对待孩子的作业，给孩子更好的完成作业的环境，让练习作业更好地发挥巩固与运用课堂知识的作用。

（二）本研究的不足

本研究参考了大量的相关文献，制定了问卷并对调查结果进行了统计和分析，但由于笔者的研究水平有限，加之时间紧迫，本研究仍然存在着诸多的不足之处，主要表现为：

第一，调查对象的选择具有一定的局限性。本研究的调查对象在数量以及地区上都存在局限，不能全面地反映家长对书面作业和实践作业的主要行为，不具有代表性。

第二，问卷设计对作业类型的提问不够全面。本研究首先确定的行为分类，再根据行为分类设计了作业类型与之对应的假设，每一类行为只针对该类作业制定了题目，不能很好而全面地概括出家长对不同类型作业的行为。

第三，统计分析不够全面深入。由于笔者对统计分析软件的运用并不是十分熟练，只针对假设部分的内容进行了主要分析，对结果的研究不够全面、不够深入。

附　录

小学生家长对书面类作业和实践类作业的指导与参与行为的调查

尊敬的家长：

　　您好！感谢您在百忙之中填写这份调查问卷，问卷所有内容仅作为笔者论文《小学生家长对不同类型家庭作业的指导与参与行为研究》研究之用，问卷完全是匿名形式，不会涉及您任何的个人隐私，您可以放心根据实际情况来进行作答，研究的完成需要各位家长填问卷来助力，题目都是单选题，不会花费您太多时间，衷心感谢您的支持与配合！

　　（一）背景信息（选择题）

　　1. 孩子性别（　　　）

　　A. 男　　　　　　B. 女

　　2. 孩子所在年级（　　　）

　　3. 您认为孩子的成绩在班级属于（　　　）

　　A. 优秀　　　　B. 中等偏上　　　　C. 中等　　　　D. 中等偏下

　　E. 偏下

　　4. 您的民族（　　　）

　　A. 汉族　　　　B. 少数民族

　　5. 您是孩子的（　　　）

　　A. 父亲　　　　B. 母亲　　　　　　C. 祖辈　　　　D. 其他

　　6. 请从下面 A、B、C、D、E 的五个选项中选择父母的职业。

　　父亲职业（　　　）母亲职业（　　　）

　　A. 其他（办事员、个体工商户、服务业员工、工人、农业劳动者、无业失业半失业）

　　B. 私营企业主阶层（例如，企业家、有自己的公司，有雇员）

　　C. 经理人员阶层（例如，企业的厂长、总经理、中高级管理者或负责人）

　　D. 专业技术人员阶层（例如，教师、医生、律师等）

　　E. 国家与社会管理者阶层（例如，官员、公务员、警察等）

　　7. 你们没有和孩子住在一起已经有（　　　）时间

A. 半年 　　　　　　　　　　B. 半年以上

C. 1~5个月 　　　　　　　D. 不，他们一直和我住在一起的

8. 你们在家说什么语言？（　　　）

A. 家乡话 　　　　　　　　B. 大部分时候说家乡话

C. 大部分时候说普通话 　　D. 普通话

（二）书面类家庭作业指导与参与行为调查（均为单选题，请根据实际情况认真作答）

1. 当孩子做练习册时，我会给孩子提供良好的做作业的环境（如安静的房间、舒适的桌椅）（　　　）

A. 非常符合　　B. 符合　　　　C. 不确定　　　D. 不符合

E. 非常不符合

2. 当孩子提出需要购买文具或参考书的要求时，我会无条件提供（　　　）

A. 非常符合　　B. 符合　　　　C. 不确定　　　D. 不符合

E. 非常不符合

3. 我会请家教给孩子辅导作业（　　　）

A. 非常符合　　B. 符合　　　　C. 不确定　　　D. 不符合

E. 非常不符合

4. 当孩子抄写生字词时，我会监督并提醒孩子专心做作业（　　　）

A. 非常符合　　B. 符合　　　　C. 不确定　　　D. 不符合

E. 非常不符合

5. 我会查看孩子完成作业的情况（　　　）

A. 非常符合　　B. 符合　　　　C. 不确定　　　D. 不符合

E. 非常不符合

6. 我会关注孩子抄写作业过程中的情绪变化（　　　）

A. 非常符合　　B. 符合　　　　C. 不确定　　　D. 不符合

E. 非常不符合

7. 为防止孩子抄写生字词三心二意，我会针对性地采取一些措施（　　　）

A. 非常符合　　B. 符合　　　　C. 不确定　　　D. 不符合

E. 非常不符合

8. 当孩子做练习册时遇到不会做的题目时，我会进行辅导（　　　）

A. 非常符合　　B. 符合　　　　C. 不确定　　　D. 不符合

E. 非常不符合

9. 我会和孩子一起讨论练习册中的难题（　　）

　　A. 非常符合　　　B. 符合　　　　　C. 不确定　　　　D. 不符合

　　E. 非常不符合

10. 我会帮助孩子按题目要求完成练习册上的题目（　　）

　　A. 非常符合　　　B. 符合　　　　　C. 不确定　　　　D. 不符合

　　E. 非常不符合

11. 我会引导孩子思考解决练习册中的难题（　　）

　　A. 非常符合　　　B. 符合　　　　　C. 不确定　　　　D. 不符合

　　E. 非常不符合

12. 当孩子做练习册出现难题时，我会代替孩子完成（　　）

　　A. 非常符合　　　B. 符合　　　　　C. 不确定　　　　D. 不符合

　　E. 非常不符合

13. 当孩子对题目提出疑问时，我觉得难以解释，我会直接代替孩子做题目
（　　）

　　A. 非常符合　　　B. 符合　　　　　C. 不确定　　　　D. 不符合

　　E. 非常不符合

14. 当孩子做习题无法独立完成时，我会口头教授，然后指导孩子照写(　　)

　　A. 非常符合　　　B. 符合　　　　　C. 不确定　　　　D. 不符合

　　E. 非常不符合

15. 我会主动通过微信、电话等向任课老师提供孩子的作文完成情况(　　)

　　A. 非常符合　　　B. 符合　　　　　C. 不确定　　　　D. 不符合

　　E. 非常不符合

16. 当孩子写作文表现不好时，我会对孩子进行训斥和批评（　　）

　　A. 非常符合　　　B. 符合　　　　　C. 不确定　　　　D. 不符合

　　E. 非常不符合

17. 我会对孩子写作文中表现出的努力和进步进行表扬（　　）

　　A. 非常符合　　　B. 符合　　　　　C. 不确定　　　　D. 不符合

　　E. 非常不符合

18. 当孩子按时按量地完成作文时，我会给予一定的奖励（　　）

　　A. 非常符合　　　B. 符合　　　　　C. 不确定　　　　D. 不符合

E. 非常不符合

（三）实践类家庭作业的指导与参与行为调查（均为单选题，请您根据实际情况作答）

1. 我会给孩子提供良好的做手工的环境，如安静的房间、宽大的桌椅（   ）

A. 非常符合　　B. 符合　　　　　C. 不确定　　　D. 不符合

E. 非常不符合　F. 没有这类作业

2. 我已经在家里备好了孩子做手工可能用到的材料（   ）

A. 非常符合　　B. 符合　　　　　C. 不确定　　　D. 不符合

E. 非常不符合　F. 没有这类作业

3. 当孩子提出需要购买手工作业所需的材料或工具时，我会无条件答应（   ）

A. 非常符合　　B. 符合　　　　　C. 不确定　　　D. 不符合

E. 非常不符合　F. 没有这类作业

4. 我会监督并提醒孩子专心做手抄报等作业（   ）

A. 非常符合　　B. 符合　　　　　C. 不确定　　　D. 不符合

E. 非常不符合　F. 没有这类作业

5. 我会查看孩子完成手抄报的情况（   ）

A. 非常符合　　B. 符合　　　　　C. 不确定　　　D. 不符合

E. 非常不符合　F. 没有这类作业

6. 我会关注孩子做手抄报过程中的情绪变化（   ）

A. 非常符合　　B. 符合　　　　　C. 不确定　　　D. 不符合

E. 非常不符合　F. 没有这类作业

7. 为防止孩子做手抄报三心二意，我会针对性地采取一些措施（   ）

A. 非常符合　　B. 符合　　　　　C. 不确定　　　D. 不符合

E. 非常不符合　F. 没有这类作业

8. 当孩子做手工有不会做的难点时，我会给孩子做出示范（   ）

A. 非常符合　　B. 符合　　　　　C. 不确定　　　D. 不符合

E. 非常不符合　F. 没有这类作业

9. 当孩子做手工有不会做的难点时，我会引导孩子思考如何解决（   ）

A. 非常符合　　B. 符合　　　　　C. 不确定　　　D. 不符合

E. 非常不符合　F. 没有这类作业

10. 当孩子做手工有不会做的难点时，我会告诉孩子如何解决（　　）

　　A. 非常符合　　B. 符合　　　　　C. 不确定　　　　D. 不符合

　　E. 非常不符合　F. 没有这类作业

11. 当孩子在搜集调查报告类资料遇到困难时，我会指导孩子搜集资料
（　　）

　　A. 非常符合　　B. 符合　　　　　C. 不确定　　　　D. 不符合

　　E. 非常不符合　F. 没有这类作业

12. 当孩子表示自己不会写调查报告时，我会进行指导（　　）

　　A. 非常符合　　B. 符合　　　　　C. 不确定　　　D. 不符合

　　E. 非常不符合　F. 没有这类作业

13. 当老师要求家长带孩子外出参观完成实践作业时，我会按要求指导孩子
完成（　　）

　　A. 非常符合　　B. 符合　　　　　C. 不确定　　　D. 不符合

　　E. 非常不符合　F. 没有这类作业

14. 当孩子搜集调查报告的资料遇到困难时，我会直接代孩子搜集资料
（　　）

　　A. 非常符合　　B. 符合　　　　　C. 不确定　　　D. 不符合

　　E. 非常不符合

15. 当孩子表示自己不会写调查报告时，我会直接代替孩子完成（　　）

　　A. 非常符合　　B. 符合　　　　　C. 不确定　　　D. 不符合

　　E. 非常不符合　F. 没有这类作业

16. 当孩子做手工有不会做的难点时，我会直接代孩子完成（　　）

　　A. 非常符合　　B. 符合　　　　　C. 不确定　　　D. 不符合

　　E. 非常不符合　F. 没有这类作业

17. 当孩子提出不会做手工时，我会代替孩子完成（　　）

　　A. 非常符合　　B. 符合　　　　　C. 不确定　　　D. 不符合

　　E. 非常不符合　F. 没有这类作业

18. 我会主动通过微信、电话等向任课老师提供孩子写调查报告这类作业的
完成情况（　　）

　　A. 非常符合　　B. 符合　　　　　C. 不确定　　　D. 不符合

　　E. 非常不符合　F. 没有这类作业

19. 我会及时与任课老师交流孩子在搜集资料完成调查报告过程中出现的问

题（　　）

　　A. 非常符合　　B. 符合　　　　C. 不确定　　　D. 不符合

　　E. 非常不符合　F. 没有这类作业

20. 当孩子不认真写调查报告时，我会对孩子进行训斥和批评（　　　）

　　A. 非常符合　　B. 符合　　　　C. 不确定　　　D. 不符合

　　E. 非常不符合　F. 没有这类作业

21. 当孩子按照老师的要求完成实地探究和调查报告时，我会表扬和奖励
（　　）

　　A. 非常符合　　B. 符合　　　　C. 不确定　　　D. 不符合

　　E. 非常不符合　F. 没有这类作业

问卷试题到此结束，再次衷心感谢您的配合，祝您生活愉快、工作顺利！

第五章

小学生家庭作业的家校沟通现状研究

——基于怀化两所小学教师与家长的调查

一、前言

（一）问题缘起

苏霍姆林斯基曾说过："学校与家庭的结合必然是最完备的教育"，从这一句可以看出家校之间是一种互相联系、合作的关系，也可以看出家校联系、合作的重要性。家校合力共育的最佳效果，就意味着家校之间一定要有足够的沟通、互动。而家庭作业是教学活动的重要组成部分，也是家校之间建立联系的重要途径之一，在借助家庭作业与家长建立联系的过程中，仍然长期存在许多问题，影响了学生的健康成长，存在引发家校矛盾的隐患，需要引起教师的高度重视。因此，我们有必要了解家长是否因家庭作业主动与教师沟通，小学生家庭作业的家校沟通存在的问题，到底是什么原因导致了这些问题，以及还需要探究如何解决小学生家庭作业的家校沟通的问题等，以此来更好地促进学生健康、全面地发展，实现家校和谐共育。

2004 年 10 月 25 日，教育部、全国妇联联合发布《关于全国家长学校工作的指导意见》意图推进家长学校的建设发展，提升家长教育素养，提高家庭教育水平，加强家庭与学校之间的沟通、合作。《国家中长期教育改革和发展规划纲要（2010—2020 年）》也特别指出："充分发挥家庭教育在儿童少年成长过程中的重要作用。家长要树立正确的教育观念，掌握科学的教育方法，尊重子女的健康兴趣，培养孩子的良好习惯，加强与学校的沟通配合"。2018 年 8 月 30 日，教育部、国家卫生健康委员会等 8 部门联合印发《综合防控儿童青少年近视实施方案》要求年级组、学科组对作业数量、时间和内容统筹管理。小学一、二年级不布置书面家庭作业，三到六年级书面家庭作业完成时间要少于 60

分钟，科学布置作业，提高作业设计质量，促使学生基础性作业很好地完成，强化实践性作业，减少反复的机械训练，不得让学生作业演变为家长作业。显然，国家从政策层面将家校沟通合作视为教育改革的重要部分，重视家庭作业的质量、内容、合理性①。但是，目前我国文献中有关家校沟通的研究主要关注的是家校通、微信等现代媒体设备的家校沟通频率、影响因素，也存在部分研究者关注家校沟通的艺术技巧，对于家庭作业方面的家校沟通研究较少，因此也就无法真正了解到小学生家庭作业的家校沟通现状、存在的主要问题及影响因素。

为了更好更全面地探索小学生家庭作业的家校沟通现状、存在的问题以及解决方法，本研究通过对相关文献的分析，采用问卷调查法，主要以怀化市C小学全体教师和每个年级各随机抽取一个班的学生家长作为调查对象，分析该校家庭作业的家校沟通现状，了解该校在家庭作业家校沟通方面存在的主要问题，探究影响小学生家庭作业家校沟通的原因和解决小学生家庭作业家校沟通问题的方法，在一定程度上进一步促进学校与家庭教育的结合，更好地促进学生健康、全面地发展。

（二）概念界定

1. 家庭作业

"家庭作业"这一词来自英语单词 homework，原指工业化初期，人们在家里从事的以计件工资为基础的有偿加工的工作，通常出现于服饰、鞋帽等加工行业。后来随着人们普及了班级教学，"家庭作业"应用在教学中，其本质意义也发生了变化。②

家庭作业的概念在国外与国内有一定的差异，Paul R. Burton 在《有效教学法》一书中提到作业是指学生在没有老师的监督下认真学习的一种学习活动。西方教育学家 cooper 将家庭作业定义为"教师专门给学生布置的，并且在非学校时间里，教师让学生完成的除学校布置的任务或家庭学习课程、非学业的课外活动等或家教、补习班等校外辅导机构之外的学习任务"。③

---

① 教育部、国家卫生健康委员会、国家体育总局等综合防控儿童青少年近视实施方案 [J]. 中国学校卫生, 2018, 39 (9).

② 任宝贵. 家庭作业观之反思与重构 [J]. 教育科学研究, 2010 (7).

③ 刘茜. 小学生"家庭作业家长化"现象的研究——以常德市武陵区的两所小学为例 [D]. 湘潭：湖南科技大学, 2017.

朱仲敏在《美国中小学家庭作业目的定位研究》中指出，家庭作业一般是教师布置并让学生在家中完成的，这不仅可以弥补课堂教学未涉及之处，是课堂教学的延续学习，还是学校教育不可或缺的重要组成部分，有助于学生巩固知识，提高学习成绩。① 顾明远的观点是家庭作业是老师给学生留的并且要学生自己完成的，他认为留这类作业的目的是帮助学生巩固在学校所学的知识，养成独立自主的能力。②

因此，通过以上概念分析，在本研究中，家庭作业定义为任课教师给学生布置的并且在家庭中完成的作业。

2. 家校沟通

沟通，我们理解的就是人与人交流。它是在以达成某些协议为固定目标的条件下，将某些感情、信息在人与人之间传递和反馈的过程。主要包含三个因素：协议、目标、信息。

沟通，其实也就是信息的发送与接收，接受者通过一定的媒介将信息从发送者那里接收到，并给予反馈。接受者与发送者可以是人与人，也可以是组织与组织。

而在本研究中，"家"主要指家庭成员，包括学生的父母、其他长辈，或者平时对学生有着监护权的监护人。"校"是指学生就读的学校，主要指班主任老师、任课老师。家校沟通，指的就是教师和家长通过一定的媒介互相传递信息、交流的过程，其目的是顺利开展家校合作，实现共同的教育目的。③

综上，由上述家庭作业及家校沟通的相关概念可知，家庭作业的家校沟通的含义为：教师和家长之间围绕着任课教师给学生布置的、在家庭中完成的作业，通过一定的媒介互相传递信息、交流的过程。

（三）文献综述

1. "小学""家校沟通"的"篇名"研究在文献数量上的变化趋势

2020 年 12 月 12 日，在中国知识资源总库输入篇名"小学"和"家校沟通"，共搜索到 79 篇文献，近 10 年的相关研究文献占 51 篇。如图 5-1。

---

① 朱仲敏. 美国中小学家庭作业目的定位研究 [J]. 外国中小学教育，2003 (3).
② 顾明远. 教育大辞典 [M]. 上海：上海教育出版社，1990.
③ 龙雨. 小学家校沟通现状调查研究——以重庆市 R 小学为例 [D]. 重庆：重庆师范大学，2015.

(篇)

年度文献数量

16

14

12

10

8

6

4

2

0

2010 2011 2012 2013 2014 2015 2016 2017 2018 2019 2020 (年)

图 5-1 "小学""家校沟通"的"篇名"研究在文献数量上的变化趋势

从 2010—2020 年近 10 年的文献研究数量变化趋势图整体上看，关于小学家校沟通研究的文献呈上升趋势，2019 年上升最快，达到 15 篇，2020 年有所下降，但研究文献数量还在 10 篇。可以看出，研究者对小学家校沟通的关注还是较高的。

2. "作业""家校沟通"的"主题"研究在文献数量上的变化趋势

2020 年 1 月 10 日，笔者在中国知识资源总库输入"作业"和"家校沟通"作为"篇名"进行搜索，找到 5 篇文献，数量较少；以"作业"和"家校沟通"作为"主题"进行搜索，共搜索到 131 篇文献，近 10 年共 101 篇。如图 5-2。

年度文献数量

30

25

20

15

10

5

0

2010 2011 2012 2013 2014 2015 2016 2017 2018 2019 2020 (年)

图 5-2 "作业""家校沟通"的"主题"研究在文献数量上的变化趋势

从 2010—2020 年近 10 年的文献研究数量变化趋势图可以看出，2016—2019年关于作业的家校沟通研究的文献呈上升趋势，2017—2018 年上升趋势较大，2018—2019 年上升至最高点，2020 年有所下降，可以看出，研究者对作业的家校沟通还是比较关注的。

3. 关于国内小学家校沟通的文献综述

（1）家校沟通的重要性

仇晓霞在《家校沟通现状与沟通策略研究》中提到，家庭和学校是良好教育的基础。家长对学校工作的参与程度和学生的学业成就之间联系密切，显著提高学校的教学成果离不开家长对学校工作的积极参与和支持，如此这般学生才有更好的学习效果。①

马忠虎教授在其《家校合作》一书中指出："家校沟通就是教师和家庭成员的联系交流，在家长和老师之间流动着学生在学校、家庭的表现信息，创造更有效力、更科学合理的教育影响。"②

综上，我们可以了解到家校之间良好的沟通，不仅有利于家庭与学校形成合力，有助于学生，而且有利于学校各项工作的顺利而卓有成效地开展，由此可以说明家校沟通的重要性。

（2）小学家校沟通现状与问题研究

张国超、曹建、何静在《家校合作教育研究和指导》一书中指出，家校沟通常见的方式有：校讯通、成绩通知单、电话联系、家长会、学校手册或报告、家长开放日、家校联系本。③ 但随着科技的发展，出现一些网络交流软件（如校讯通、博客、微博、QQ 和微信等），家校沟通方式也随之有了新的变化。近几年越来越多的教师和家长也更喜欢通过 QQ、微信、短信讨论孩子的教育问题，家校沟通使用新媒体平台显然已经成为一种新的双向沟通的重要途径。

吴方红在《中小学家校沟通障碍分析及对策研究》中表明了小学家校沟通的现状：人们对学校的职能抱有过多不恰当的期望和要求，一旦青少年教育中出现问题，人们就将原因归于学校教育，虽然人们并没有忽视家庭教育，但家庭教育与学校之间的沟通一直以来都没有受到社会的普遍重视。并且在对现状进行调查时，发现家校沟通中存在的问题主要有：家长与教育工作者对家校沟

① 仇晓霞. 家校沟通现状与沟通策略研究——以中山市港口镇西街小学为例［D］. 武汉：湖北大学，2016.
② 马忠虎. 对家校合作中几个问题的认识［J］. 教育理论与实践，1999，19（3）.
③ 张国超，曹建，何静. 家校合作教育研究和指导［M］. 广州：广东高等教育出版社，2016.

通认识不足，学校与家长在沟通过程中不信任、相互推卸责任，学校与家长沟通内容空洞，学校与家长沟通方式和方法单一，家长与学校沟通次数过少，家校沟通的系统性不强。①

许海香在《小学低年级家校沟通现状、问题及对策研究》中指出：我国家校沟通的现状表现为家校沟通内容的不全面性，以学生的知识学习与思想道德为中心，忽略了学生的体育和美育方面的沟通；家长主动与教师沟通的理想频率较低；个别教师在选择和应用校讯通时具有盲目性。问题产生的原因主要是：教师受到传统教育观念的影响，认为好学生的标准就是学习好；教师的工作量太大及个别教师对学生和家长的偏见；家长对"家校沟通"的理解不当，对教师过于严格要求；学校制度的不健全，硬件设施不配套，师资缺乏。②

综上，我国中小学家校传统的家校沟通是校讯通、家校联系本、电话联系、成绩通知单、家长会、学校手册或报告、家长开放日等；同时，网络与信息是家长和教师双向沟通正在普遍选择的一种重要途径。存在的主要问题有，家长与教师的观念偏差较大，家长对家校沟通存在误解，教师和家长对家校沟通的认识不充分，家校沟通系统化不够，学校支持不够完备等。

（3）小学家校沟通影响因素研究

罗伟娟在其硕士学位论文《关于家校沟通内容和形式的研究》中从对沟通的认识、内容和形式、影响因素三个维度出发，对深圳市学校家校沟通的情况进行调查和分析，发现家校沟通的影响因素是：家长和教师双方繁忙的工作、家长配合度不高、个别家长找茬。她认为，只有选择合理的内容、有效的形式才可以提高家长、教师联系次数，才可以促进家校间的沟通。③

许海香在《小学低年级家校沟通现状、问题及对策研究》中从沟通的内容、频率、方式、影响因素四个维度，对大连金州新区 5 所小学的家校沟通的情况进行调查和分析，发现家校沟通的影响因素是：老师认为课时量多、工作量太大，班额大、学生太多，学校制度不明确，没有提出具体的要求或是没有提供方便的条件；家长则担心会被批评。④

---

① 吴方红．中小学家校沟通障碍分析及对策研究［D］．广州：华南师范大学，2007.
② 许海香．小学低年级家校沟通现状、问题及对策研究——以大连开发区五所小学为例［D］．大连：辽宁师范大学，2012.
③ 罗伟娟．关于家校沟通内容和形式的研究［D］．上海：华东师范大学，2006.
④ 许海香．小学低年级家校沟通现状、问题及对策研究——以大连开发区五所小学为例［D］．大连：辽宁师范大学，2012.

综上，我们可以知道影响家校沟通的因素有家长和教师对家校沟通的认知，家长、教师的工作状况，学校制度支持等。

（4）小学家校沟通对策研究

许海香在《小学低年级家校沟通现状、问题及对策研究》一文中的对策是：第一，教师应该重视学生的全面发展，关心、热爱每一位学生，优化家校沟通的方式，端正家校沟通的目的，做好家校沟通的准备，讲究家校沟通的艺术；第二，家长应该积极参加家长学校，做一个研究型的家长，积极进行"校访"，随时了解孩子情况，对教师理解支持；第三，学校应加强师德师风建设，更新教师的人才培养观念及家校沟通的制度，加大师资投入，减轻教师负担。①

谢新敏、王安乐在《小学阶段"家校沟通"现状调查》中提出的改进建议包括：家长、教师应提高认识，端正沟通目的；学校应制定措施，建立长效机制；教师应畅通渠道，拓展沟通方式，尊重家长，掌握沟通艺术。②

4. 关于作业的家校沟通的文献综述

（1）作业作为家校沟通的途径研究

谭正海在《将家校联系簿打造成家校沟通的桥梁》中指出，教师、家长平时常用的沟通交流平台是家校联系簿，目前家校联系簿的沟通方式主要是以教师留言、家长接纳式为主，家庭作业的完成度是家长和教师联系中最主要的内容③。

王向凤在《作业备忘录——班主任和家长沟通的起点》中以自身案例分析，指出作业备忘录这种传统交流方式也是教师和家长日常沟通交流的平台，教师可先以作业备忘录为起点与家长交流沟通孩子作业等学习问题，等到交流深入和范围扩大的时候，再由备忘录的交流发展到备忘录和网络并用的方式。④

李臣在《小学家校微信沟通现状调查及改善对策》中的调查显示，大部分教师主要通过微信给家长布置家庭作业并要求家长签字，交流学生的学习成绩情况。⑤

① 许海香. 小学低年级家校沟通现状、问题及对策研究——以大连开发区五所小学为例 [D]. 大连：辽宁师范大学，2012.
② 谢新敏，王全乐. 小学阶段"家校沟通"现状调查 [J]. 保定师范专科学校学报，2006，19（4）.
③ 谭正海. 将家校联系簿打造成家校沟通的桥梁 [J]. 教学与管理（小学版），2019（12）.
④ 王向凤. 作业备忘录——班主任和家长沟通的起点 [J]. 教学与管理（小学版），2008（2）.
⑤ 李臣. 小学家校微信沟通现状调查及改善对策 [D]. 大连：辽宁师范大学，2019.

（2）作业家校沟通影响因素研究

汪薇薇在《家长参与小学生家庭作业的调查研究》中表明，学困生的家长出于自尊心的原因，在与老师的沟通中往往处于被动地位，多数是倾听，并且很少主动与老师沟通孩子的家庭学习情况；显然，孩子的学习成绩也会影响父母就家庭作业与老师沟通。①

柳海虹在《农村小学家校沟通的实践研究》中指出，农村孩子家庭作业辅导情况很糟糕，48%以上的家长对孩子作业不清楚，39%的家长知道孩子作业，但只是嘴上叮嘱孩子写作业，没有行动。因为农村大部分家长的群体观念是，自身学历不高，学校教育有专门的教师负责，自己不应该参与学校教学。显然，文化程度低及家校沟通的意识淡薄是影响家长和老师就家庭作业进行家校沟通的因素。②

（3）作业家校沟通对策研究

林娜在《浅谈家长对语文实践性家庭作业的有效介入》中建议，家长应当把自己发现子女在语文实践性家庭作业中存在的困难，自己对家庭作业内容的疑惑、意见或建议及时告诉老师。这些问题应该是具体的、细小的问题。譬如，"我的孩子不爱阅读，能否推荐一些阅读书目或单独布置阅读的作业""实践性家庭作业量太大""作业的内容不符合孩子的年龄特点，难度太大"等，及时反馈这些问题可以帮助老师及时采取补救行为或改进后继的家庭作业，孩子也能更快更好地完成语文实践性作业。③

李珊珊在《家长参与家庭作业对小学高年级学生学业成绩影响研究》中指出，家长进行"教师沟通、家校合作"的频率相对较低，特别是缺少跟教师沟通作业辅导的疑问和提出作业上的意见和建议。对此，她提出建议：家长该针对孩子完成作业的过程及结果和学校教师进行协作式沟通、交流，以便教师能有针对性地就孩子作业中存在的问题进行有效的指导；教师要对家长给予积极的向导作用，多鼓励家长和教师沟通交流作业辅导中的疑问，一起讨论作业辅导改进方法，有效地解决家长参与之惑。④

---

① 汪微微. 家长参与小学生家庭作业的调查研究［D］. 黄石：湖北师范大学，2019.

② 柳海虹. 农村小学家校沟通的实践研究——以河北磁县西部山区学校为例［D］. 石家庄：河北师范大学，2017.

③ 林娜. 浅谈家长对语文实践性家庭作业的有效介入［J］. 亚太教育，2015（26）.

④ 李珊珊. 家长参与家庭作业对小学高年级学生学业成绩影响研究——以长沙市 S 和 J 学校为例［D］. 长沙：湖南师范大学，2018.

5. 文献述评

在中国知识资源总库，笔者以"小学"和"家校沟通"为主题词进行检索，发现文献 144 篇；以"作业"和"家校沟通"为主题词进行检索，发现文献 49 篇。从中可以看出，研究者对小学家校沟通的研究较多，而对作业的家校沟通的研究较少。

目前，研究者都非常重视小学家校沟通，但通过上述相关研究综述可以发现，目前国内针对小学家校沟通更多地集中在家校沟通的重要性、沟通现状与问题、影响因素、对策等方面，对于作业家校沟通途径的研究不够深入、具体；部分研究中也只是提及了作业家校沟通的影响及对策，并没有专门的研究文献。由此可知，目前国内以作业作为家校沟通主题的具体研究是比较少的，把小学生家庭作业的家校沟通作为专题研究更不多见。所以本研究以怀化市 C 小学为例，分别从教师和家长的角度，分析怀化 C 小学的家庭作业家校沟通现状，解析其沟通存在的主要问题以及影响其沟通的主要原因，希望进一步促进学校与家庭教育的结合。

二、研究设计与过程

（一）研究方法

1. 文献研究法

文献研究法是本研究采用的最基本的方法。笔者在研究的过程中，主要通过中国知网检索、收集、查阅有关小学家校沟通、作业家校沟通的研究，将所查的国内小学家校沟通、作业家校沟通的相关研究文献进行整理、分析，根据所研究的内容界定相关核心概念，设计调查问卷。

2. 问卷调查法

问卷调查法是本人通过提前设计准备好的题目来获取有关信息及资料的一种方式，基于所界定的家庭作业、家校沟通的概念和文献综述，本研究编制了《小学生家庭作业的家校沟通现状调查（家长卷）》和《小学生家庭作业的家校沟通现状调查（教师卷）》。详见附录 A 和 B。

（二）调查对象

本研究在怀化市鹤城区怀化 C 小学每个年级各随机抽取一个班的学生家长（共 270 名家长）发放家长问卷，对怀化市 B、C 两所小学的教师（共 240 名教师）发放教师问卷，调查小学生家庭作业的家校沟通现状。

（三）研究问题

本研究采用问卷调查法、文献研究法研究小学生家庭作业的家校沟通现状。本研究将重点讨论以下四个问题。

1. 家长与教师关于家庭作业沟通的主要内容；

2. 小学生家庭作业家校沟通存在的问题；

3. 影响小学生家庭作业家校沟通的主要原因；

4. 解决小学生家庭作业家校沟通存在问题的措施。

（四）研究假设

针对研究问题"家长与教师关于家庭作业沟通的主要内容""小学生家庭作业家校沟通存在的问题""影响小学生家庭作业的家校沟通的主要原因"，提出以下假设。

1. 家庭作业沟通主要内容的假设

假设 1：主要内容为小学生的作业量、作业批改方式、作业难度、作业类型。有着以下四点。

（1）主要内容是小学生的作业量，部分家长认为教师布置的作业量过多，超出孩子的承受范围，部分家长认为教师布置的作业量过少。

（2）主要内容是小学生的作业批改方式，部分家长认为教师批改作业的方式太过于陈旧。

（3）主要内容是小学生的作业难度，部分家长认为教师布置的作业难度过大或过小，不适合孩子巩固知识。

（4）主要内容是小学生的作业类型，部分家长认为教师布置的家庭作业个性化、针对性欠缺。

2. 家庭作业家校沟通存在问题的假设

假设 2：沟通认识不足、沟通方式选择不当等。有着以下三点。

（5）对小学生家庭作业的家校沟通认识不充分。

（6）家长主动与教师沟通的频率比教师主动与家长沟通的频率低。

（7）部分教师没有选择合适的家校沟通方式。

3. 家长因素影响小学生家庭作业家校沟通的假设

假设3：家长的态度、文化程度、小孩成绩、对教师的工作配合度、以往沟通效果以及家长、教师双方的工作的影响。有着以下五点。

（8）家长、教师双方工作忙、压力大。

（9）部分家长的文化程度低，无法参与。

（10）部分家长因孩子成绩差，不好意思与教师沟通。

（11）家长的态度恶劣，不支持班级或学校的工作。

（12）教师、家长双方有以往沟通效果不佳的阴影。

4. 教师因素影响小学生家庭作业家校沟通的假设

假设4：教师的态度、说话方式、沟通技巧、选择的沟通方式的影响。有着以下三点。

（13）部分教师的态度不太好。

（14）部分教师总采用教训式语气说话，让家长心中不舒服。

（15）部分教师没有学会倾听，总是一言堂。

（五）研究过程

基于C小学教师人数大概只有150人，考虑到教师人数与家长人数会存在差异性，于是本人于2021年5月11日将问卷调查对象扩展到怀化B小学的教师，从C小学和B小学每个年级各随机抽取一个班的家长发放，并于6天后将问卷回收。家长和教师问卷借助问卷星进行发放，共发放家长问卷270份，回收264份，有效率达97.8%；教师问卷240份，回收239份，有效率达99.5%。对于回收后的调查问卷，本人先是检查问卷的完成情况，舍弃无效的家长问卷4份、教师问卷1份，然后将最后的有效问卷编好序号，再把问卷的相关数据输入Excel中，最后将其导入SPSS22软件中进行相关分析。

（六）研究工具

本人主要通过查阅大量的相关文献资料，同时根据本研究的实际需要设计本研究的调查问卷，问卷分为两部分。

1. 家长调查问卷

问卷结构如表 5-1。具体问卷详见附录 A。

表 5-1 家长调查问卷的结构

结构	假设	题项	来源
背景信息	—	您与孩子的关系 您的家庭是 父母的职业 与父母居住在一起的时间 家庭语言 文化程度 孩子就读的年级	自编
小学生家庭作业的家校沟通的认知	(5) 家校沟通认识不充分	1. 您认为加强学校和家庭之间关于孩子家庭作业沟通是一件必要的事情 2. 关于孩子的家庭作业,您认为学生在校由老师负责,在家由家长负责 3. 您认为家长应该经常主动与教师沟通孩子的家庭作业 4. 您认为教师应该经常主动与家长沟通孩子的家庭作业	蔺双. 小学低年级家校合作的现状调查及提升策略研究——以 Q 市 F 小学为例 [D]. 曲阜:曲阜师范大学, 2020. 略改动 徐怀霞. 城镇化背景下农村小学家校沟通现状及对策分析——以兰陵县部分小学为例 [D].烟台:鲁东大学, 2020. 略改动
小学生家庭作业家校沟通的方式	(7) 家校沟通没有选择合适的家校沟通方式	1. 在小学生家庭作业家校沟通中,您最希望用的方式为新媒体平台沟通(微信、QQ、校讯通等) 2. 在小学生家庭作业家校沟通中,您最希望用的方式为家长会 3. 在小学生家庭作业家校沟通中,您最希望用的方式为家访 4. 在小学生家庭作业家校沟通中,您最希望用的方式为见面沟通 5. 在小学生家庭作业家校沟通中,您最希望用的方式为家长委员会 6. 在小学生家庭作业家校沟通中,您最希望用的方式为电话沟通	杨凤芝. 农村寄宿制小学家校沟通现状的调查研究——以云南省景东县 S 乡为例 [D]. 昆明:云南大学, 2017.
小学生家庭作业家校沟通的内容	(1) 作业量	1. 关于孩子家庭作业量过大的问题,您曾与教师进行过交流 2. 关于孩子家庭作业量过小的问题,您曾与教师进行过交流	许海香. 小学低年级家校沟通现状、问题及对策研究——以大连开发区五所小学为例 [D]. 大连:辽宁师范大学, 2012. 略改动
	(2) 作业批改方式	3. 关于孩子家庭作业批改方式过于陈旧的问题,您曾与教师进行过交流	
	(3) 作业难度	4. 关于孩子家庭作业难度过大的问题,您曾与教师进行过交流 5. 关于孩子家庭作业难度过小的问题,您曾与教师进行过交流	
	(4) 作业类型	6. 关于孩子家庭作业布置个性化、针对性欠缺的问题,您曾与教师进行过交流	

续表

结构	假设	题项	来源
小学生家庭作业的家校沟通频率或次数	(6) 家长主动与教师沟通的频率比教师主动与家长沟通的频率低	1. 您认为您主动与教师沟通家庭作业的次数较多	许海香. 小学低年级家校沟通现状、问题及对策研究——以大连开发区五所小学为例 [D]. 大连：辽宁师范大学，2012. 略改动
		2. 您认为教师主动与您沟通家庭作业的次数较多	
		3. 您主动与教师沟通孩子家庭作业的频率为半学期 1~2 次	
		4. 您主动与教师沟通孩子家庭作业的频率为半学期 3 次以上	
		5. 您认为家长与教师当面沟通家庭作业的频率应该是每周一次	
		6. 您认为家长与教师当面沟通家庭作业的频率应该是每月一次	
小学生家庭作业的家校沟通影响因素	(8) 家长、教师双方工作忙、压力大	1. 您认为工作太忙、没有时间是影响您与教师沟通的主要因素	徐怀霞. 城镇化背景下农村小学家校沟通现状及对策分析——以兰陵县部分小学为例 [D].烟台：鲁东大学，2020. 略改动
	(11) 以往沟通效果不佳。	2. 您认为以往的沟通效果不佳是影响您与教师沟通的主要因素	许海香. 小学低年级家校沟通现状、问题及对策研究 [D]. 辽宁师大学，2012. 略改动
	(9) 家长文化程度低，无法参与。	3. 您认为您的文化程度低，无法理解教师的工作是影响您与教师沟通的主要因素	徐怀霞. 城镇化背景下农村小学家校沟通现状及对策分析——以兰陵县部分小学为例 [D].烟台：鲁东大学，2020. 略改动
	(10) 孩子成绩差，不好意思沟通。	4. 您认为孩子成绩差，不好意思与教师沟通孩子家庭作业存在的问题是影响您与教师沟通的主要因素	
	(13) 教师的态度不太好	5. 您认为教师在沟通中不太好的态度是影响您与教师沟通的主要因素	秦逸韵. 小学家校沟通与合作的研究 [D]. 武汉：华中师范大学，2013. 略改动
	(14) 教师说话教训式语气	6. 您认为教师在沟通中总是用教训式语气，让您心中不舒服是影响您与教师进行沟通的主要因素	自编
	(15) 教师总是一言堂	7. 您认为教师在沟通中总是一人发表意见，没有给您发表意见的空间是影响您与教师进行沟通的主要因素	

2. 教师调查问卷

问卷结构如表 5-2 所示。具体问卷详见附录 B。

表 5-2　教师调查问卷的结构

结构	假设	题项	来源
背景信息	—	1. 您的教龄	自编
		2. 您所教年级	
		3. 您的学历	
		4. 您的任教学科	
		5. 您是班主任	
小学生家庭作业的家校沟通的认知	(5) 对小学生家庭作业的家校沟通认识不充分	1. 您认为加强学校和家庭之间关于孩子家庭作业的沟通是一件必要的事情	蔺双. 小学低年级家校合作现状调查及提升策略研究——以 Q 市 F 小学为例 [D]. 曲阜：曲阜师范大学，2020.
		2. 关于孩子的家庭作业，您认为学生在校由老师负责，在家由家长负责	
		3. 您认为家长经常主动与教师沟通孩子的家庭作业	徐怀霞. 城镇化背景下农村小学家校沟通现状及对策分析——以兰陵县部分小学为例 [D]. 烟台：鲁东大学，2020. 略改动
		4. 您认为教师经常主动与家长沟通孩子的家庭作业	
小学生家庭作业家校沟通的方式	(7) 没有选择合适的家校沟通方式	1. 在小学生家庭作业家校沟通中，您经常用的沟通方式为新媒体平台（微信、QQ、校讯通等）	颜杰. 城市初中教师家校沟通现状与对策研究——以西宁市 X 初中为例 [D]. 延边：延边大学，2018. 略改动
		2. 在小学生家庭作业家校沟通中，您一般用的沟通方式为家长会	
		3. 在小学生家庭作业家校沟通中，您一般用的沟通方式为家访	
		4. 在小学生家庭作业家校沟通中，您一般用的沟通方式为见面沟通	
		5. 在小学生家庭作业家校沟通中，您一般用的沟通方式为家长委员会	
		6. 在小学生家庭作业家校沟通中，您经常用的沟通方式为电话沟通	
小学生家庭作业家校沟通的内容	(1) 作业量	1. 关于孩子家庭作业量过大的问题，您曾与家长进行过交流	许海香. 小学低年级家校沟通现状、问题及对策研究 [D]. 辽宁师范大学，2012. 略改动
		2. 关于孩子家庭作业量过小的问题，您曾与家长进行过交流	
	(2) 作业批改方式	3. 关于孩子家庭作业批改方式过于陈旧的问题，您曾与家长进行过交流	
	(3) 作业难度	4. 关于孩子家庭作业难度过大的问题，您曾与家长进行过交流	
		5. 关于孩子家庭作业难度过小的问题，您曾与家长进行过交流	
	(4) 作业类型	6. 关于孩子家庭作业布置个性化、针对性欠缺的问题，您曾与家长进行过交流	

结构	假设	题项	来源
小学生家庭作业的家校沟通频率	(6) 家长主动与教师沟通的频率比教师主动与家长沟通的频率低	1. 您认为您主动与家长沟通家庭作业的次数较多	许海香. 小学低年级家校沟通现状、问题及对策研究［D］. 辽宁师范大学，2012. 略改动
		2. 您认为家长主动与您沟通家庭作业的次数较多	
		3. 您主动与家长沟通孩子家庭作业的频率为半学期1~2次	
		4. 您主动与家长沟通孩子家庭作业的频率为半学期3次以上	
		5. 您认为家长与教师当面沟通家庭作业的频率应该是每周一次	
		6. 您认为家长与教师当面沟通家庭作业的频率应该是每月一次	
小学生家庭作业的家校沟通影响因素	(8) 双方工作忙、压力大。	1. 您认为工作太忙、没有时间是影响您与家长进行沟通的主要因素	徐怀霞. 城镇化背景下农村小学家校沟通现状及对策分析——以兰陵县部分小学为例［D］.烟台：鲁东大学，2020. 略改动
	(12) 以往效果不佳	2. 您认为以往的沟通效果不佳是影响您与家长进行沟通的主要因素	许海香. 小学低年级家校沟通现状、问题及对策研究［D］. 辽宁师范大学，2012. 略改动
	(9) 家长文化程度低，无法参与。	3. 您认为家长的文化程度低，不能理解您的工作是影响您与家长进行沟通的主要因素	徐怀霞. 城镇化背景下农村小学家校沟通现状及对策分析——以兰陵县部分小学为例［D］.烟台：鲁东大学，2020. 略改动
	(11) 家长态度恶劣，不支持班级或学校工作	4. 您认为家长不支持班级或学校的工作是影响您与家长进行沟通的主要因素	许海香. 小学低年级家校沟通现状、问题及对策研究［D］. 辽宁师范大学，2012. 略改动
		5. 您认为家长不好的态度是影响您与家长进行沟通的主要因素	
	(13) 部分教师的态度不太好	6. 您认为有时您在沟通中不太好的态度是影响您与家长进行沟通的主要因素	秦逸韵. 小学家校沟通与合作的研究［D］. 武汉：华中师范大学，2013. 略改动
	(14) 教师说话教训式语气	7. 您认为您在沟通中总是用教训式语气，让家长心中不舒服是影响您与家长进行沟通的主要因素	自编
	(15) 教师总是一言堂	8. 您认为您在沟通中没有给家长发表意见的空间，倾听家长的意见是影响您与家长进行沟通的主要因素	

三、家长问卷分析

本研究的家长问卷共分为六部分，分别为基本信息、小学生家庭作业的家校沟通的认知、小学生家庭作业家校沟通的方式、小学生家庭作业家校沟通的内容、小学生家庭作业家校沟通的频率、小学生家庭作业家校沟通的影响因素，分别有 8 个、4 个、6 个、6 个、6 个、7 个题。

（一）选项的赋值

其中背景信息部分包括填写人、家庭情况、父母职业、没有与孩子居住的时间、在家常用语言、文化程度、孩子年级等选项的赋值情况如表 5-3 所示。

表 5-3 学生问卷选项的赋值方法

类型	选项	赋值	类型	选项	赋值
性别	男	1	民族	汉族	1
	女	2		其他民族	2
问卷填写人	父亲	1	年级	一年级	1
	母亲	2		二年级	2
	祖辈	3		三年级	3
	其他	4		四年级	4
问卷填写人学历	初中	1		五年级	5
	高中	2		六年级	6
	专科	3	与父母在一起的时间长度	你和父亲/母亲没有住一起达半年以上	1
	本科	4		你和父亲/母亲没有住一起有半年的时间	2
	研究生	5		你和父亲/母亲没有住一起有 1~5 个月时间	3
家校沟通情况的选项	非常符合	1		你和你的父亲/母亲一直住一起	4
	符合	2	父母的职业阶层	其他职业	1
	不确定	3		私营企业主阶层	2
	不符合	4		经理人员阶层	3
	非常不符合	5		专业技术人员阶层	4
	—	—		国家与社会管理者阶层	5
	—	—			

（二）信效度分析

本研究统计 260 份有效样本，各部分的信效度分析如表 5-4。

表 5-4　家长调查问卷的信效度分析（n＝260）

维度（题项数量）	Cronbach 系数	KMO 值
小学生家庭作业的家校沟通的认知（4）	0.644	0.709
小学生家庭作业的家校沟通的方式（6）	0.651	0.684
小学生家庭作业的家校沟通的内容（6）	0.796	0.848
小学生家庭作业的家校沟通的频率（6）	0.652	0.738
小学生家庭作业的家校沟通的影响因素（7）	0.628	0.715
总体	0.852	0.838

　　吴明隆在《SPSS 统计应用实务》中表示，根据 Cronbach's α 系数的取值范围，α 系数在 0.9 及以上表示信度优秀；α 系数在 0.8~0.89 之间表明信度好；α 系数在 0.7~0.79 之间表明信度一般；α 系数在 0.6~0.69 之间，处于信度可接受的边缘[1]；根据 Kaiser 的观点，KMO 值大于 0.9 其效度是最好的，大于 0.8 是比较好的，大于 0.7 是中等水平，大于 0.6 被认为可接受[2]。由此可知，该部分研究统计 260 份有效样本得出总体样本 Cronbach 系数为 0.852，效度为 0.838，皆大于 0.8，说明该量表信效度好。其中小学生家庭作业的家校沟通的认知部分 Cronbach 系数、效度分别为 0.644、0.709，说明该部分问卷的信度可接受、效度中等；小学生家庭作业的家校沟通的方式部分 Cronbach 系数、效度分别为 0.651、0.684，说明该部分问卷的信效度都可接受；小学生家庭作业的家校沟通的内容部分 Cronbach 系数、效度分别为 0.796、0.848，说明该部分问卷的信度一般、效度较好；小学生家庭作业的家校沟通的频率部分 Cronbach 系数、效度分别为 0.652、0.738，说明该部分问卷的信度可接受、效度中等；小学生家庭作业的家校沟通的影响因素部分 Cronbach 系数、效度分别为 0.628、0.715，说明该部分问卷的信度可接受、效度中等。综上所述，该问卷的信度和效度是可接受的。

---

[1]　吴明隆. SPSS 统计应用实务——问卷分析与应用统计［M］. 北京：科学出版社，2003：109.

[2]　吴明隆. SPSS 统计应用实务——问卷分析与应用统计［M］. 北京：科学出版社，2003：67.

（三）基本信息频率分析

1. 填写人及其文化程度

由表 5-5 可看出，参加此次问卷调查的家长共有 260 位，其中此问卷由孩子父亲填写的有 72 人，占总人数的 27.7%；由母亲填写的有 148 人，占总人数的 56.9%；由祖辈填写的有 31 人，占总人数的 11.9%；由其他人填写的有 9 人，占总人数的 3.5%。

在填写问卷调查的 260 名家长中，初中学历 47 人，占总人数的 18.1%；高中学历 51 人，占总人数的 19.6%；专科学历 75 人，占总人数的 28.8%；本科学历 72 人，占总人数的 27.7%；研究生及以上学历 15 人，占总人数的 5.8%。可见，专科和本科学历占比最多，初中和高中学历次之，研究生及以上学历的较少。

孩子年级为二年级及以下的有 74 人，占总人数的 28.5%；孩子年级为三年级的有 37 人，占总人数的 14.2%；孩子年级为四年级的有 46 人，占总人数的 17.7%；孩子年级为五年级的有 50 人，占总人数的 19.2%；孩子年级为六年级的有 53 人，占总人数的 20.4%。

表 5-5　学生年级、问卷填写人频率（百分比）分布（n=260）

填写人	频率（%）	年级	频率（%）	填写人文化	频率（%）
父亲	72（27.7）	一、二年级	74（28.5）	初中	47（18.1）
母亲	148（56.9）	三年级	37（14.2）	高中	51（19.6）
祖辈	31（11.9）	四年级	46（17.7）	专科	75（28.8）
其他	9（3.5）	五年级	50（19.2）	本科	72（27.7）
—	—	六年级	53（20.4）	研究生	15（5.8）

2. 家庭情况

单亲家庭的小学生有 51 人，占总人数的 19.6%；其他家庭的小学生有 5 人，占总人数的 1.9%；双亲家庭的小学生有 204 人，占总人数的 78.5%。说明调查对象中，双亲家庭占多数，单亲家庭和其他家庭占较少数。

3. 父母职业

由表 5-6 可看出，父亲职业为其他的有 126 人，占总人数的 48.5%，母亲职业为其他的有 134 人，占总人数的 51.5%；父亲职业为私营企业主的有 19

人，占总人数的7.3%，母亲职业为私营企业主的有16人，占总人数的6.2%；父亲职业为经理人员的有43人，占总人数的16.5%，母亲职业为经理人员的有32人，占总人数的12.3%；父亲职业为专业技术人员的有47人，占总人数的18.1%，母亲职业为专业技术人员的有66人，占总人数的25.4%；父亲职业为国家与社会管理者的有25人，占总人数的9.6%，母亲职业为国家与社会管理者的有12人，占总人数的4.6%。可见，家长职业属于"其他"的占绝大多数，经理人员阶层和专业技术人员次之，两者占比差不多，私营企业主和国家与社会管理者较少。

表5-6　父母职业阶层百分比分布（n=260）

变量	父亲职业		母亲职业	
	频率	百分比	频率	百分比
其他	126	48.5	134	51.5
私营企业主	19	7.3	16	6.2
经理人员	43	16.5	32	12.3
专业技术人员	47	18.1	66	25.4
国家与社会管理者	25	9.6	12	4.6

4. 没有与孩子生活在一起的时间长度

由表5-7可看出，母亲没有与孩子生活在一起的时间达到半年以上的有28人，占总人数的10.8%；父亲没有与孩子生活的时间达到半年以上的有27人，占总人数的10.4%；母亲没有与孩子生活的时间达到半年的有37人，占总人数的14.2%，父亲没有与孩子生活的时间达到半年的有21人，占总人数的8.1%；母亲没有与孩子生活的时间达到1~5个月的有22人，占总人数的8.5%，父亲没有与孩子生活的时间达到1~5个月的有82人，占总人数的31.5%；母亲一直与孩子一起生活的有173人，占总人数的66.5%，父亲一直与孩子一起生活的有130人，占总人数的50%。可见，双亲一直与孩子一起生活的占大多数。

表 5-7 双亲没有与孩子生活在一起的时间（n=260）

变量	母亲没有与孩子生活的时间		父亲没有与孩子生活的时间	
	频率	百分比	频率	百分比
半年以上	28	10.8	27	10.4
半年	37	14.2	21	8.1
1~5个月	22	8.5	82	31.5
一直住一起	173	66.5	130	50.0
总计	260	100.0	260	100.0

（四）小学生家庭作业家校沟通现状的家长调查及不同背景家长的差异性检验

本部分将从小学生家庭作业家校沟通的认知、方式、内容、频率、影响因素五个维度分别进行频率分析，并比较不同背景信息家长之间的差异。

1. 家庭作业家校沟通的认知

小学生家长对家庭作业的家校沟通的认知部分的题目共4道，分析结果如表 5-8 和表 5-9 所示。

（1）频率分析

由表 5-8 "非常符合"和"符合"的百分比相加可知，83.8%的家长认为加强学校和家庭之间关于孩子家庭作业的沟通是一件必要的事情；74.3%的家长认为学生的家庭作业在校由老师负责，在家由家长负责；77.3%的家长认为家长应该经常主动与教师沟通孩子的家庭作业；79.2%的家长认为教师应该经常主动与家长沟通孩子的家庭作业。

表 5-8 小学生家庭作业家校沟通认知的百分比分布（n=260）

题目	非常符合	符合	不确定	不符合	非常不符合
1. 您认为加强家庭作业的家校沟通是必要的	36.5	47.3	11.5	3.8	0.8
2. 关于家庭作业，您认为在校由老师负责，在家由家长负责	38.5	35.8	13.1	10.4	2.3
3. 您认为家长应经常主动与教师沟通孩子家庭作业	30.8	46.5	12.3	9.2	1.2
4. 您认为教师应该经常主动与家长沟通孩子家庭作业	42.3	36.9	13.1	6.1	1.5
均值	37.0	41.6	12.5	7.4	1.5

总体来说，37%的家长选择了"非常符合"，41.6%的家长选择了"符合"，说明大部分家长比较重视小学生家庭作业家校沟通，对小学生家庭作业的家校沟通的认识到位，持积极和肯定的态度，但是还有部分家长并没有将小学生家庭作业的家校沟通放在重要位置，甚至部分家长不确定沟通是否是一件必要的事情。

（2）差异性检验

表5-9是不同背景家长对小学生家庭作业家校沟通认知的差异性检验。

数据显示，不同背景家长在"2. 您认为家庭作业在校由老师负责，在家由家长负责"选项上没有显著性差异，换言之，家长们对这个问题的看法具有一致性。另外，无论家庭类型、父亲的职业阶层和父亲与小孩合居时长，他们在"1. 您认为加强家庭作业的家校沟通是必要的""2. 关于家庭作业，您认为在校由老师负责，在家由家长负责""3. 您认为家长应经常主动与教师沟通孩子家庭作业"和"4. 您认为教师应经常主动与家长沟通孩子家庭作业"得分上均无显著性差异。

表5-9　不同背景家长对小学生家庭作业家校沟通认知的差异性检验

家长背景	检验量	1. 您认为加强家庭作业的家校沟通是必要的	2. 您认为家庭作业在校由老师负责，在家由家长负责	3. 您认为家长应经常主动与教师沟通孩子家庭作业	4. 您认为教师应经常主动与家长沟通孩子家庭作业
年级	F	4.351	2.107	2.118	0.815
	P	0.002	0.080	0.079	0.516
家庭类型	F	0.130	1.059	0.986	1.822
	P	0.879	0.348	0.374	0.164
父亲职业	F	0.346	0.567	1.058	0.727
	P	0.847	0.687	0.378	0.574
母亲职业	F	4.043	0.372	1.285	8.976
	P	0.003	0.828	0.276	0.000
父亲时间	F	0.601	0.481	0.784	0.525
	P	0.615	0.696	0.504	0.666
母亲时间	F	1.173	1.022	3.999	0.601
	P	0.321	0.383	0.008	0.615

自家孩子所处年级不同和家庭中母亲职业阶层不同，家长在"1. 您认为加

强家庭作业的家校沟通是必要的"得分上具有显著性差异，一、二年级家长得分最高，选择"完全符合"的人数最多，私营企业主阶层母亲得分最低，倾向于认为没有必要进行沟通，国家与社会管理者阶层母亲得分最高，选择"符合"和"非常符合"的人数最多。母亲职业阶层不同，家长在"4. 您认为教师应经常主动与家长沟通孩子家庭作业"得分上具有显著性差异，私营企业主阶层母亲得分最低，经理阶层母亲得分最高，其次是专业技术阶层。母亲与孩子合居时长不同，家长在"3. 您认为家长应经常主动与教师沟通孩子家庭作业"得分具有显著性差异，分居时间半年的对此观点的认同度最高。显然，母亲的职业阶层影响她们对家校沟通作业的认知，低年级家长更希望家校作业沟通。

2. 家庭作业家校沟通的方式

家长问卷中关于家庭作业家校沟通方式的题目共6道，分析结果如表5-10和表5-11所示。

（1）频率分析

由表5-10"非常符合"和"符合"的百分比相加可知，在最希望用的沟通方式上，76.5%的家长选择新媒体平台，70%选择家长会，63.1%选择家访，70%选择见面沟通，70.7%选择家长委员会，72.3%选择电话沟通。可见，新媒体平台、家长会、家访、见面和电话沟通、家长委员会都是家长可接受的沟通方式，新媒体平台排名最高，家访排名最后。

表5-10 家长希望的家庭作业家校沟通方式的百分比分布（n=260）

方式	非常符合	符合	不确定	不符合	非常不符合
新媒体平台	21.9	54.6	15.8	6.2	1.5
家长会	29.2	40.8	16.5	12.3	1.2
家访	34.6	28.5	20.0	13.1	3.8
见面沟通	31.5	38.5	18.5	8.5	3.1
家长委员会	36.9	33.8	13.8	13.1	2.3
电话沟通	33.5	38.8	21.2	4.6	1.9
均值	31.3	39.2	17.6	9.6	2.3

（2）差异性检验

表5-11是不同背景家长希望的家庭作业家校沟通方式的差异性检验。

数据分析显示，父亲与母亲的职业阶层没有影响他们对所希望的作业家校沟通方式的选择；不同背景家长对新媒体平台沟通方式的希望上没有显著性差异,但是在其他方式上均存在显著性差异。

一、二年级家长相对比较认可的方式是电话沟通,对其他方式的态度不明确;三年级和六年级家长对所有方式都是认可的;四年级家长对所有方式都不太明确;五年级比较认可的依次是电话沟通、家长会和家长委员会;从另一个角度说,三到六年级家长对家长会和家长委员会的认可度都较高;六年级家长倾向于面对面交流,如家访和见面沟通。简言之,三年级和六年级家长接受任何一种沟通方式,可推测这两个年级家长对家校作业沟通的渴望,一、二年级对作业沟通的热情不高,或许是因为作业本身较少,其次是四年级和五年级。总之,学生所处年级对沟通方式选择的影响最明显。

在家庭类型的差异方面,比较突出的是,单亲家庭家长对"家访"的认可度最高;对"电话沟通"的认可度最低,而双亲家长则对"家访"的认可度最低,对"电话沟通"的认可度最高。另外,单亲家庭对所有的沟通方式都比较接纳,特别是面对面沟通类型,可推测单亲家庭家长更渴望家校作业沟通。

在与自家小孩分居时长方面,父亲分居时间为半年的家长在家长委员会选项上的得分最高,母亲分居时长为半年的家长在各选项上的得分均高于其他分居情况,可推测母亲和小孩分居半年的家庭更渴望与教师进行家庭作业家校沟通。

表5-11 不同背景家长希望的家庭作业家校沟通方式的差异性检验

家长背景	检验量	新媒体平台	家长会	家访	见面沟通	家长委员会	电话沟通
年级	F	2.164	4.833	7.029	2.834	6.708	2.638
	P	0.074	0.001	0.000	0.025	0.000	0.035
家庭类型	F	1.622	1.164	7.339	1.704	1.974	4.985
	P	0.204	0.282	0.007	0.193	0.161	0.026
父亲职业	F	1.302	2.212	1.548	1.564	1.487	1.349
	P	0.270	0.068	0.189	0.184	0.207	0.252
母亲职业	F	0.665	1.209	1.450	1.999	1.355	2.173
	P	0.617	0.308	0.218	0.095	0.250	0.073
父亲时间	F	1.464	1.346	1.45	2.422	5.145	0.435
	P	0.225	0.26	0.229	0.066	0.002	0.728
母亲时间	F	1.861	2.233	4.089	1.449	2.882	1.921
	P	0.137	0.085	0.007	0.229	0.036	0.127

3. 家庭作业家校沟通的内容

家长问卷中关于家庭作业家校沟通内容的题目共 6 道，分析结果如表5-12 和表 5-13 所示。

（1）频率分析

由表 5-12 "非常符合"和"符合"的百分比相加可知，65.3%的家长曾与教师交流过家庭作业量过大的问题，69.7%交流过家庭作业量过少的问题，65.4%交流过家庭作业批改方式过于陈旧问题，72.3%交流过孩子家庭作业难度过大问题，59.7%交流过孩子家庭作业难度过小问题，63.5%交流过孩子家庭作业缺乏个性化、针对性的问题。

表 5-12 小学生家庭作业家校沟通内容的百分比分布（n=260）

题目	非常符合	符合	不确定	不符合	非常不符合
1. 关于家庭作业量过大问题，您曾与教师交流过	38.8	26.5	15.4	15.8	3.5
2. 关于家庭作业量过小问题，您曾与教师交流过	38.5	31.2	14.6	12.7	3.1
3. 关于家庭作业批改方式陈旧问题，您曾与教师交流过	15.8	49.6	18.1	13.8	2.7
4. 关于家庭作业难度过大，您曾与教师交流过	37.7	34.6	11.5	13.8	2.3
5. 关于家庭作业难度过小，您曾与教师交流过	31.2	28.5	22.7	16.2	1.5
6. 关于家庭作业缺乏个性和针对性，您曾与教师交流过	17.3	46.2	15.8	16.2	4.6
均值	29.9	36.1	16.4	14.8	3.0

总体来说，在小学生家庭作业的家校沟通的内容部分中，29.9%的家长选择了"非常符合"，36.1%的家长选择了"符合"，16.4%的家长选择了"不确定"，14.8%的家长选择了"不符合"，3%的家长选择了"非常不符合"。这说明在小学生家庭作业的家校沟通中，家长与教师对于家庭作业沟通的主要内容为小学生作业量、作业批改方式、作业难度、作业类型，与教师沟通作业难度过大问题的家长占比最大。

（2）差异性检验

表 5-13 是不同背景家长家校沟通作业内容的差异性检验。

数据分析显示，家庭类型和母亲职业阶层没有影响家长对家校沟通作业内容的选择，但是自家小孩年级不同、父亲职业阶层不同和小孩合居时长不同，家长在沟通内容的得分上存在显著性差异。

或许是因为一、二年级教师很少布置家庭作业，此年级家长对沟通内容的选择均不明确。在作业量过多问题上，五年级家长得分最高，其次是六年级；在作业量过少问题上，五年级得分最高，其次是六年级和四年级；在难度过大问题上，得分最高的是五年级家长，其次是三年级和四年级家长；在难度过小问题上，得分最高的是三年级家长，其他年级家长的选择不明确。简言之，整体而言，五年级家长在所有沟通内容选项上的得分最高，其次是六年级和三年级，家长沟通比较多的内容是作业难度大和作业量过少的问题。

经理阶层的父亲倾向于认为当前作业量过少、批改方式陈旧和作业布置缺乏针对性，并与教师进行过沟通；除私营企业主阶层之外，其他四类阶层父亲整体上认为作业量过少并与教师进行过沟通，但整体上并没有向教师反馈过批改方式陈旧和布置方式缺乏针对性问题。

在沟通作业量过少方面，父亲与其子女分居时间为1~5月的家长得分最高，选择"符合"和"完全符合"的占比人数最高，其他三类家长的态度不明确；在沟通作业量过少和作业缺乏个性与针对性方面，母亲与其子女分居时间半年的家长得分最高，其次是半年以上，其他两类家长的态度不确定。简言之，不在小孩身边的母亲比父亲更牵挂小孩的学习。

表5-13　不同背景家长家庭作业家校沟通内容的差异性检验

家长背景	检验量	1. 您曾与教师交流过作业量过多问题	2. 您曾与教师交流过作业量过少问题	3. 您曾与教师交流过作业批改方式陈旧问题	4. 您曾与教师交流过作业难度过大问题	5. 您曾与教师进行交流过作业难度过小问题	6. 您曾与教师交流过作业缺乏个性和针对性
年级	F	3.951	4.184	4.026	4.072	2.43	1.259
	P	0.004	0.003	0.003	0.003	0.048	0.287
家庭类型	F	1.488	2.085	0.094	0.02	0.162	1.488
	P	0.224	0.15	0.76	0.888	0.688	0.224
父亲职业	F	1.32	2.596	3.526	1.828	0.478	3.791
	P	0.263	0.037	0.008	0.124	0.752	0.005
母亲职业	F	1.926	1.346	1.69	0.754	0.386	2.198
	P	0.107	0.254	0.153	0.556	0.819	0.07

续表

家长背景	检验量	1. 您曾与教师交流过作业量过多问题	2. 您曾与教师交流过作业量过少问题	3. 您曾与教师交流过作业批改方式陈旧问题	4. 您曾与教师交流过作业难度过大问题	5. 您曾与教师进行交流过作业难度过小问题	6. 您曾与教师交流过作业缺乏个性和针对性
父亲时间	F	1.107	6.516	2.085	1.034	1.486	3.48
	P	0.347	0	0.103	0.378	0.219	0.017
母亲时间	F	1.527	2.708	1.11	0.843	2.194	5.274
	P	0.208	0.046	0.346	0.471	0.089	0.002

4. 家庭作业家校沟通的频率

家长问卷中关于家庭作业的家校沟通频率的题目共 6 道,分析结果如表 5-14 和表 5-15 所示。

(1) 频率分析

由表 5-14 "非常符合"和"符合"的百分比相加可知,67.7%的家长认为自己主动与教师沟通家庭作业的次数较多,64.2%的家长认为教师主动与他们沟通家庭作业的次数较多。对于"您主动与教师沟通孩子家庭作业的次数为半学期 1~2 次",75.8%选择"非常符合"和"符合";对于"您主动与教师沟通孩子家庭作业的次数为半学期 3 次以上",69.6%选择"非常符合"和"符合";对于"家长和教师应每周一次当面沟通家庭作业"和"每月一次"这两个问题,分别为 68.5%、69.6%选择"非常符合"和"符合"。

表 5-14 小学生家庭作业家校沟通频率的百分比分布 (n=260)

题目	非常符合	符合	不确定	不符合	非常不符合
1. 您认为您主动与教师沟通家庭作业的次数较多	38.1	29.6	11.2	15.0	6.2
2. 您认为教师主动与您沟通家庭作业的次数较多	32.7	31.5	15.8	15.8	4.2
3. 您主动与教师沟通孩子家庭作业的次数为半学期 1~2 次	28.5	47.3	13.8	9.2	1.2
4. 您主动与教师沟通孩子家庭作业的次数为半学期 3 次以上	35.0	34.6	16.5	10.0	3.8

题目	非常符合	符合	不确定	不符合	非常不符合
5. 您认为家长和教师应每周一次当面沟通家庭作业	20.0	48.5	18.5	10.4	2.7
6. 您认为家长和教师应每月一次当面沟通家庭作业	30.0	39.6	16.2	12.3	1.9
均值	30.7	38.5	15.3	12.1	3.3

从以上分析可以看出，家长与教师沟通家庭作业的频率还是比较理想的，教师主动找家长沟通的比例比家长主动找教师的比例高 8.1%。

（2）差异性检验

表 5-15 是不同背景家长家校沟通作业频率的差异性检验。

表 5-15　不同背景家长家校沟通作业频率的差异性检验

家长背景	检验量	1. 您主动与教师沟通家庭作业的次数较多	2. 教师主动与您沟通家庭作业的次数较多	3. 您主动与教师沟通家庭作业半学期达1~2次	4. 您主动与教师沟通家庭作业半学期在3次以上	5. 您认为家长和教师应每周一次当面沟通家庭作业	6. 您认为家长和教师应每月一次当面沟通家庭作业
年级	F	3.195	1.125	0.948	1.427	2.558	3.086
	P	0.014	0.345	0.437	0.225	0.039	0.017
家庭类型	F	0.124	1.274	1.181	0.445	0.325	3.507
	P	0.725	0.26	0.278	0.505	0.569	0.062
父亲职业	F	0.785	2.348	1.999	1.151	1.671	0.906
	P	0.536	0.055	0.095	0.333	0.157	0.461
母亲职业	F	1.268	0.525	2.758	0.297	1.236	1.232
	P	0.283	0.717	0.028	0.88	0.296	0.298
父亲时间	F	1.382	4.68	0.217	0.618	0.731	1.554
	P	0.249	0.003	0.885	0.604	0.534	0.201
母亲时间	F	0.082	10.037	0.61	2.818	0.941	2.233
	P	0.97	0	0.609	0.04	0.421	0.085

数据分析显示，家庭类型和父亲职业阶层没有影响家长对家校沟通频率的

选择，但是自家小孩年级不同、母亲职业阶层不同和与小孩合居时长不同，家长在沟通频率的得分上存在显著性差异。

或许是因为一、二年级教师很少布置家庭作业，该年级家长对沟通频率的选择均不确定。在与教师主动沟通上，家长得分随着年级的升高而升高，即六年级家长得分最高，其次是五年级和四年级；在希望每周与教师面对面沟通一次方面，六年级家长得分最高，其次是五年级和三年级，选择"符合"和"非常符合"的占比人数最多；在希望每月与教师面对面沟通一次方面，六年级与三年级得分一样，选择"符合"和"完全符合"的占比人数最多，其次是四年级，而五年级家长持否定态度。简言之，五、六年级家长和三年级家长对家校作业沟通更加渴望。

在主动与教师沟通次数为半学期1~2次的选项上，母亲为私营企业主阶层的得分最高，其次是经理人员和专业技术人员阶层，国家与社会管理者阶层得分最低，选择不明确。除了国家与社会管理者阶层，其他四类家长整体上均持肯定态度。

对于"认为教师主动与您沟通家庭作业的次数较多"，得分最低的是父亲与子女分居半年以上的家长，该类家长对此态度不明确，其他类型家长基本上持认可的态度。简言之，父亲在外时间越长的家庭，家长越加认为教师没有主动与他们沟通。

对于"认为教师主动与您沟通家庭作业的次数较多"，得分最高的是母亲与子女分居半年的家长，即该类家长认可教师主动沟通行为，其他类型母亲在这个问题上的态度不明确；对于主动与教师沟通孩子家庭作业的次数为半学期3次以上，得分最高的也是母亲与子女分居半年的家长，其次是母亲与子女分居半年以上的家长，其他两类母亲在这个问题上的态度不明确；简言之，母亲因为各种原因没有与小孩居住在一起的家庭，家长既认可教师的主动沟通行为，自己也主动与教师沟通孩子的作业，从另一个方面也反映了该类家庭中孩子作业存在的问题。

5. 家庭作业家校沟通的影响因素

家长问卷中关于家庭作业家校沟通影响因素的题目共7道，分析结果如表5-16和表5-17所示。

（1）频率分析

由表5-16"非常符合"和"符合"的百分比相加可知，60%的家长认为工作太忙、没有时间是影响其与教师进行沟通的主要因素；36.9%的家长认为以往的沟通效果不佳是影响其与教师进行沟通的主要因素，但"不确定"这一选项在各选项中占比最多，达到了27.3%。

表5-16 小学生家庭作业家校沟通影响因素的百分比分布（n=260）

题目	非常符合	符合	不确定	不符合	非常不符合
1. 您认为影响您与教师进行家庭作业沟通的主要因素是工作太忙、没有时间	28.8	31.2	22.7	14.6	2.7
2. 您认为影响您与教师进行家庭作业沟通的主要因素是以往沟通效果不佳	15.4	21.5	27.3	23.5	12.3
3. 您认为影响您与教师进行家庭作业沟通的主要因素是您的文化程度低，无法理解教师的工作	11.2	25.8	25.8	22.7	14.6
4. 您认为影响您与教师进行家庭作业沟通的主要因素是您孩子成绩差，您不好意思	16.9	29.6	26.2	20.8	6.5
5. 您认为影响您与教师进行家庭作业沟通的主要因素是教师的沟通态度不太好	15.0	36.5	25.4	17.7	5.4
6. 您认为影响您与教师进行家庭作业沟通的主要因素是教师沟通的教训式语气让您心中不舒服	25.0	27.7	20.8	20.4	6.2
7. 您认为影响您与教师进行沟通的主要因素是教师总是一言堂，不让您发表意见	20.0	24.6	22.7	26.2	6.5
均值	18.9	28.1	24.4	20.8	7.7

　　近一半的家长认为"教师的沟通态度不太好""教师沟通的教训式语气让您心中不舒服""教师总是一言堂，不让您发表意见"是影响他们与教师沟通的主要因素；另外，认为"以往沟通效果不佳""自己文化程度低"和"孩子成绩差"是影响他们与教师沟通的主要因素的占比家长分别是36.9%、37%和46.5%。

　　（2）差异性检验

　　表5-17是不同背景家长所认为的影响他们沟通因素认知的差异性检验。由于家庭背景因素对家长在"2. 您认为影响您与教师进行家庭作业沟通的主要因

素是以往沟通效果不佳"的得分没有显著性差异，故该道题目没有呈现在表格中。

表 5-17　不同背景家长家校沟通影响因素认知的差异性检验

家长背景	检验量	1. 主要影响因素是工作太忙、没有时间	3. 主要因素是您的文化程度低,无法理解教师的工作	4. 主要影响因素是您孩子成绩差,您不好意思	5. 主要影响因素是教师的沟通态度不太好	6. 主要影响因素是教师沟通的教训式语气让您心中不舒服	7. 主要影响因素是教师总是一言堂,不让您发表意见
年级	F	2.999	0.941	1.859	3.226	4.047	3.383
	P	0.019	0.441	0.118	0.013	0.003	0.01
家庭类型	F	1.124	0.01	0.058	0.891	0.001	0.706
	P	0.29	0.919	0.809	0.346	0.98	0.401
父亲职业	F	0.995	0.76	0.877	0.603	0.352	0.156
	P	0.411	0.552	0.478	0.661	0.842	0.96
母亲职业	F	0.31	1.067	0.628	0.667	1.871	0.785
	P	0.871	0.374	0.643	0.615	0.116	0.536
父亲时间	F	1.612	0.279	2.729	1.152	1.992	0.715
	P	0.187	0.841	0.045	0.329	0.116	0.544
母亲时间	F	1.26	2.728	0.578	1.698	0.209	0.813
	P	0.289	0.045	0.63	0.168	0.89	0.488

数据分析显示，家庭类型、父亲职业阶层和母亲职业阶层不影响家长对家校沟通影响因素的选择，但是自家小孩年级不同、父母与小孩合居时长不同，家长在影响因素的判断上存在显著性差异。

对于"工作太忙、没有时间""教师沟通态度不好""教师教训式的话语方式""教师一言堂"等影响因素，一、二年级家长的得分最低，表现为不明确的态度，而其他年级则倾向于认可，认可度排序依次是"工作太忙、没有时间""教师教训式的话语方式""教师沟通态度不好"和"教师一言堂"。很可能的是，一、二年级家长的得分最低与一、二年级学生作业少有一定的关系。

对于影响因素"孩子成绩差，不好意思与老师沟通孩子家庭作业存在的问题"，得分最高的是父亲与子女分居半年的家长，选择"符合"和"完全符合"的占比人数最多，其他分居时长家长对此因素的态度不明确；对于"您的文化程度低，无法理解教师的工作"影响因素，得分最高的是母亲与子女分居半年的家长，但整体上的态度倾向于不明确。

6. 小结

在家校家庭作业沟通的认知层面，83.8%的家长持肯定的态度，但是低年级家长更希望家校作业沟通，母亲的职业阶层影响他们对家校沟通作业的认知，例如私营企业主阶层的母亲在"沟通必要性"和"教师应经常主动"认知上的得分最低；再例如，母亲与孩子分居半年时长家庭在"家长应经常主动"认知上的得分最高。

在希望的沟通渠道上，选择新媒体平台沟通的家长占比最多（76.5%），选择家访的最少（63.1%）。家庭类型和孩子所处年级影响家长的选择，例如三年级和六年级家长、单亲家庭家长接受任何一种沟通方式，特别是单亲家庭特别认可面对面沟通类型。

在实际的沟通内容上，平均66%的家长明确他们普就作业难度、作业量和作业布置方式与教师进行过沟通，占比最高和最低的分别是沟通过作业难度过高（72.3%）和沟通过作业难度过低（59.7%），这可能是因为家长对作业难度的判断难以有一个固定的标准，或者是因为教师布置的家庭作业难度的失衡；另外，孩子所处年级、职业阶层等因素影响家长的沟通内容，例如五年级家长在所有沟通内容选项上的得分最高，其次是六年级和三年级家长；不同职业阶层的父亲（除私营企业主阶层之外）整体上认为他们沟通过作业量过少问题。另外，与小孩分居的母亲比与小孩分居的父亲在各项沟通内容上的得分更高，可推测母亲更牵挂小孩的学习。

在沟通频率上，家长认为，教师主动找家长沟通的比例（64.2%）比家长主动找教师（67.7%）的百分比高稍低。自家小孩年级不同、母亲职业阶层不同、父母与小孩合居时长不同，家长在沟通频率的得分上存在显著性差异，例如六年级、五年级和三年级家长的得分相对更高，可推测他们对家校作业沟通更加渴望；再例如，父亲与母亲因为各种原因与小孩分居的家庭，其得分相对更高，可推测该类家庭中孩子作业存在的问题更多。

在沟通影响因素的认知上，近一半的家长归为教师沟通态度问题；36.9%的家长认为是以往沟通效果不佳。因为各种原因父母与小孩分居的家庭，其家长在"孩子成绩差，不好意思与老师沟通""自己文化程度低，无法理解教师工作"上的得分相对更高。

四、教师问卷分析

本研究的教师问卷共分为六部分，分别为基本信息、小学生家庭作业家校沟通的认知、小学生家庭作业家校沟通的方式、小学生家庭作业家校沟通的内容、小学生家庭作业家校沟通的频率、小学生家庭作业家校沟通的影响因素，各部分分别有6、4、6、6、6、8道题。

（一）选项赋值

基本信息包括性别、是否为班主任、所教科目、所教年级、教龄、学历。题目选项的赋值如下，如表5-18所示。

表5-18　教师调查问卷选项的赋值方法

类型	选项	赋值	类型	选项	赋值
性别	男	1	科目	语文	1
	女	2		数学	2
班主任	是	1		英语	3
	否	2		其他	4
学历	中专	1	教龄	1年以下	1
	大专	2		2~5年	2
	本科	3		6~10年	3
	研究生及以上	4		10年以上	4
任教年级	二年级及以下	1	—	—	—
	三年级	2		—	—
	四年级	3		—	—
	五年级	4		—	—
	六年级	5		—	—

借助SPSS进行信效度分析、频率分析和相关分析，构成论文的主体内容。

（二）信效度分析

本研究统计238份有效样本，各部分的信效度分析如表5-19所示。

表5-19 教师调查问卷的信效度分析（n=238）

维度（题项数量）	Cronbach 系数	结构效度
小学生家庭作业的家校沟通的认知（4）	0.893	0.808
小学生家庭作业的家校沟通的方式（6）	0.886	0.880
小学生家庭作业的家校沟通的内容（6）	0.912	0.910
小学生家庭作业的家校沟通的频率（6）	0.902	0.906
小学生家庭作业的家校沟通的影响因素（8）	0.926	0.928
总体	0.968	0.970

吴明隆在《SPSS统计应用实务》中表示，根据Cronbach's α系数的取值范围，α系数在0.9及以上表示信度优秀；α系数在0.8~0.89之间表明信度好；α系数在0.7~0.79之间表明信度一般；α系数在0.6~0.69之间，处于信度可接受的边缘[1]；根据Kaiser的观点，KMO值大于0.9其效度是最好的，大于0.8是比较好的，大于0.7是中等水平，大于0.6被认为可接受[2]。由此可知，该部分研究统计238份有效样本得出总体样本Cronbach系数为0.968，效度为0.970，皆大于0.9，说明该量表有很高的信效度。其中小学生家庭作业的家校沟通的认知部分Cronbach系数、效度分别为0.893、0.808；小学生家庭作业的家校沟通的方式部分Cronbach系数、效度分别为0.886、0.880；小学生家庭作业的家校沟通的内容部分Cronbach系数、效度分别为0.912、0.910；小学生家庭作业的家校沟通的频率部分Cronbach系数、效度分别为0.902、0.906；小学生家庭作业的家校沟通的影响因素部分Cronbach系数、效度分别为0.926、0.928。各部分的Cronbach系数、效度都集中在0.8~0.9之间。简言之，该问卷的整体信效度优秀。

（三）基本信息频率分析

1. 教龄、学历和班主任岗位

由表5-20可知，参与此次问卷调查的共有238名教师，其中教龄1年以下

---

[1] 吴明隆. SPSS统计应用实务——问卷分析与应用统计［M］. 北京：科学出版社，2003：109.

[2] 吴明隆. SPSS统计应用实务——问卷分析与应用统计［M］. 北京：科学出版社，2003：67.

的有 67 人，占总人数的 28.2%；教龄 2~5 年的有 70 人，占总人数的 29.4%；教龄 6~10 年的有 63 人，占总人数的 26.5%；教龄 10 年以上的有 38 人，占总人数的 16.0%。

表 5-20　教龄、班主任岗和学历的频率（百分比）分布（n=238）

教龄	频率（%）	班主任	频率（%）	学历	频率（%）
1 年以下	67（28.2）	是	110（46.2）	中专	15（6.3）
2~5 年	70（29.4）	否	128（53.8）	大专	95（39.9）
6~10 年	63（26.5）	—	—	本科	106（44.5）
10 年以上	38（16.0）	—	—	研究生	22（9.2）

238 名教师中，有 15 人学历为中专，占总人数的 6.3%；有 95 人学历为大专，占总人数的 39.9%；有 106 人学历为本科，占总人数的 44.5%；有 22 人学历为研究生，占总人数的 9.2%。

班主任 110 人，占总人数的 46.2%；非班主任的有 128 人，占总人数的 53.8%。显然班主任与非班主任人数差距不大。

2. 任教年级和学科

由表 5-21 可知，参与此次问卷调查的 238 名教师中所教年级为二年级及以下的有 22 人，占总人数的 9.2%；所教年级为三年级的有 58 人，占总人数的 24.4%；所教年级为四年级的有 62 人，占总人数的 26.1%；所教年级为五年级的有 48 人，占总人数的 20.2%；所教年级为六年级的有 48 人，占总人数的 20.2%。

表 5-21　任教年级和学科的频率（百分比）分布（n=238）

学校类型	频率（%）	年级	频率（%）
语文	77（32.4）	一、二年级	22（9.2）
数学	72（30.3）	三年级	58（24.4）
英语	72（30.3）	四年级	62（26.1）
其他科目	17（7.1）	五年级	48（20.2）
—	—	六年级	48（20.2）

238 名教师中，所教学科为语文的有 77 人，占总人数的 32.4%；所教学科

为数学的有 72 人，占总人数的 30.3%；所教学科为英语的有 72 人，占总人数的 30.3%；所教学科为其他的有 17 人，占总人数的 7.1%。

（四）小学生家庭作业家校沟通现状的教师调查及不同背景教师的差异性检验

本部分将从小学生家庭作业的家校沟通的认知、方式、内容、频率、影响因素五个维度来分别进行频率分析，并比较不同背景信息教师之间的差异。

1. 家庭作业家校沟通的认知

（1）频率分析

教师对家庭作业家校沟通认知部分的题目共 4 道，对应附录 B 问卷第二部分，分析结果如表 5-22 所示。

表 5-22　小学生家庭作业家校沟通认知的百分比分布（n=238）

题目	非常符合	符合	不确定	不符合	非常不符合
1. 您认为加强家校家庭作业沟通是必要的	17.2	39.5	21.0	17.2	5.0
2. 您认为家庭作业在校由教师负责，在家由家长负责	19.7	27.3	23.9	17.2	11.8
3. 您认为家长应经常主动与教师沟通孩子的家庭作业	16.8	29.8	26.5	19.3	7.6
4. 您认为教师应经常主动与家长沟通孩子的家庭作业	16.4	36.1	23.1	16.0	8.4
均值	17.5	33.2	23.7	17.4	8.2

由表 5-22 "非常符合"和 "符合"的百分比相加可知，56.7% 的教师认为加强学校和家庭之间关于孩子家庭作业的沟通是一件必要的事情，但仍有 21.0% 的教师态度不明确；47% 的教师认为学生的家庭作业在校由老师负责，在家由家长负责；46.6% 的教师认为家长应该经常主动与教师沟通孩子的家庭作业，不确定人数占比也较多，达到了 26.5%；52.5% 的教师认为教师应经常主动与家长沟通孩子的家庭作业问题。

与家长问卷中相应选项相比（表 5-18），家长对家庭作业家校沟通认知的积极性更高，选择 "非常符合"和 "符合"的家长百分比约 80%，比教师的相应选项高出近 30%。

（2）差异性检验

表 5-23 是不同背景教师对小学生家庭作业家校沟通认知的差异性检验

结果。

数据显示,不同教龄教师在"加强学校和家庭之间关于孩子家庭作业的沟通是一件必要的事情"和"教师应经常主动与家长沟通孩子家庭作业"两个认识上具有显著性差异。6~10年教龄教师的得分最低,选择"不确定"和"不同意"的比例最高,其次是10年以上教龄的教师,新手教师的得分最高,选择"非常同意"和"同意"的百分比最高。总体而言,教龄越长的教师,对这两个观点的认识越消极。

表5-23 不同背景教师家校沟通认知的差异性检验

教师背景	检验量	1. 您认为加强学校和家庭之间关于孩子家庭作业的沟通是一件必要的事情	2. 关于孩子的家庭作业,您认为学生在校由教师负责,在家由家长负责	3. 您认为家长应该经常主动与教师沟通孩子的家庭作业	4. 您认为教师应该经常主动与家长沟通孩子的家庭作业
班主任	F	1.175	0.028	0.290	0.170
	P	0.279	0.867	0.590	0.680
所教科目	F	0.617	0.233	1.063	0.857
	P	0.605	0.874	0.366	0.464
所教年级	F	2.412	0.611	0.596	2.233
	P	0.050	0.655	0.666	0.066
教龄	F	8.751	1.914	2.553	3.046
	P	0.000	0.128	0.056	0.030
学历	F	1.604	1.178	1.101	0.530
	P	0.189	0.319	0.350	0.662

2. 家庭作业家校沟通的方式

教师对家庭作业家校沟通方式部分的题目共6道,对应附录B问卷第三部分,分析结果如表5-24所示。

(1)频率分析

由表5-24"非常符合"和"符合"的百分比相加可知,在教师最希望的沟通方式上,52.1%的教师选择电话沟通,51.7%的教师选择新媒体平台,47.5%选择家访和见面沟通,45.4%选择家长会,40%选择家长委员会。显然,更多的教师选择不见面的沟通方式。

表5-24 小学生家庭作业家校沟通方式的百分比分布（n=238）

方式	非常符合	符合	不确定	不符合	非常不符合
5. 新媒体平台	21.0	30.7	20.6	21.8	5.9
6. 家长会	16.8	28.6	28.2	17.6	8.8
7. 家访	18.9	28.6	19.7	21.4	11.3
8. 见面沟通	18.1	29.4	26.5	17.6	8.4
9. 家长委员会	11.8	28.2	26.5	21.8	11.8
10. 电话沟通	18.9	33.2	24.8	13.8	9.7
均值	17.6	29.8	24.4	19	9.3

　　与家长问卷中相应选项相比（表5-10），63.1%~76.5%的家长选择了所希望的沟通方式，而教师的选择百分比是40%~52.1%，显然，家长对沟通方式的认可度更高；在最受欢迎的沟通方式上，家长的排名是新媒体平台（76.5%）、打电话（72.3%）、家长委员会（70.7%）、家长会（70%）和家访（63.1%），教师的排名是电话沟通（52.1%）、新媒体平台（51.7%）、家访（47.5%）、见面沟通（47.5%）、家长会（45.4%）和家长委员会（40%）。可见，具有不见面特点的沟通方式，即新媒体平台和打电话是家校双方首选的交流方式，但家长相对最抵触教师的家访，而教师最抵触的是家长委员会。

　　（2）差异性检验

　　表5-25是不同背景教师对小学生家庭作业家校沟通方式的差异性检验结果。

　　数据显示，不同教龄教师在新媒体平台和打电话这两类沟通方式的选择上具有显著性差异。教龄越长的教师，对这两种沟通方式的选择百分比越低。

表5-25 不同背景教师家校沟通方式的差异性检验

教师背景	检验量	新媒体平台	家长会	家访	见面沟通	家长委员会	电话沟通
班主任	F	0.566	0.03	0.915	0.007	0.11	0.049
	P	0.453	0.864	0.34	0.931	0.741	0.826
所教科目	F	0.967	0.34	0.854	0.4	0.146	0.967
	P	0.409	0.796	0.466	0.753	0.932	0.409
所教年级	F	0.672	1.233	2.311	1.467	1.379	0.672
	P	0.612	0.298	0.059	0.213	0.242	0.612

教师背景	检验量	新媒体平台	家长会	家访	见面沟通	家长委员会	电话沟通
教龄	F	4.054	0.589	0.24	1.198	0.316	3.84
	P	0.008	0.623	0.869	0.311	0.814	0.01
学历	F	0.065	0.292	0.248	0.736	0.506	0.442
	P	0.978	0.831	0.863	0.531	0.678	0.723

3. 家庭作业家校沟通的内容

教师对家庭作业家校沟通内容部分的题目共6道, 对应附录B问卷第四部分, 分析结果如表5-26所示。

（1）频率分析

由表5-26"非常符合"和"符合"的百分比相加可知, 49.2%的教师曾与家长交流过家庭作业量过大的问题, 45.4%的教师曾与家长交流过孩子家庭作业难度过小的问题, 43.7%曾与家长交流过家庭作业难度过大的问题, 42.4%曾与家长交流过家庭作业量过小的问题, 42.4%曾与家长交流过家庭作业批改方式过于陈旧的问题, 41.6%曾与家长交流过家庭作业布置缺乏个性化和针对性的问题。

表5-26 小学生家庭作业家校沟通内容的百分比分布 (n=238)

题目	非常符合	符合	不确定	不符合	非常不符合
1. 关于孩子家庭作业量过大问题, 您曾与家长交流过	16.4	32.8	23.9	15.5	11.3
2. 关于孩子家庭作业量过小问题, 您曾与家长交流过	12.6	29.8	24.8	25.2	7.6
3. 关于孩子家庭作业批改方式陈旧, 您曾与家长交流过	17.6	24.4	27.7	21.4	8.8
4. 关于孩子家庭作业难度过大, 您曾与家长交流过	16.8	26.4	24.8	22.7	8.8
5. 关于孩子家庭作业难度过小, 您曾与家长交流过	18.5	26.9	21.8	21.4	11.3
6. 关于家庭作业缺乏个性和针对性, 您曾与家长交流过	16.0	25.6	29.4	20.6	8.4
均值	16.3	27.7	25.4	21.1	9.4

与家长问卷中的相应选项相比 (表5-12), 59.7%~72.3%的家长选择了曾与教师的沟通内容, 而教师选择的百分比是41.6%~49.2%, 显然, 沟通给家长留下

的印象更多；在所记得的具体沟通内容上，家长选择排前两位的是作业难度大（72.3%）和作业量少（69.7%），而教师则是家庭作业量多（49.2%）和家庭作业难度小（45.4%）；显然，教师和家长所记得的交流内容具有明显的差异，家长印象最多的是作业难度大，教师印象最多的是作业量多。

（2）差异性检验

表5-27是不同背景教师对小学生家庭作业家校沟通内容的差异性检验结果。

数据显示，无论教师背景如何，他们在曾沟通内容的选项上没有显著性差异，所有教师与家长沟通的家庭作业内容根本上是一样的。

表5-27　不同背景教师家校沟通内容的差异性检验

教师背景	检验量	1. 曾与家长交流过家庭作业量过大的	2. 曾与家长交流过家庭作业量过少	3. 曾与家长交流过作业批改方式陈旧	4. 曾与家长流过作业难度过大	5. 曾与家长交流过作业难度过小	6. 曾与家长交流过作业缺乏个性化、针对性
班主任	F	0	0.059	2.365	0.305	0.404	1.252
	P	0.996	0.808	0.125	0.581	0.526	0.264
所教科目	F	0.052	0.168	0.868	1.047	1.599	0.988
	P	0.984	0.918	0.458	0.373	0.19	0.399
所教年级	F	1.564	0.332	1.225	0.629	0.68	0.959
	P	0.185	0.856	0.301	0.642	0.606	0.431
教龄	F	1.812	0.6	1.078	0.729	0.089	0.469
	P	0.146	0.616	0.359	0.535	0.966	0.704
学历	F	0.544	0.285	0.241	0.447	0.349	0.325
	P	0.653	0.836	0.868	0.72	0.79	0.807

4. 家庭作业家校沟通的频率

教师对家庭作业家校沟通频率部分的题目共6道，对应附录B问卷第五部分，分析结果如表5-28所示。

（1）频率分析

由表5-28非常符合和符合的百分比相加可知，47.9%的教师认为自己近半个学期主动与家长沟通家庭作业的次数超过了3次，44.9%的教师认为有1~2次，40%左右的教师认为每周沟通一次和每月沟通一次都是可行的。

表5-28　小学生家庭作业家校沟通频率的百分比分布（n=238）

题目	非常符合	符合	不确定	不符合	非常不符合
1. 您认为您主动与家长沟通家庭作业的次数较多	15.1	29.8	27.7	17.2	10.1
2. 您认为家长主动与您沟通家庭作业的次数较多	18.1	26.5	24.8	19.7	10.9
3. 您主动与家长沟通家庭作业半学期达1~2次	19.3	25.6	22.3	21.8	10.9
4. 您主动与家长沟通家庭作业半学期在3次以上	18.5	29.4	27.3	13.0	11.8
5. 您认为家长和教师应每周一次当面沟通家庭作业	14.3	26.9	27.7	21.8	9.2
6. 您认为家长和教师应每月一次当面沟通家庭作业	20.6	22.7	27.3	21.4	8.0
均值	17.7	26.8	26.2	19.2	10.1

　　与家长问卷中的相应选项相比（表5-14），67.7%~75.8%的家长认可沟通频率，而教师的选择百分比则是40%~47.9%；70%左右的家长认为每周沟通一次和每月一次都是可行的，而教师的选择百分比是40%。显然，家长更渴望与教师沟通小孩的家庭作业情况。

　　（2）差异性检验

　　表5-29是不同背景教师对小学生家庭作业家校沟通频率的差异性检验结果。

　　数据显示，执教年级不同，教师对"每周1次"沟通频率的看法不同。具体而言，五年级教师的认可度最高，其次是三年级和四年级，但整体上所有年级教师的态度均不明确；另外，不同教龄教师对"近半学期曾与家长沟通作业3次以上"的认可度不同。58.2%的新任教师认为他们做到了，其次是2~5年教龄的教师（45.7%），再次是10年以上教龄的教师（44.7），6~10年教龄的教师最低（41.20%）。显然，新手教师对家校作业沟通的积极性更高。

表5-29 不同背景教师家校沟通频率的差异性检验

教师背景	检验量	1. 您认为您主动与家长沟通家庭作业次数较多	2. 您认为家长主动与您沟通家庭作业次数较多	3. 您主动与家长沟通家庭作业半学期达1~2次	4. 您主动与家长沟通家庭作业半学期达3次以上	5. 家长和教师应每周一次当面沟通家庭作业	6. 家长和教师应每月一次当面沟通家庭作业
班主任	F	0.946	1.044	0.194	0.036	0.257	0
	P	0.332	0.308	0.66	0.85	0.613	0.99
所教科目	F	0.23	1.259	0.12	0.577	0.371	0.243
	P	0.875	0.289	0.948	0.631	0.774	0.866
所教年级	F	1.621	1.249	0.658	1.683	3.13	0.668
	P	0.17	0.291	0.621	0.155	0.016	0.615
教龄	F	2.354	1.362	0.495	2.663	2.114	0.393
	P	0.073	0.255	0.686	0.049	0.099	0.758
学历	F	0.748	0.674	0.691	0.476	1.243	0.252
	P	0.525	0.569	0.558	0.699	0.295	0.86

5. 家庭作业家校沟通的影响因素

教师对家庭作业家校沟通影响因素部分的题目共8道，对应附录B问卷第六部分，分析结果如表5-30所示。

（1）频率分析

由表5-30"非常符合"和"符合"的百分比相加可知，教师认为影响他们与家长沟通的因素依次为教师不好的沟通态度（50.8%）、家长不支持班级或学校工作（48.3%）、教师工作太忙（47.5%）、家长态度不好（47.4%）、教师教训式的语气让家长心里不舒服（46.3%）、以往沟通效果不佳（45%）、教师一言堂的沟通风格（42%）和家长文化程度低，无法理解教师工作（40.3%）。

表5-30 小学生家庭作业的家校沟通影响因素的百分比分布（n=238）

题目	非常符合	符合	不确定	不符合	非常不符合
1. 您认为工作太忙、没有时间是影响您与家长沟通的主要因素	16.8	30.7	25.6	15.5	11.3
2. 您认为以往沟通效果不佳是影响您与家长沟通的主要因素	16.4	28.6	26.9	19.3	8.8

题目	非常符合	符合	不确定	不符合	非常不符合
3. 您认为家长文化程度低，无法理解您的工作是影响您与家长沟通的主要因素	16.8	23.5	28.2	21.4	10.1
4. 您认为家长不支持班级或学校工作是影响您与家长沟通的主要因素	17.6	30.7	20.2	20.6	10.9
5. 您认为家长沟通态度不好是影响您与您进行沟通的主要因素	15.5	31.9	23.5	18.1	10.9
6. 您认为在沟通中您不太好的态度是影响您与家长进行沟通的主要因素	16.8	34.0	23.1	13.4	12.6
7. 您认为您在沟通中的教训式语气导致家长心中不舒服是影响您与家长沟通的主要因素	20.2	26.1	22.7	18.5	12.6
8. 您认为您在沟通中没有倾听家长意见，没有让家长发表意见，是影响您与家长沟通的主要因素	17.2	24.8	21.8	22.3	13.9
均值	17.2	28.8	24	18.6	11.4

与家长问卷中的相应选项相比（表5-16），家长认为影响他们与教师沟通的首要因素是家长工作忙（60%），其次是"教师的沟通态度不太好"（51.5%）"教师沟通的教训式语气让您心中不舒服"（52.7%）。显然，家校双方均认为各自态度和各自工作繁忙是影响沟通的两个首要因素。

（2）差异性检验

差异性检验结果表明，不同背景教师对家庭作业家校沟通影响因素的看法没有显著性差异。换言之，即使教师的教龄和学历等背景因素不同，他们对影响因素的看法和选择在根本上没有区别。

6. 小结

教师在沟通认知、沟通频率、沟通内容和沟通方式上选择"非常符合"和"符合"的百分比均低于家长。

在对影响因素的判断和沟通内容的选择上，不同背景教师之间没有显著性差异；近50%的教师和家长均认为教师沟通态度是对家校沟通产生影响的重要因素；教师和家长所记得的沟通内容具有明显差异，家长印象最多的是作业难度大，教师印象最多的是作业量多；新媒体平台和打电话是家校双方首选的交流方式，但家长选择最少的是家访，而教师选择最少的是家长委员会。

教师教龄影响教师的沟通认知、沟通方式和沟通频率。总体而言，教龄越长的教师，对沟通必要性和教师沟通主动性的认识越消极；教龄越长的教师，选择新媒体平台和打电话的百分比越低。

整体上而言，相比于家长背景因素所导致的选项差异，教师背景所导致的选项差异更少。换言之，无论教师的教龄、职称、所教年级、班主任与否和所教学科，教师对家校家庭作业沟通的看法与做法上的差异不大。

五、假设验证

（一）对假设 1 的验证

假设 1：家长与教师关于家庭作业沟通的主要内容为小学生的作业量、作业批改方式、作业难度、作业类型。有着以下四点。

（1）家长与教师关于家庭作业沟通的主要内容是小学生的作业量，部分家长认为教师布置的作业量过多，超出孩子的承受范围；部分家长认为教师布置的作业量过少。

（2）家长与教师关于家庭作业沟通的主要内容是小学生的作业批改方式，部分家长认为教师批改作业的方式太过于陈旧。

（3）家长与教师关于家庭作业沟通的主要内容是小学生的作业难度，部分家长认为教师布置的作业难度过大或过小，不适合孩子巩固知识。

（4）家长与教师关于家庭作业沟通的主要内容是小学生的作业类型，部分家长认为教师布置的家庭作业个性化、针对性欠缺。

由表 5-12 和表 5-26 可知，家长与教师都曾因小学生的家庭作业量、作业批改方式、作业难度、作业类型交流过。对于孩子家庭作业量过多的问题，选择"符合"及以上累计百分比在 65% 以上；对于孩子家庭作业量过少的问题，选择"符合"及以上累计百分比在 69% 以上；对于孩子家庭作业批改方式陈旧的问题，选择"符合"及以上累计百分比在 65% 以上；对于孩子家庭作业难度过大的问题，选择"符合"及以上累计百分比在72%以上；对于孩子家庭作业难度过小的问题，选择"符合"及以上累计百分比在59%以上；对于孩子家庭作业布置缺少个性化、针对性的问题，选择"符合"及以上累计百分比在63%以上，各部分占比均大于50%。综上所述，因此推断假设1成立。

（二）对假设2的验证

假设2：小学生家庭作业家校沟通的问题有沟通认识不足、沟通方式选择不当等。有着以下三点。

（5）部分家长、教师对小学生家庭作业的家校沟通认识不充分。

（6）家长主动与教师沟通的频率比教师主动与家长沟通的频率低。

（7）部分教师对于小学生家庭作业的家校沟通没有选择合适的家校沟通方式。

由表5-8和表5-22可知，从总体上看，在小学生家庭作业的家校沟通的认知部分中，家长选择"符合"及以上累计百分比在78.6%，选择"不符合"及以下累计百分比在8.9%；在小学生家庭作业的家校沟通的认知部分中，教师选择"符合"及以上累计百分比在50.7%，选择"不符合"及以下累计百分比在25.6%。可见，部分家长、教师对小学生家庭作业的家校沟通认识不充分。

由表5-10和表5-24可知，从整体上看，家长最希望用的沟通方式排序依次为新媒体平台、电话沟通、家长委员会、家长会和见面沟通、家访，但教师常用的沟通方式排序依次为电话沟通、新媒体平台、见面沟通和家访、家长会、家长委员会。其中位列家长最希望方式第三的家长委员会，却在教师常用的沟通方式中排名最后。

由表5-14和表5-28可知，从家长这方看，家长认为自己主动与教师沟通家庭作业次数较多的占67.7%，认为教师主动与家长沟通家庭作业次数较多的占64.2%；从教师这方看，教师认为自己主动与家长沟通家庭作业次数较多的占44.9%，认为家长主动与其沟通家庭作业次数较多的占44.6%。整体上看，体现了家长主动与教师沟通的频率比教师主动与家长沟通的频率低。

综上所述，因此推断假设2成立。

（三）对假设3的验证

假设3：小学生家庭作业家校沟通主要受到家长的态度、文化程度、小孩成绩、对教师的工作配合度、以往沟通效果以及家长教师双方的工作的影响。有着以下五点。

（8）影响小学生家庭作业的家校沟通的主要原因有家长、教师双方工作忙、压力大。

（9）影响小学生家庭作业的家校沟通的主要原因有家长的文化程度低，无法参与。

（10）影响小学生家庭作业的家校沟通的主要原因有部分家长因孩子成绩差，不好意思与教师沟通。

（11）影响小学生家庭作业的家校沟通的主要原因有家长的态度恶劣，不支持班级或学校的工作。

（12）影响小学生家庭作业的家校沟通的主要原因有教师、家长双方有以往沟通效果不佳的阴影。

由表 5-16 和表 5-30 可知，认为工作太忙、没有时间是影响沟通的主要因素，教师占 47.5%，家长占 60%；认为以往的沟通效果不佳是影响沟通的主要因素，教师占 45%，家长 36.9%；认为家长的文化程度低，无法理解教师的工作是影响沟通的主要因素，教师占 40.3%，家长占 37%；认为家长不支持班级或学校工作是影响沟通的主要因素，教师占 48.3%；认为家长在沟通中不好的态度是影响沟通的主要因素，教师占 47.4%；46.5% 的家长认为孩子成绩差，不好意思与老师沟通孩子家庭作业存在的问题是影响沟通的主要因素，由于假设中影响小学生家庭作业家校沟通主要原因均存在，且占比不低于 35%，因此可以推断假设 3 不完全成立。

（四）对假设 4 的验证

假设 4：小学生家庭作业家校沟通主要受到教师的态度、说话方式、沟通技巧的影响。有着以下三点。

（13）影响小学生家庭作业的家校沟通的主要原因有沟通过程中，教师的态度不太好。

（14）影响小学生家庭作业的家校沟通的主要原因有教师说话总采用教训式语气，让家长心中不舒服。

（15）影响小学生家庭作业的家校沟通的主要原因有教师沟通过程中没有学会倾听，总是一言堂由表5-16和表5-30可知，认为沟通中教师不太好的态度是影响沟通的主要因素，教师占50.8%，家长占51.5%；认为教师说话总采用教训式语气是影响沟通的主要因素，教师占46.3%，家长占52.7%；认为教师沟通中没有学会倾听这一沟通技巧，总是一言堂是影响沟通的主要因素，教师占42%，家长占44.6%；由于假设中影响小学生家庭作业的家校沟通的主要原因均存在，且占比不低于40%，因此可以推断假设4基本不完全成立。

六、研究结论与建议

（一）研究结果

小学生家庭作业的家校沟通受到多方面影响。本研究基于文献分析和笔者的实习经历自编了教师版和家长版的《小学生家庭作业家校沟通现状调查问卷》，以怀化市B小学和C小学238位教师为教师调查对象，以C小学每个年级随机抽取的一个班的260位学生家长为家长调查对象，从小学生家庭作业的家校沟通的认知、方式、内容、频率、影响因素五个维度来进行分析，得到以下结论。

1. 教师背景因素对家校沟通的认知与行为影响不大

整体上而言，相比于家长背景因素所导致的选项差异，教师背景所导致的选项差异更少。换言之，虽然，教师的学历和所教学科不同，有的是班主任，有的是非班主任，但是他们对家校沟通的观念和做法上没有根本的区别。

教师教龄影响教师的沟通认知、沟通方式和沟通频率。总体而言，教龄越长的教师，对沟通必要性和教师沟通主动性的认识越消极；教龄越长的教师，选择新媒体平台和打电话的百分比越低。

2. 家长的背景因素对家校沟通的认知与行为影响较大

低年级家长更希望家校作业沟通，母亲的职业阶层影响她们对家校沟通作业的认知。

家庭类型和孩子所处年级影响家长对沟通渠道的选择，例如三年级和六年级家长、单亲家庭家长接受任何一种沟通方式，表明他们对家校作业沟通的渴望，特别是单亲家庭特别认可面对面沟通类型。

孩子所处年级、职业阶层等因素影响家长的沟通内容；五年级、六年级和三年级家长在所有沟通内容选项上的得分位列前三，换言之，这三个年级的家长对沟通更为积极；与小孩分居的母亲比与小孩分居的父亲在各项沟通内容上的得分更高，可推测母亲更牵挂小孩的学习。

在沟通频率上，六年级、五年级和三年级家长的得分相对更高，可推测他们对家校作业沟通更加渴望；因为各种原因与小孩分居的父母的得分相对更高，可推测该类家庭中孩子作业存在的问题更多。

3. 家长对沟通的积极性远高于教师

教师在沟通认知、沟通频率、沟通内容和沟通方式上选择"非常符合"和"符合"的百分比均低于家长。例如，在小学生家庭作业的家校沟通认知部分符合，家长选择"符合"及以上累计百分比在83%以上，而教师选择"符合"及以上累计百分比在56%以上；在沟通次数方面，家长认为自己主动与教师沟通家庭作业的次数较多的占67.7%，教师认为自己主动与家长沟通家庭作业的次数较多的占44.9%，整体上看，体现了家长主动与教师沟通的频率比教师主动与家长沟通的频率低。

（二）研究建议

1. 给家长的建议

（1）提高小学生家庭作业的家校沟通的认知，端正沟通态度

许多家长在小学生家庭作业家校沟通的认知上都存在误区，不重视小学生家庭作业的家校沟通。家庭作业不仅可以帮助学生巩固新学的教学知识，还可以培养学生养成良好的学习习惯和积极向上的学习态度。在沟通中，家长需端正自己的态度，尊重教师。俗话说，你敬我一尺，我敬你一丈，尊重永远是相互的，尊重是和谐沟通的前提。

（2）正视孩子的成绩，平稳心态，积极配合教师工作

通过研究结果分析可知，46.5%的家长因孩子成绩差，不好意思与老师沟通孩子家庭作业存在的问题。可是成绩只是检测孩子学习结果的一个标准，这个标准的好坏可以我们自己来定义。孩子成绩好固然很好，但孩子成绩不好的家长也不必感到不好意思，反而我们应该正视孩子的成绩，积极主动地与教师沟通，看看问题究竟在哪里。并且家长应该积极地关注自己孩子及班级的情况，主动配合、支持教师的工作，形成家校合力。

2. 给教师的建议

（1）增强意识，端正沟通态度，讲究沟通、说话方式以及沟通技巧

教师需要提高认识，不能一味将小学生家庭作业家校沟通问题归结到家长方面，要端正沟通态度，讲究沟通、说话方式以及沟通技巧。在态度、语气上都做到尊重、礼貌，不能把自己摆在高高在上的位置上，而应该把自己和家长放在平等的位置上，在表达自己意见时要给家长发表意见的空间，学会倾听家长的意见，这样才能有效沟通，达到家校合力。

（2）符合家长需求，选择恰当的沟通方式，提高沟通频率

从调查中可以知道，在小学生家庭作业的家校沟通中，家访是家长最不希望用的沟通方式，但在教师常用沟通方式中却排名第三；家长委员会是教师最不看好的沟通方式，但却是家长第三希望用的沟通方式。因此，从这可以看出，选择一个合适、家长希望用的沟通方式对于家校之间顺利沟通非常重要。教师应该根据家长的实际需求选择沟通方式，不应该根据自己的喜好选择沟通方式，以此让家校之间的沟通更有效，吸引家长更多地参与到小学生家庭作业家校沟通中。

调查结果表明家长主动与教师沟通频率比教师主动与家长沟通频率低。对此教师应该要端正沟通态度、目的，提前做好沟通计划，保证沟通顺畅，让家长对于沟通不抵触，愿意敞开心扉与家长沟通，从而间接提高家长主动与教师沟通家庭作业的频率。除此之外，还可以多安排家校沟通活动，从而直接提高沟通家庭作业的频率，保障小学生家庭作业家校沟通质量，将家校合作的作用发挥到最大。

七、结语

（一）研究结论及研究价值

本研究采用问卷调查法，对怀化市 C 小学的家长和教师进行了调查，分析了该校小学生家庭作业的家校沟通现状，发现了该小学就家庭作业的家校沟通存在的主要问题、影响小学生家庭作业的家校沟通的原因，根据调查数据分析结果，本人提出了一些建议，意在弥补该校小学生家庭作业的家校沟通中的不

足，在一定程度上进一步促进学校与家庭教育的结合，更好地促进学生健康、全面地发展。

主要结论如下。

第一，教师在沟通认知、沟通频率、沟通内容和沟通方式上选择"非常符合"和"符合"的百分比均低于家长。可推测，家长对沟通的需求大于教师。

第二，家长对沟通认知、沟通频率、沟通内容、沟通方式和影响因素方面的选择受到孩子就读年级、家庭类型、其本身职业和与小孩合居时长的影响，从而在选项上产生显著性差异；但教师的教龄、职称、所教年级、班主任与否和所教学科等背景因素对教师家校家庭作业沟通的看法与做法的影响不大。由此，家校沟通应基于家长及其家庭特点采取有针对性和个性化的做法。

第三，对于相同的维度，家长与教师的选择不同。近50%的教师和家长均认为教师沟通态度是对家校沟通产生影响的重要因素；教师和家长所记得的沟通内容具有明显的差异，家长印象最多的是作业难度大，教师印象最多的是作业量多；新媒体平台和打电话是家校双方首选的交流方式，但家长相对最抵触教师的家访，而教师最抵触的是家长委员会。

第四，在因为各种原因父亲与母亲没有和小孩住在一起的家庭中，家长的选择受到其分居时长的影响，特别是母亲与小孩分居半年的影响，其得分相对更高。笔者难以从本研究的数据中推测其背后的原因。

（二）本研究的不足

本人查阅并参考了大量的相关资料，做了较充分的准备工作，开展了问卷调查，对调查进行了统计和分析，但由于本人的研究水平有限，加之时间紧迫，本研究仍然存在着诸多的不足之处，主要表现为：

1. 研究对象的选择及面向的学校具有一定的局限性。本研究的调查对象主要是怀化B小学和C小学的教师及家长，在数量以及地区上都存在局限，不能全面反映小学生家庭作业的家校沟通现状，在代表性方面还有待提高。

2. 对小学生家庭作业家校沟通现状的分析还不够全面。由于本人对统计分析软件的运用并不是十分熟练，只针对假设部分的内容进行了主要分析，并且受限于本人的专业素质，对结果的研究不够全面、不够深入。

笔者希望，这些问题能够在今后的研究中得到解决，并将理论和实践更好地结合，将研究结果应用到解决实践问题中去。

附　录

A. 小学生家庭作业的家校沟通现状调查（家长卷）

尊敬的家长：

您好！这是一份《小学生家庭作业的家校沟通现状研究》的调查问卷，旨在为了更好地了解小学生家庭作业的家校沟通现状，从而探讨当前小学生家庭作业家校沟通的不足，更好地教育学生，提高小学生家庭作业家校沟通的有效性。本次问卷采取匿名形式，所有内容仅作为学术研究之用，不涉及任何的个人隐私，请您根据真实情况来进行作答，衷心感谢您的支持与配合！

（一）背景信息

1. 您与孩子的关系（　　）

A. 父亲　　　　　　　B. 母亲　　　　　　C. 祖辈　　　　D. 其他

2. 您的家庭是（　　）

A. 单亲家庭　　　　　B. 双亲家庭　　　　C. 其他家庭

3. 请从下面 A、B、C、D、E 的五个选项中选择家庭中父母的职业。

父亲职业（　　）母亲职业（　　）

A. 其他（办事员、个体工商户、服务业员工、工人、农业劳动者、无业失业半失业）

B. 私营企业主阶层（例如，企业家，有自己的公司、有雇员）

C. 经理人员阶层（例如，企业的厂长、总经理、中高级管理者或负责人）

D. 专业技术人员阶层（例如，教师、医生、律师等）

E. 国家与社会管理者阶层（例如，官员、公务员、警察等）

4. 家庭中的父亲没有和小孩住在一起已经有（　　）

A. 半年以上　　　　　　　　　　B. 半年

C. 1~5 个月　　　　　　　　　　D. 不，他一直和小孩住在一起的

5. 家庭中的母亲没有和小孩住在一起已经有（　　）

A. 半年以上　　　　　　　　　　B. 半年

C. 1~5 个月　　　　　　　　　　D. 不，她一直和小孩住在一起的

6. 您在家说的语言为（　　　）

A. 家乡话　　　　　　　　　　　B. 大部分时候说家乡话

C. 大部分时候说普通话　　　　　D. 普通话

7. 您的文化程度（　　　）

A. 初中　　　　　B. 高中　　　　C. 专科　　　　D. 本科

E. 研究生及以上

8. 您孩子就读的年级（　　　）

A. 二年级及以下　　B. 三年级　　C. 四年级　　　D. 五年级

E. 六年级

（二）小学生家庭作业的家校沟通的认知

1. 您认为加强学校和家庭之间关于孩子家庭作业的沟通是一件必要的事情（　　　）

A. 非常符合　　　　B. 符合　　　C. 不确定　　　D. 不符合

E. 非常不符合

2. 关于孩子的家庭作业，您认为学生在校由老师负责，在家由家长负责（　　　）

A. 非常符合　　　　B. 符合　　　C. 不确定　　　D. 不符合

E. 非常不符合

3. 您认为家长应该经常主动与教师沟通孩子的家庭作业（　　　）

A. 非常符合　　　　B. 符合　　　C. 不确定　　　D. 不符合

E. 非常不符合

4. 您认为教师应该经常主动与家长沟通孩子的家庭作业（　　　）

A. 非常符合　　　　B. 符合　　　C. 不确定　　　D. 不符合

E. 非常不符合

（三）小学生家庭作业家校沟通的方式

1. 在小学生家庭作业家校沟通中，您最希望用的方式为新媒体平台沟通（微信、QQ、校讯通等）（　　　）

A. 非常符合　　　　B. 符合　　　C. 不确定　　　D. 不符合

E. 非常不符合

2. 在小学生家庭作业家校沟通中，您最希望用的方式为家长会（　　　）

A. 非常符合　　　　B. 符合　　　C. 不确定　　　D. 不符合

E. 非常不符合

3. 在小学生家庭作业家校沟通中，您最希望用的方式为家访（　　　）

A. 非常符合　　　　　B. 符合　　　　　C. 不确定　　　　　D. 不符合

E. 非常不符合

4. 在小学生家庭作业家校沟通中，您最希望用的方式为见面沟通（　　　）

A. 非常符合　　　　　B. 符合　　　　　C. 不确定　　　　　D. 不符合

E. 非常不符合

5. 在小学生家庭作业家校沟通中，您最希望用的方式为家长委员会（　　　）

A. 非常符合　　　　　B. 符合　　　　　C. 不确定　　　　　D. 不符合

E. 非常不符合

6. 在小学生家庭作业家校沟通中，您最希望用的方式为电话沟通（　　　）

A. 非常符合　　　　　B. 符合　　　　　C. 不确定　　　　　D. 不符合

E. 非常不符合

（四）小学生家庭作业家校沟通的内容

1. 关于孩子家庭作业量过大的问题，您曾与教师进行过交流（　　　）

A. 非常符合　　　　　B. 符合　　　　　C. 不确定　　　　　D. 不符合

E. 非常不符合

2. 关于孩子家庭作业量过小的问题，您曾与教师进行过交流（　　　）

A. 非常符合　　　　　B. 符合　　　　　C. 不确定　　　　　D. 不符合

E. 非常不符合

3. 关于孩子家庭作业的批改方式过于陈旧，您曾与教师进行过交流（　　　）

A. 非常符合　　　　　B. 符合　　　　　C. 不确定　　　　　D. 不符合

E. 非常不符合

4. 关于孩子家庭作业的作业难度过大，您曾与教师进行过交流（　　　）

A. 非常符合　　　　　B. 符合　　　　　C. 不确定　　　　　D. 不符合

E. 非常不符合

5. 关于孩子家庭作业的作业难度过小，您曾与教师进行过交流（　　　）

A. 非常符合　　　　　B. 符合　　　　　C. 不确定　　　　　D. 不符合

E. 非常不符合

6. 关于孩子家庭作业布置个性化、针对性欠缺，您曾与教师进行过交流
（　　　）

A. 非常符合　　　　　B. 符合　　　　　C. 不确定　　　　　D. 不符合

E. 非常不符合

（五）小学生家庭作业的家校沟通频率或次数

1. 您认为您主动与教师沟通家庭作业的次数较多（　　）

A. 非常符合　　　　B. 符合　　　　C. 不确定　　　　D. 不符合

E. 非常不符合

2. 您认为教师主动与您沟通家庭作业的次数较多（　　）

A. 非常符合　　　　B. 符合　　　　C. 不确定　　　　D. 不符合

E. 非常不符合

3. 您主动与教师沟通家庭作业半学期达 1~2 次（　　）

A. 非常符合　　　　B. 符合　　　　C. 不确定　　　　D. 不符合

E. 非常不符合

4. 您主动与教师沟通家庭作业半学期在 3 次以上（　　）

A. 非常符合　　　　B. 符合　　　　C. 不确定　　　　D. 不符合

E. 非常不符合

5. 您认为家长和教师应每周一次当面沟通家庭作业（　　）

A. 非常符合　　　　B. 符合　　　　C. 不确定　　　　D. 不符合

E. 非常不符合

6. 您认为家长和教师应每月一次当面沟通家庭作业（　　）

A. 非常符合　　　　B. 符合　　　　C. 不确定　　　　D. 不符合

E. 非常不符合

（六）小学生家庭作业的家校沟通影响因素

1. 您认为工作太忙、没有时间是影响您与教师进行沟通的主要因素（　　）

A. 非常符合　　　　B. 符合　　　　C. 不确定　　　　D. 不符合

E. 非常不符合

2. 您认为以往的沟通效果不佳是影响您与教师进行沟通的主要因素（　　）

A. 非常符合　　　　B. 符合　　　　C. 不确定　　　　D. 不符合

E. 非常不符合

3. 您认为您的文化程度低是影响您与教师进行沟通的主要因素（　　）

A. 非常符合　　　　B. 符合　　　　C. 不确定　　　　D. 不符合

E. 非常不符合

4. 您认为孩子成绩差，不好意思与教师沟通孩子家庭作业存在的问题是影响您与教师沟通的主要因素（　　）

A. 非常符合　　　　B. 符合　　　　C. 不确定　　　　D. 不符合

E. 非常不符合

5. 您认为教师在沟通中不太好的态度是影响您与教师沟通的主要因素（　　）

A. 非常符合　　　　B. 符合　　　　　C. 不确定　　　　D. 不符合

E. 非常不符合

6. 您认为教师在沟通中总用教训式语气，让您心中不舒服是影响您与教师沟通的主要因素（　　）

A. 非常符合　　　　B. 符合　　　　　C. 不确定　　　　D. 不符合

E. 非常不符合

7. 您认为教师在沟通中总是一人发表意见，没有给您发表意见的空间是影响您与教师沟通的主要因素（　　）

A. 非常符合　　B. 符合　　　　　C. 不确定　　　　D. 不符合

E. 非常不符合

问卷到此结束！再次感谢您的配合，祝您生活愉快！

B. 小学生家庭作业的家校沟通现状调查（教师卷）

尊敬的教师：

您好！这是一份《小学生家庭作业的家校沟通现状研究》的调查问卷，旨在为了更好地了解小学生家庭作业的家校沟通现状，从而探讨当前小学生家庭作业家校沟通的不足，更好地教育学生，提高小学生家庭作业家校沟通的有效性。本次问卷采取匿名形式，所有内容仅作为学术研究之用，不涉及任何的个人隐私，请您根据真实情况来进行作答，衷心感谢您的支持与配合！

（一）背景信息

1. 您的教龄（　　）

A. 1 年以下　　　　B. 2~5 年　　　　C. 6~10 年　　　　D. 10 年以上

2. 您所教年级是（　　）

A. 二年级及以下　　B. 三年级　　　　C. 四年级　　　　D. 五年级

E. 六年级

3. 您的学历为（　　）

A. 中专　　　　　　B. 大专　　　　　C. 本科　　　　　D. 研究生及以上

4. 您的任教学科为（　　）

A. 语文　　　　　　B. 数学　　　　　C. 英语　　　　　D. 其他（思想品德、科学等副课）

5. 您是班主任（　　）

A. 是　　　　　　　B. 否

（二）小学生家庭作业的家校沟通的认知

1. 您认为加强学校和家庭之间关于孩子家庭作业的沟通是一件必要的事情（　　）

A. 非常符合　　　　B. 符合　　　　　C. 不确定　　　　D. 不符合

E. 非常不符合

2. 关于孩子的家庭作业，您认为学生在校由老师负责，在家由家长负责（　　）

A. 非常符合　　　　B. 符合　　　　　C. 不确定　　　　D. 不符合

E. 非常不符合

3. 您认为家长应该经常主动与教师沟通孩子的家庭作业（　　）

A. 非常符合　　　　B. 符合　　　　　C. 不确定　　　　D. 不符合

E. 非常不符合

4. 您认为教师应该经常主动与家长沟通孩子的家庭作业（　　）

A. 非常符合　　　　B. 符合　　　　　C. 不确定　　　　D. 不符合

E. 非常不符合

（三）小学生家庭作业家校沟通的方式

1. 在小学生家庭作业家校沟通中，您经常用的沟通方式为新媒体平台（微信、QQ、校讯通等）（　　）

A. 非常符合　　　　B. 符合　　　　　C. 不确定　　　　D. 不符合

E. 非常不符合

2. 在小学生家庭作业家校沟通中，您一般用的沟通方式为家长会（　　）

A. 非常符合　　　　B. 符合　　　　　C. 不确定　　　　D. 不符合

E. 非常不符合

3. 在小学生家庭作业家校沟通中，您一般用的沟通方式为家访（　　）

A. 非常符合　　　　B. 符合　　　　　C. 不确定　　　　D. 不符合

E. 非常不符合

4. 在小学生家庭作业家校沟通中，您一般用的沟通方式为见面沟通（　　）

A. 非常符合　　　　B. 符合　　　　C. 不确定　　　　D. 不符合

E. 非常不符合

5. 在小学生家庭作业家校沟通中，您一般用的沟通方式为家长委员会（　　　）

A. 非常符合　　　　B. 符合　　　　C. 不确定　　　　D. 不符合

E. 非常不符合

6. 在小学生家庭作业家校沟通中，您经常用的沟通方式为电话沟通（　　　）

A. 非常符合　　　　B. 符合　　　　C. 不确定　　　　D. 不符合

E. 非常不符合

（四）小学生家庭作业家校沟通的内容

1. 关于孩子家庭作业量过大的问题，您曾与家长进行过交流（　　　）

A. 非常符合　　　　B. 符合　　　　C. 不确定　　　　D. 不符合

E. 非常不符合

2. 关于孩子家庭作业量过小的问题，您曾与家长进行过交流（　　　）

A. 非常符合　　　　B. 符合　　　　C. 不确定　　　　D. 不符合

E. 非常不符合

3. 关于孩子家庭作业的批改方式过于陈旧，您曾与家长进行过交流（　　　）

A. 非常符合　　　　B. 符合　　　　C. 不确定　　　　D. 不符合

E. 非常不符合

4. 关于孩子家庭作业的难度过大，您曾与家长进行过交流（　　　）

A. 非常符合　　　　B. 符合　　　　C. 不确定　　　　D. 不符合

E. 非常不符合

5. 关于孩子家庭作业的难度过小，您曾与家长进行过交流（　　　）

A. 非常符合　　　　B. 符合　　　　C. 不确定　　　　D. 不符合

E. 非常不符合

6. 关于孩子家庭作业布置个性化、针对性欠缺，您曾与家长进行过交流（　　　）

A. 非常符合　　　　B. 符合　　　　C. 不确定　　　　D. 不符合

E. 非常不符合

（五）小学生家庭作业的家校沟通频率

1. 您认为您主动与家长沟通家庭作业的次数较多（　　　）

A. 非常符合　　　　B. 符合　　　　C. 不确定　　　　D. 不符合

E. 非常不符合

2. 您认为家长主动与您沟通家庭作业的次数较多（   ）

A. 非常符合　　　　B. 符合　　　　C. 不确定　　　　D. 不符合

E. 非常不符合

3. 您主动与家长沟通家庭作业半学期达 1~2 次（   ）

A. 非常符合　　　　B. 符合　　　　C. 不确定　　　　D. 不符合

E. 非常不符合

4. 您主动与家长沟通家庭作业半学期在 3 次以上（   ）

A. 非常符合　　　　B. 符合　　　　C. 不确定　　　　D. 不符合

E. 非常不符合

5. 您认为家长和教师应每周一次当面沟通家庭作业（   ）

A. 非常符合　　　　B. 符合　　　　C. 不确定　　　　D. 不符合

E. 非常不符合

6. 您认为家长和教师应每月一次当面沟通家庭作业（   ）

A. 非常符合　　　　B. 符合　　　　C. 不确定　　　　D. 不符合

E. 非常不符合

（六）小学生家庭作业的家校沟通影响因素

1. 您认为工作太忙、没有时间是影响您与家长沟通的主要因素（   ）

A. 非常符合　　　　B. 符合　　　　C. 不确定　　　　D. 不符合

E. 非常不符合

2. 您认为以往的沟通效果不佳是影响您与家长沟通的主要因素（   ）

A. 非常符合　　　　B. 符合　　　　C. 不确定　　　　D. 不符合

E. 非常不符合

3. 您认为家长的文化程度低，不能理解您的工作是影响您与家长沟通的主要因素（   ）

A. 非常符合　　　　B. 符合　　　　C. 不确定　　　　D. 不符合

E. 非常不符合

4. 您认为家长不支持班级或学校的工作是影响您与家长沟通的主要因素（   ）

A. 非常符合　　　　B. 符合　　　　C. 不确定　　　　D. 不符合

E. 非常不符合

5. 您认为家长的态度不好是影响您与家长沟通的主要因素（   ）

A. 非常符合　　　　B. 符合　　　　C. 不确定　　　D. 不符合

E. 非常不符合

6. 您认为有时您在沟通中不太好的态度是影响您与家长沟通的主要因素
（　　）

A. 非常符合　　　　B. 符合　　　　C. 不确定　　　D. 不符合

E. 非常不符合

7. 您认为您在沟通中总用教训式语气，让家长心中不舒服是影响您与家长
沟通的主要因素（　　）

A. 非常符合　　　　B. 符合　　　　C. 不确定　　　D. 不符合

E. 非常不符合

8. 您认为您在沟通中没有给家长发表意见的空间、倾听家长的意见是影响
您与家长沟通的主要因素（　　）

A. 非常符合　　　　B. 符合　　　　C. 不确定　　　D. 不符合

E. 非常不符合

问卷到此结束！再次感谢您的配合，祝您生活愉快！